*Die Angst der Amerikaner
vor der deutschen
Atombombe*

1. Auflage Dezember 2007

Copyright © 2007 bei
Kopp Verlag, Pfeiferstraße 52, D-72108 Rottenburg

Alle Rechte vorbehalten

Lektorat: Dr. Renate Oettinger
Umschlaggestaltung: Angewandte Grafik/Peter Hofstätter
Satz und Layout: Agentur Pegasus, Zella-Mehlis
Druck und Bindung: Clausen & Bosse, Leck

ISBN 978-3-938516-61-4

Gerne senden wir Ihnen unser Verlagsverzeichnis
Kopp Verlag
Pfeiferstraße 52
D-72108 Rottenburg
E-Mail: info@kopp-verlag.de
Tel.: (0 74 72) 98 06-0
Fax: (0 74 72) 98 06-11

Unser Buchprogramm finden Sie auch im Internet unter:
www.kopp-verlag.de

Edgar Mayer
Thomas Mehner

Die Angst der Amerikaner vor der deutschen Atombombe

Neue Informationen und Dokumente zum größten Geheimnis des Dritten Reiches

KOPP VERLAG

>**Die Geschichtsschreibung ist der Triumpf der Sieger über die Besiegten.**«

Bernard Law Montgomery,
britischer Feldmarschall

Inhalt

»*Das Abendland geht nicht zugrunde an totalitären Systemen, auch nicht an geistiger Armut, sondern am hündischen Kriechen seiner Intelligenz wegen politischer Zweckmäßigkeiten.*«

Gottfried Benn

Vorwort und Vorbemerkungen

Seit Jahren befinden wir auf den Spuren eines Themas, das viele Zeitgenossen für blanken Unsinn, Spinnerei oder Erfindung halten: die deutschen Wunderwaffen der zweiten Generation, die während des Zweiten Weltkrieges unter größter Geheimhaltung projektiert, entwickelt und getestet wurden – deren Einsatz aber aufgrund der Kriegsereignisse und des anzunehmenden Verrats unterblieb.

In all den Jahren unserer Recherchetätigkeit versuchten wir auf Basis vorliegender Zeitzeugenberichte und sonst zugänglicher Quellen nachzuweisen, dass die Goebbelsche Propagandamaschine in Bezug auf die Wunderwaffen (Atombombe, Interkontinentalrakete usw.) nicht nur »heiße Luft« verbreitet hatte, sondern es einen tatsächlichen faktischen Hintergrund gab, der seit dem Kriegsende, also seit über 60 Jahren, von den ehemaligen Alliierten geheim gehalten wurde.

Das dabei entworfene Bild war komplex und vielschichtig: Unter Leitung der SS liefen an verschiedenen Standorten hochgeheime Forschungs- und Entwicklungsarbeiten, deren Ergebnisse bei und kurz nach Kriegsende wenigstens zum Teil Amerikanern, Russen, Briten und Franzosen in die Hände fielen und die die in Deutschland herrschende Geheimhaltung auf diesem Sektor ihrerseits einfach konsequent fortsetzten. Offenbar blieben aber besonders wichtige Untergrundinstallationen unentdeckt und damit unangetastet – und auch der *tatsächliche* Forschungsstand wurde nicht bekannt.

Eine Sonderrolle bei unseren Betrachtungen spielte Thüringen, das bis kurz vor dem Zusammenbruch des Dritten Reiches – zentral und ruhig gelegen – als sogenanntes »Schutz- und Trutzgau« von den Nationalsozialisten als letzte Verteidigungs- und Kampfbastion gegen die feindlichen Armeen auserkoren war. Die hier laufenden Forschungen in einer unterirdischen Hochtechnologiezone sollten den Verantwortlichen in letzter Minute den Hals retten und das Kriegsglück wenden. So weit unsere These.

Das, was von uns vorgestellt und vorgetragen wurde, führte zu einer gewissen Polarisierung. Während die einen meinten, die von uns verfassten Publikationen seien ein Sammelsurium aus Spekulationen, Hypothesen, Lügen und Desinformation, behaupteten andere, dass die aufbereiteten Informationen und Fakten durchaus überzeugend seien, weil sie viele bis dato rätselhaft erscheinende Vorgänge bei Kriegsende einer vernünftigen, nachvollziehbaren Erklärung zuführen würden.

Bis heute wird darüber gestritten, was wahr und was falsch ist, daran hat auch das Buch des Berliner Wirtschaftshistorikers Dr. Rainer Karlsch mit dem Titel *Hitlers Bombe*, das im Jahre 2005 erschien, nicht allzu viel ändern können.

Betrachtet man manche Diskussion neu, die zum Thema des möglichen Vorhandenseins einer deutschen Atomwaffe und einer über die V-2 (alias A-4) hinausweisenden Rakete geführt wird, dann kommt man nicht umhin festzustellen, dass oftmals auf Basis längst überholter Informationen diskutiert wird. Offensichtlich ist an manchen Leuten der technisch-wissenschaftliche Fortschritt völlig vorbeigegangen, und sie beziehen sich weiterhin auf das, was sie vor Jahrzehnten in Schule und Ausbildung bzw. durch einschlägige (unvollständige) Literatur erfuhren – so, als sei das die Wahrheit.

Apropos Wahrheit. Von der Öffentlichkeit weitestgehend unbemerkt, gibt es seit Jahren unter den wissenschaftlichen Experten – hier besonders unter den Theoretikern und den mehr philosophisch orientierten Fachleuten – einen Streit, ob es die »wissenschaftliche« oder »absolute Wahrheit« überhaupt gibt. In den vergangenen Jahren ist nämlich der »Relativismus« popularisiert worden, der wissenschaftlichen Untersuchungen jeden Wahrheitsgehalt abspricht – und stattdessen behauptet, alle Einsichten würden von den jeweiligen

Umständen bestimmt. Dieser Auffassung zufolge würde die Wahrheit nicht entdeckt, sondern erfunden oder nur »gemacht« werden. In Wahrheit sei alles relativ, und die Unterdrückung dieser Wahrheit sei ein politisches Mittel im sozialen Machtkampf – eine These, die durchaus einiges für sich hat. Unabhängig davon besteht schon lange in der universitär betriebenen Geschichtswissenschaft Einigkeit darüber, dass jegliche Interpretation immer nur eine *mögliche* Sichtweise unserer Vergangenheit ist.*

Das provoziert wiederum mit »unserem Thema« zusammenhängende Fragestellungen wie: Sind Historiker genaugenommen Schriftsteller, die erfundene Texte produzieren? Oder: Sind Historiker gar keine Wissenschaftler, deren Ziel es ist, Wahrheiten zutage zu fördern? Diese Fragen klingen zugegebenermaßen provokant, aber sie sind nicht von uns, sondern von Wissenschaftlern wie Hayden White (USA) oder Roger Chartier (Frankreich) gestellt worden, die genauestens darüber Bescheid wissen, was Geschichtsschreibung leisten kann und was nicht. Hierzulande will man dieses Thema offenbar gar nicht recht oder nur mit heftigem Magengrimmen zur Kenntnis nehmen. In den Vereinigten Staaten hingegen ist schon vor längerer Zeit ein heftiger Streit um den Status des Faches Geschichte entbrannt. Die sogenannte postmoderne Geschichtstheorie sieht *Geschichtsschreibung* als eine Ausprägung von *Literatur*. Diese hat zwar Bezüge zu historischen Quellen und gibt sich ein wissenschaftliches Erscheinungsbild, das ändert jedoch wenig daran, dass das Ganze bloß eine Verkleidung von fiktionalen Inhalten darstellt. Denn, so die Argumentation der Kritiker, Geschichtsschreibung ist immer

---

* Siehe dazu beispielsweise: J. Friedrichs: *Theorie und Hypothese; Methoden empirischer Sozialforschung*. Opladen 1980; W. Stegmüller: *Probleme und Resultate der Wissenschaftstheorie und analytischen Philosophie – Wissenschaftliche Erklärung und Begründung*. Band 1, Berlin 1969, S. 360 ff.; J. Rüsen und H. Süssmuth (Hrsg.): *Theorie in der Geschichtswissenschaft*. Düsseldorf 1980.

subjektive Ansicht und Auswertung des jeweiligen Historikers. Die daraus abgeleitete Forderung verblüfft: Wenn Geschichte subjektiv ist, dann solle sie ihren Objektivitätsanspruch aufgeben. Wir können dem nur zustimmen. Wissenschaftshistoriker, die sich mit der Geschichte der eigenen Wissenschaft, ihrer Entstehung, ihres Fortganges, ihres Wandels beschäftigen, sehen in dieser Diskussion sogar eine außerordentlich lehrreiche Entlarvung einer oft selbstgerechten universitären Disziplin. Vorgeführt werden jene, die nur zu gerne übersehen, dass in den historischen Wissenschaften experimentelle Verifikationen – also Überprüfungen – kaum stattfinden können wie beispielsweise in den Naturwissenschaften.

Freilich sind wir weit davon entfernt zu behaupten, dass wir die allseligmachende und einzige »Wahrheit« präsentiert hätten. Wir sind uns durchaus der Tatsache bewusst, dass bei den Recherchen Fehler ebenso aufgetreten sind wie Fehlinterpretationen. Das liegt schon in der Natur der Sache. Dennoch ändert das nichts daran, dass wir mit Sicherheit in Bezug auf die technischen und technologischen Leistungen deutscher Wissenschaftler und Ingenieure den Tatsachen um *Lichtjahre* näher waren als all jene, die im wissenschaftlichen Elfenbeinturm saßen und immer wieder erklärten, warum die Deutschen zu unqualifiziert und zu unfähig waren, beispielsweise eine eigene Atomwaffe auf den Weg zu bringen. *Und genau das ist der entscheidende Punkt in der Diskussion!*

Was da an falschen Behauptungen in die Geschichtsbücher geschrieben und in die Köpfe der Menschen gepflanzt wurde, ist unglaublich. Aber es nützte natürlich all jenen, die als Schreiber der Siegergeschichte gewisse politische Ziele verfolgten und unzweifelhaft bis heute verfolgen. Liest man die historischen Darstellungen zur deutschen Atomforschung, hat man den Eindruck, dass in vielen Fällen ein Autor vom anderen abgeschrieben hat. Unisono wird da behauptet: Die Deutschen wollten, aber sie konnten nicht. Und wenn sie gekonnt hätten, hätten sie mal lieber vorsichtshalber nicht gewollt. Der Öffentlichkeit wird diese absurde »Logik« dann noch als seriöse wissenschaftliche These verkauft, ein Anspruch, den wir in Bezug auf unsere Behauptungen bewusst nie propagiert haben, wissen wir doch, wie relativ wissenschaftliche »Wahrheiten« sind (siehe oben).

Das Hauptproblem besteht wohl darin, dass Historiker im Regelfall keine Politikfachleute sind. Und schon gar keine Kriminalisten. Derer würde es nämlich bedürfen, um die *vollständige* Wahrheit in Bezug auf das geheime deutsche Atom(waffen)projekt und andere ähnlich gelagerte Vorhaben herauszufinden. Stattdessen wurden beispielsweise dereinst an der Atomforschung beteiligte deutsche Wissenschaftler bis heute nur befragt, ihre Antworten wurden notiert, akzeptiert und nur in seltenen Fällen kritisch beleuchtet, weil ja auch die *vorhandenen* und gefilterten Dokumente scheinbar nichts anderes aussagten. *Alles passte ja so wunderbar zusammen.* Man hatte wohl nicht damit gerechnet, dass einige der deutschen Spezialisten schlicht die Unwahrheit sagten, hätte dies aber durchaus herausfinden können, wenn man die richtigen (Fang-)Fragen gestellt hätte. Schließlich sollte doch jeder wirkliche Wissenschaftler bemüht sein, die bisherigen »Wahrheiten« zu hinterfragen und somit zu eruieren, ob es nicht doch noch unbekannte Aspekte gibt. Das heißt im Umkehrschluss, dass die Historikerschaft einen Großteil der Verantwortung trägt, dass nach dem Krieg eine Legendenbildung einsetzte, die meilenweit von der Wahrheit entfernt war und heute als »geschichtliche Wahrheit« verkauft wird.

Es kommt noch ärger. Der uninformierte Laie glaubt, dass die seriös und objektiv arbeitenden Historiker an der geschichtlichen Wahrheit interessiert seien. Er glaubt weiterhin, dass in Archiven lagernde Dokumente zugänglich und damit auswertbar seien und dass derzeit noch geheim gehaltene Unterlagen irgendwann der Öffentlichkeit zugänglich gemacht würden und damit wiederum der Wahrheitssuche der Historiker zur Verfügung stünden.

Das wäre freilich der Idealzustand. Die Tatsachen sehen aber – wie so oft im Leben – etwas anders aus. Es dürfte für unsere Leserschaft interessant sein zu erfahren, dass Archive keineswegs die ihnen anvertrauten Dokumentenbestände über Jahrzehnte aufbewahren. Es gibt nicht wenige Beispiele, in denen Dokumente nach Ablauf einer bestimmten Frist sogar vernichtet werden (können). Ja, Sie haben richtig gelesen: Archivunterlagen können zerstört werden. Gewiss, es handelt sich dabei um eine Option. Aber allein die Möglichkeit einer Dokumentenbeseitigung (und wir sprechen hier nicht von unwichtigen Verwaltungsunterlagen) lässt erahnen, dass die Arbeit von Historikern *niemals objektiv* sein kann. Dass Teile der Historie zurückgehalten werden, hat im Regelfall politische Ursachen – auch in den vielbeschworenen Demokratien. Theoretisch – und wohl auch praktisch – kann deshalb jeden Tag eine neue politische Situation eintreten, die es nötig erscheinen lässt, bestimmte Dokumentenkonvolute nochmals zu sichten und gegebenenfalls auszusondern, bevor sie »Explosivkraft« entwickeln können. Wenn also eine Archivanfrage abschlägig beschieden wird, dann kann das gleich mehrere Gründe haben:

– Es existieren tatsächlich keine Dokumente zum Gegenstand der Recherche.
– Die Dokumente sind unter den bisherigen Signaturen nicht zu finden, weil neue Signaturen vergeben worden sind (so geschehen vor einiger Zeit beispielsweise im damaligen *Public Record Office* – P. R. O., heute *National Archives* – in Kew/London), sodass mitunter eine gewisse bis totale Konfusion herrscht.
– Die Dokumente sind an ein anderes Archiv gegeben worden, das diese allerdings noch nicht eingeordnet hat,

sodass man mitunter auch zur Antwort bekommt, die gesuchten Dokumenten seien nicht nachweisbar.
– Die entsprechenden Unterlagen sind klassifiziert.
– Die einst vorhandenen Bestände wurden vernichtet.

In Anbetracht solcher Umstände (oder sollte man besser sagen: Zustände?) wird klar, dass die Behauptung, das von Zeugen Berichtete könne sich nie und nimmer ereignet haben, weil es durch Dokumente nicht belegbar ist, keinerlei Argumentationswert hat. Im Gegenteil: Wer mit solchen Begründungen gegen Zeitzeugenberichte vorzugehen versucht, zeigt doch überdeutlich, dass er die Aufgabe und das Wirkprinzip von staatlichen Archiven nicht begriffen hat. Deren Ziel ist es unserer Meinung nach nicht, Wissen allumfassend zur Verfügung zu stellen und zu bewahren – auch wenn das behauptet wird –, sondern sicherzustellen, dass möglichst nur das an die Öffentlichkeit gelangt, was jeweils politisch korrekt ist und ins Weltbild passt. Dass dabei teils erhebliche Fehler gemacht werden, weil in Archiven eben auch nur Menschen arbeiten, die manches Detail übersehen, ist eine angenehme Begleiterscheinung, die für unsere Tätigkeit stets recht nützlich war und ist.

In diesem Buch wollen wir vor allem – aber nicht ausschließlich – versuchen, anhand amerikanischer Originaldokumente aufzuzeigen, dass die von uns aufgestellte These einer bis heute in weiten Teilen geheim gehaltenen deutschen Wunderwaffen-2-Forschung durchaus nicht der Realität entbehrt. Was die wenigsten wissen: In den US-Archiven liegen eine ganze Reihe von Unterlagen, die offensichtlich nie von Historikern in die Hand genommen sowie bewertet wurden und aus denen wahrhaft erstaunliche Informationen hervorgehen – über Dinge, die es offiziell nie gegeben hat. Viele der uns vorliegenden Dokumente wurden erst im Jahre 2005 freigegeben, also 60 Jahre (!) nach dem Ende des Zweiten Weltkrieges, was für

16

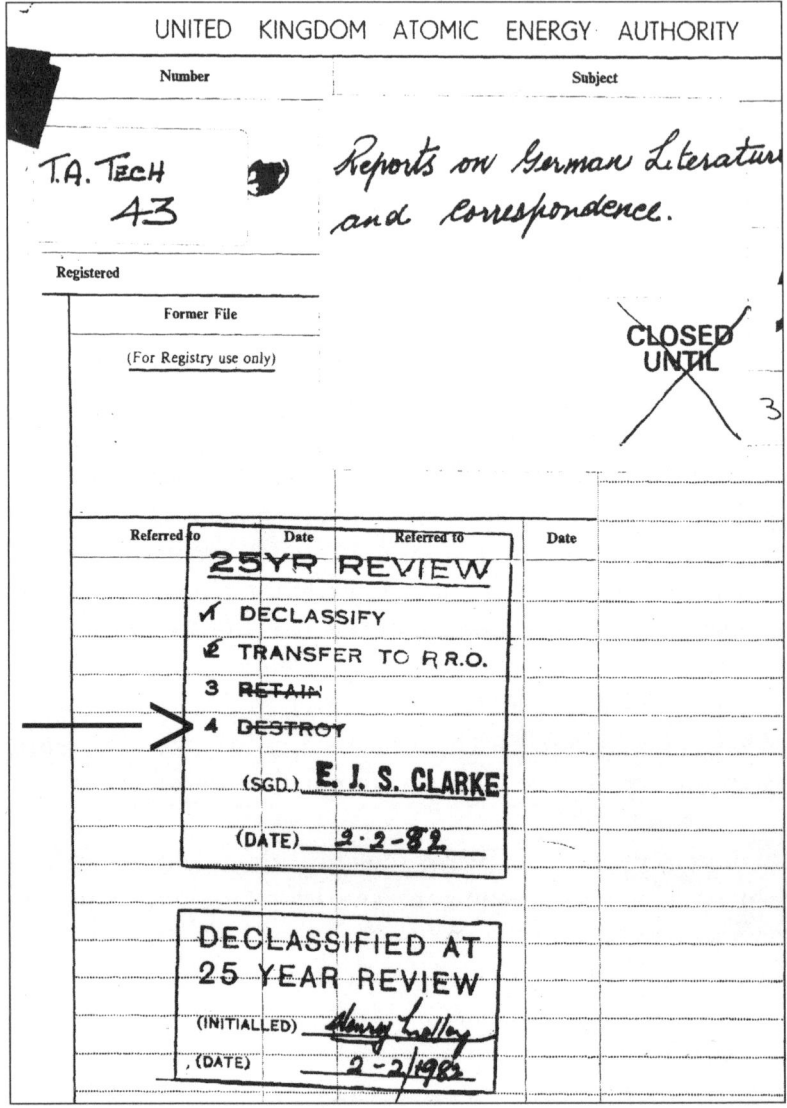

UNITED KINGDOM ATOMIC ENERGY AUTHORITY

Number	Subject

T.A. TECH 43 *Reports on German Literature and correspondence.*

Registered

Former File
(For Registry use only)

CLOSED UNTIL

3

Referred to	Date	Referred to	Date

25YR REVIEW

1 DECLASSIFY
2 TRANSFER TO R.R.O.
3 RETAIN
4 DESTROY

(SGD.) E. J. S. CLARKE

(DATE) 2·2-82

DECLASSIFIED AT
25 YEAR REVIEW
(INITIALLED)
(DATE) 2-2/198

Diese und nächste Seite: Beispiele für den optionalen Umgang mit Archivdokumenten anhand zweier Aufschriftenzettel. Unter Punkt 4 bzw. Punkt 2 ist jeweils die Angabe »Destroy« (Zerstören/Vernichten) zu finden. (*Public Record Office,* P. R. O., heute *National Archives,* Kew/London). Signaturen:

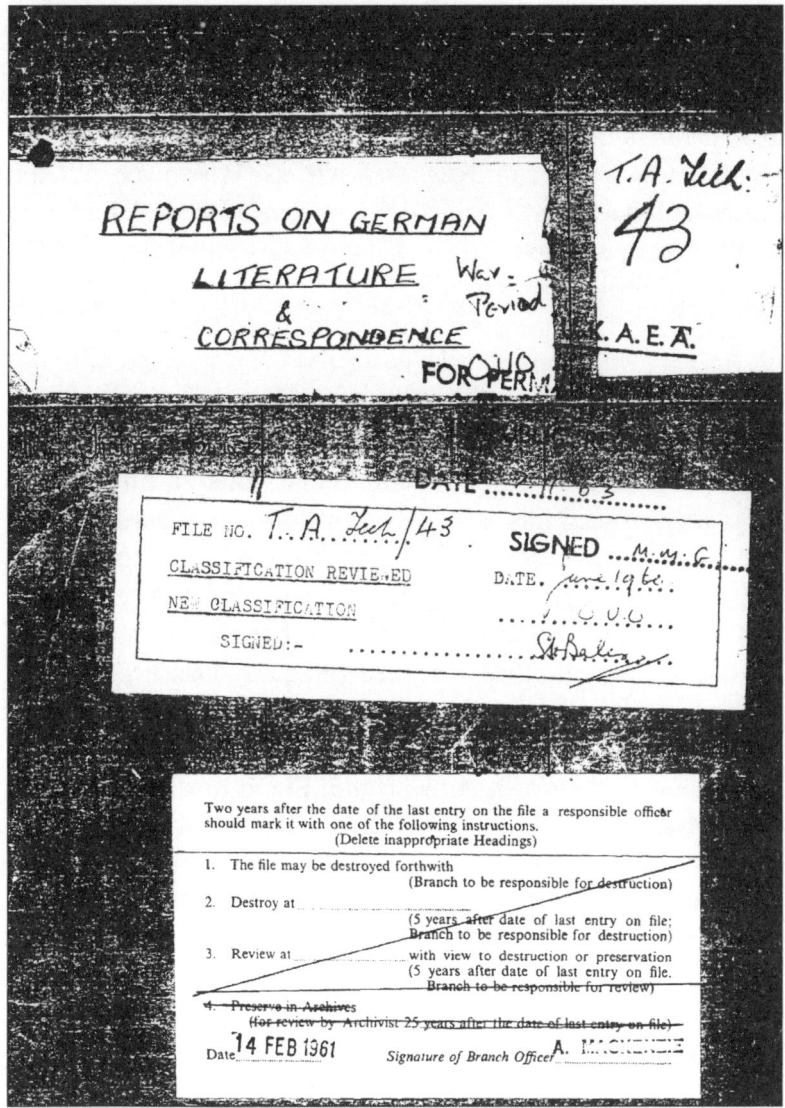

Seite 16: AB1/356 (»Reports on German Literature and correspondence«, *United Kingdom Atomic Energy Authority*); Seite 17: ABI/356 (»Reports an German Literature and Correspondence«, *Department of Scientific and Industrial Research).* Ist das ein verantwortlicher Umgang mit Geschichte?

sich selbst spricht und unsererseits nicht kommentiert werden soll. Möglicherweise taten das die Verantwortlichen in dem Bewusstsein bzw. in der (irrigen) Annahme, dass die Kriegsgeschichte längst im Sinne der Sieger geschrieben worden und wohl kaum mehr damit zu rechnen sei, dass nach all den Jahrzehnten jemand auf die Idee käme, in solch alten Papieren nach weitergehenden Informationen zu suchen. Diese Annahme war allerdings falsch.

Im Zusammenhang mit den von uns geführten Recherchen sei darauf hingewiesen, dass bis jetzt kein US-Dokument identifiziert werden konnte, das das Vorhandensein der deutschen Atomwaffen *definitiv* bestätigt (damit ist im Übrigen auch nicht zu rechnen, denn das käme einer Offenbarung gleich). Allerdings – und das ist ein wesentlicher Fortschritt gegenüber dem bisherigen Stand der Geschichtsschreibung – zeigen die aufgefundenen Unterlagen, dass zahlreiche Technologien in Deutschland wesentlich weiter entwickelt waren, als man bis dato geglaubt hatte. Und sie zeigen auch, dass die Angst der Amerikaner vor einem deutschen Atomwaffeneinsatz durchaus relevant war und nicht auf Propaganda beruhte.

Es lässt sich beim gegenwärtigen Stand der Dinge schwer abschätzen, ob in Zukunft noch weitere entlarvende Dokumente gefunden werden können. Wir meinen aber: Das in diesem Buch Dargestellte dürfte auch so beweisen, dass die deutsche Technologiegeschichte bisher unvollständig beschrieben worden ist – aus welchen Gründen auch immer.

Uns sei ein kleiner Exkurs erlaubt: Vor uns und unseren Mitrechercheuren suchten Historiker in US-Archiven nach verräterischen Unterlagen (bzw. sie ließen suchen). Es hieß danach uns gegenüber – und wir haben das sogar schriftlich –, dass bei der Suche nichts gefunden worden sei. Merkwürdigerweise entdeckten dann aber doch noch andere Personen eine ganze Menge von dem, was die Historiker als »nichts« bezeichneten. Auch das spricht für sich selbst.

Quasi nebenbei werden wir auch dokumentieren, warum man in deutschen Archiven kaum etwas finden kann, was über den geschichtlich etablierten Forschungsstand zu den deutschen Wunderwaffen hinausgeht: Die Alliierten »evakuierten« alles, was nur entfernt nach Forschungs-, Regierungs- und Militärunterlagen aussah und sich mitnehmen ließ. Zehntausende von Tonnen Papier wurden allein bis Ende 1947 in die USA verfrachtet – darunter befanden sich auch zahlreiche Unterlagen, die schon in Deutschland den Stempel höchster Geheimhaltung trugen und bis heute durch die Sieger nicht freigegeben worden sind. Ein Schelm, der Böses dabei denkt.

Wir betonen hiermit ausdrücklich, dass das, was wir im Laufe der Jahre an Informationen und Fakten zusammengetragen haben, keinesfalls der Glorifizierung des nationalsozialistischen Regimes dienen soll. Vielmehr ist der Grund für das, was wir seit Jahren tun, in ganz anderen Aspekten zu suchen – die aber offensichtlich von vielen nicht einmal ansatzweise begriffen werden. Es geht uns darum herauszufinden, was bei Kriegsende tatsächlich geschah und warum das Vorhandensein einer unterirdischen Hochtechnologiezone in Thüringen nach dem Krieg nicht für jedermann offensichtlich wurde, sondern stattdessen nur Gerüchte über den Bau eines letzten Führerhauptquartiers bei Arnstadt zu vernehmen waren. Wer hatte ein Interesse daran, die technologische Komponente zu vertuschen? Und warum? Wieso blieb die Wahrheit auf der Strecke? Mindestens genauso wichtig, wenn nicht noch wichtiger, ist uns die Klärung einer anderen Frage, nämlich die nach den Risiken möglicherweise noch im Boden liegender Altlasten, die von den streng geheimen Technologieprojekten (insbesondere der Atomforschung) herrühren und bis heute als solche nicht erkannt worden sind. Konkret: Ist es möglich, dass eines Tages – Jahrzehnte nach dem Ende des Zweiten Weltkrieges und zu einem Zeitpunkt, wenn niemand damit rechnet – gewisse Prozesse in Gang kommen, die eine Bedrohung für Leben und Gesundheit der Thüringer Bevölkerung darstellen? Manche werden angesichts dieser Fragestellung die Augen verdrehen, aber wir nehmen das damit verbundene Problem sehr ernst. Was kaum jemand weiß: In diesem Zusammenhang hat es in den vergangenen Jahren mindestens zwei uns bekannte Versuche gegeben, zuständige Behördenvertreter auf diesen Sachverhalt aufmerksam zu machen, ohne dass es auch nur zu einer allerleisesten Reaktion gekommen wäre. Warum nicht? Nimmt man das Thema nicht ernst? Oder weiß man etwas und schweigt – mit Rücksicht auf den Bündnispartner USA – deshalb eisern?

Nun, wir meinen, unserer Informationspflicht nachgekommen zu sein. Zudem hat es wohl keinen Sinn, den Zug der menschlichen Lemminge – die ja ohnehin alles besser wissen, weil die Wahrheit jeden Tag in der Zeitung steht – aufhalten zu wollen. Das käme dem berühmten Kampf Don Quichotes gegen die Windmühlenflügel gleich. Erst wenn etwas geschieht, werden die Menschen hellwach werden – obwohl es dann zu spät sein dürfte, um noch effektiv darauf reagieren zu können.

Rein spekulativ möchten wir auch noch auf einige andere Fragestellungen eingehen: Wenn Amerikaner und Russen die Bedeutung Thüringens für die Nazi-Technologie kannten, wieso haben sie diese Informationen für sich behalten? Vertreten sie die Auffassung, alles Wichtige gefunden zu haben, sodass keinerlei Risiken mehr bestehen? Oder will man am Thema nicht rühren, weil es politisch zu brisant ist? Oder – was auch denkbar wäre – weiß man, dass die wichtigsten Dinge nie gefunden wurden, und versucht deshalb, jegliche öffentliche Aufmerksamkeit zu vermeiden, um in aller Ruhe selbst Nachforschungen betreiben zu können?

Wie immer man diese Fragen beantworten mag (und mancher wird sie glattweg ignorieren und als Übertreibung zurückweisen), wir betonen nochmals: Die zur Schau gestellte Sorglosigkeit und Ignoranz wird unserer Meinung nach Folgen haben. Vielleicht nicht heute. Vielleicht nicht morgen oder übermorgen. Aber eines Tages ganz gewiss ...

Wir wollen an dieser Stelle nicht verschweigen, dass wir auch wissen, dass in bestimmten Positionen große Ängste in Bezug auf die Wahrheit existieren. Man stelle sich einmal vor, dass der Beweis verfügbar wäre, dass die untergehende Diktatur des Dritten Reiches die Bombe(n) hatte, sie aber – aus welchen Gründen auch immer – nicht einsetzte, während die Demokratie USA aus reinem Machtstreben und ohne Vorwarnung zwei Atombomben auf japanische Städte, also rein zivile Ziele, abwarf, dann kann man sich vorstellen, dass die Demokratie als solche wohl diskreditiert wäre. Das Ganze würde sich sogar noch potenzieren, wenn beweisbar wäre, dass die Amerikaner deutsche Beutebomben benutzten, was an Skrupellosigkeit nicht mehr zu übertreffen wäre.

Der Einsatz von Atomwaffen gegen zivile Ziele ist in unseren Augen eines der schwersten Verbrechen überhaupt, das auch nicht abgemildert werden kann mit der Begründung, die Vereinigten Staaten hätten den Krieg gewonnen oder das Leben ihrer Soldaten schonen wollen. Es ging den Verantwortlichen u. a. darum, am lebenden Objekt auszuprobieren, was geschieht, wenn man die »Waffe des Teufels« loslässt. Innerhalb von Sekunden wurden Zehntausende ausgelöscht, verbrannt, verstümmelt, verstrahlt. Wer so etwas tut, verdient nur eines – eine internationale Ächtung mit all ihren Folgen.

Wir haben in den vergangenen Jahren zahlreiche Bücher zu den Bombenabwürfen auf Japan gelesen, Zeitzeugenberichte studiert und unterschiedliche Positionen zu diesen Vorgängen eruiert und miteinander verglichen. Die Szenen, die sich nach dem Einsatz der Atomwaffen in Hiroshima und Nagasaki unter den Überlebenden abspielten, waren grauenvoll und sind bisweilen nur etwas für Hartgesottene, die das Gelesene nicht verinnerlichen oder Albträume davon bekommen. Wenn die Amerikaner heute in Bezug auf die Anschläge vom 11. September 2001 von »Terror« sprechen, dann sollen sie einmal zurückblicken, was sie 1945 in Japan angerichtet haben! Kommen wir damit zurück zu den vorliegenden US-Dokumenten. Einige von diesen Papieren seien an dieser Stelle schon einmal kurz erwähnt, weil sie unserer Ansicht nach von entscheidender Bedeutung sind. Sie legen ganz eindeutig nahe, dass Deutschland auf dem Gebiet der Kernwaffenentwicklung *vor* den Amerikanern lag und dass die Behauptungen, die auf Japan geworfenen Atombomben könnten deutscher Herkunft sein, deutsche Technologie beinhalten oder durch deutsches Spezialistenwissen fertiggestellt worden sein, durchaus nicht einer gewissen Grundlage entbehren.

Als Erstes haben wir das sogenannte Zinsser-Dokument anzubieten, das von uns bereits ausführlich in dem Buch *Hitler und die Bombe** aufgezeigt wurde. Dass wir es nochmals betrachten wollen, hat seinen Grund: Nach der Publizierung des Papiers durch uns versuchten andere Rechercheure, dieses Dokument unter der von uns angegebenen Quelle zu finden, hatten dabei allerdings einige Probleme, was u. a. zu der irrigen Auffassung führte, wir seien gar nicht im Besitz des Berichts, in dem u. a. der Deutsche Zinsser die Primär- und Sekundäreffekte einer Atomwaffenexplosion vor Kriegsende auf deutschem Boden beschrieb. Merkwürdigerweise liegen uns aber immer noch die Archivbestellpapiere vor, mittels derer ein Bekannter in den USA den betreffenden Mikrofilm für uns beschaffte, der sich auch noch bei uns befindet.** Um dieser unseligen Diskussion in Bezug auf den Zinsser-Bericht ein Ende zu setzen, wollen wir wissen lassen, dass das Doku-

---

* Edgar Mayer und Thomas Mehner: *Hitler und die Bombe – Welchen Stand erreichte die deutsche Atomforschung und Geheimwaffenentwicklung wirklich?*, Kopp Verlag, Rottenburg, S. 69 ff. Wir werden es hier aus Gründen der Nachvollziehbarkeit nochmals vorstellen.
** Bei der Diskussion um das Dokument kam seltsamerweise niemand auf die Idee, uns zu kontaktieren. Wir hätten den Mikrofilm, auf dem sich das Papier befindet, jederzeit zur Verfügung stellen können.

ment erneut gefunden wurde, diesmal allerdings in einem anderen US-Archiv, das zum Bereich der NARA (*National Archives and Record Administration*) gehört – natürlich inklusive der dazugehörigen Signatur. Wollen wir nur hoffen, dass das Dokument nach der Publikation der Quelle nicht auch dort wieder schwer auffindbar ist.

Aufzeigen werden wir auch, dass Ende 1944 deutsche Spione in die Vereinigten Staaten geschickt wurden, die u. a. die Aufgabe hatten, sich außerhalb New Yorks niederzulassen, um zu beobachten, wie die Einwohner dieser Großstadt reagieren, wenn die erste auf Spaltung eines Uranatoms basierende deutsche Bombe über der Stadt abgeworfen werde. Das ist keine Behauptung von uns, vielmehr handelt es sich um ein Dokument, das FBI-Chef Hoover höchstpersönlich verfasste und an den persönlichen Mitarbeiter Präsident Roosevelt, Harry L. Hopkins, schickte.

In diese Zeit fällt noch ein anderes Ereignis. Eine entfernte Cousine Franklin D. Roosevelts, Margaret Suckley, genannt Daisy, notierte Ende 1944 in ihr Tagebuch die Reaktion FDRs, als er bei einem Abendessen per Kurier die Botschaft einer für die Amerikaner arbeitenden zuverlässigen deutschen Quelle erhielt, die nichts Gutes verhieß. Roosevelt, dem daraufhin offensichtlich der Appetit vergangen war, erklärte ihr, dass die Deutschen mit einer V-3 New York anzugreifen gedächten, einer Waffe, die schreckliche Zerstörungen hervorrufen würde, und dass die Deutschen den Amerikanern in Bezug auf die Entwicklung von atomaren Waffen immer noch *voraus* seien! (Man beachte den Zeitraum: *Ende 1944.*)

Dem Ganzen wird die Krone aufgesetzt durch ein Dokument, das im März 1945 der US-Senator Byrnes verfasste, der nach dem Krieg unter US-Präsident Truman zum Außenminister avancieren sollte. Byrnes schrieb an Roosevelt, dass es enorme Probleme mit dem Manhattan Project (dem eigenen Atombombenprogramm) gebe, die, würden sie nicht gelöst,

Merkwürdigkeiten über Merkwürdigkeiten ...

Obwohl die amerikanischen Nachkriegsdarstellungen in Sachen »deutsche Atomforschung« in den meisten Fällen der offiziell gewünschten Sicht der Dinge folgten, die da hieß, dass die Deutschen nicht an einer Atombombe arbeiteten und nur geringe Fortschritte auf dem Gebiet der Kernphysik erzielten, schlichen sich peinlicherweise immer wieder Merkwürdigkeiten ein. So meldete z. B. Ende April 1945 das *Alsos*-Team an das Alliierten-Hauptquartier SHAEF einen Fund bei Hechingen – und es ist dabei davon auszugehen, dass es sich nicht um Haigerloch handelte, denn dieser Standort bot nur den Heisenbergschen Reaktor, der zu keiner Zeit kritisch geworden war –, »*der selbst die wildesten Erwartungen übertraf*«. Nun, die Amerikaner waren aufgrund der Arbeit ihrer Geheimdienste sogar darauf vorbereitet, eine deutsche »Bombe« zu finden. Das war ihre wildeste Erwartung (die sich in Thüringen ja schon Tage zuvor bestätigt hatte). Wovon konnte diese »wildeste Erwartung« noch übertroffen werden?

Gegenüberliegende Seite: Ein seltsames SHAEF-Dokument von Ende April 1945 zum Areal von Hechingen: Nach offizieller Sicht der Dinge bezieht sich das Papier auf das schwäbische Haigerloch, wo die Alsos-Mission den Reaktor Heisenbergs fand, der nie kritisch wurde. Doch konnte eine nichtfunktionierende deutsche Uranmaschine selbst die wildesten Erwartungen übertreffen? Was fanden die Amerikaner hier wirklich? (Quelle: Boris T. Push, The Alsos Mission, New York 1969.)

ORIGINATORS FILE No. _____

SHAEF MESSAGE FORM

CALL	CIRCUIT No.	PRIORITY	TRANSMISSION INSTRUCTIONS
	NR		

SPACES WITHIN HEAVY LINES FOR SIGNALS USE ONLY

FROM (A) SHAEF FWD	ORIGINATOR WDS/rnb	DATE-TIME OF ORIGIN AIR 271315Z

TO FOR ACTION (ACTION)

TO (W) FOR INFORMATION (INFO) ▨▨▨▨ | GR

(REF NO.) FWD - 19991 ____ (CLASSIFICATION) ▨▨▨ EYES ONLY

THE SPECIAL ALSOS REPEAT ALSOS MISSION HEADED BY BORIS PASH CMA WORKING WITH THE TASK FORCE OF SIX ARMY GROUP HAVE HIT THE JACKPOT IN THE HECHINGEN AREA PAREN FOR THE EYES ONLY OF GENERAL MARSHALL AND THE SECRETARY OF WAR FROM EISENHOWER UNPAREN CMA AND HAVE SECURED PERSONNEL CMA INFORMATION AND MATERIEL EXCEEDING THEIR WILDEST EXPECTATIONS PD FULL DETAILS WILL BE REPORTED LATER THROUGH THE USUAL SECRET CHANNELS CMA BUT WE NOW UNQUESTIONABLY HAVE EVERYTHING AND NONE OF THIS INFORMATION HAS LEAKED OUT

EYES ONLY

DECLASSIFIED
DOD Dir. 5200.9, Sept. 27, 1958
PMW by _____ date _____

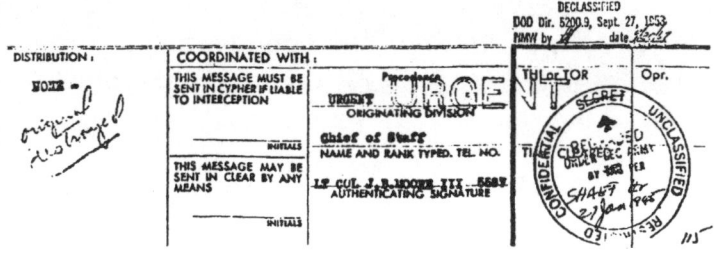

DISTRIBUTION :	COORDINATED WITH :				
NONE - original destroyed	THIS MESSAGE MUST BE SENT IN CYPHER IF LIABLE TO INTERCEPTION	Precedence URGENT ORIGINATING DIVISION		TH Lor TOR	Opr.
	INITIALS	Chief of Staff NAME AND RANK TYPED. TEL. NO.			
	THIS MESSAGE MAY BE SENT IN CLEAR BY ANY MEANS	LT COL J R MOORE III 5683 AUTHENTICATING SIGNATURE			
	INITIALS				

URGENT SECRET 115

THE SPECIAL ALSOS REPEAT ALSOS MISSION HEADED BY BORIS PASH CMA WORKING WITH THE TASK FORCE OF SIX ARMY GROUP HAVE HIT THE JACKPOT IN THE HECHINGEN AREA PAREN FOR THE EYES ONLY OF GENERAL MARSHALL AND THE SECRETARY OF WAR FROM EISENHOWER UNPAREN CMA AND HAVE SECURED PERSONNEL CMA INFORMATION AND MATERIEL EXCEEDING THEIR WILDEST EXPECTATIONS PD FULL DETAILS WILL BE REPORTED LATER THROUGH THE USUAL SECRET CHANNELS CMA BUT WE NOW UNQUESTIONABLY HAVE EVERYTHING AND NONE OF THIS INFORMATION HAS LEAKED OUT

Es gibt nichts Neues unter der Sonne.
Bild oben: Ein US-Soldat neben einer
Messerschmitt-1101 (V1), einem strahlgetriebenen Flugzeug
mit Schwenkflügeln, das bei Kriegsende aus einer unterirdi-
schen Anlage bei Oberammergau geborgen wurde. Mitte und
unten: die Bell X-5, die US-»Tochter« der Me-1101.

den Verantwortlichen den Kopf kosten würden. Dieses Dokument wurde bereits durch den Autor Harald Fäth in seinem Buch *Geheime Kommandosache – S III Jonastal und die Siegeswaffenproduktion* vorgestellt, allerdings ohne Archivsignatur, die wir in diesem Buch nachliefern werden.

Die bis hierher kurz aufgeführten Dokumente legen nahe, dass die Amerikaner keineswegs diejenigen waren, die im Wettlauf um die »Bombe« die Nase vorn hatten. Stattdessen gab es Probleme und Ängste ohne Ende. Und – wie Dr. Karlsch in seinem Buch *Hitlers Bombe* dankenswerterweise bestätigt – man hatte nicht einmal einen einsatzfähigen Zünder, weshalb Goudsmit, der wissenschaftliche Leiter der *Alsos*-Mission, nach deutschen Zünderspezialisten Ausschau hielt.

Setzt man diese für sich schon erstaunlichen Informationen in Relation zu den Ereignissen bei Kriegsende, die wir gleich nennen werden, dann wird verständlich, warum sich die Probleme für die Amerikaner, was ihre Atomwaffen anbetraf, plötzlich in Luft auflösten: Im April 1945 eroberte die *3rd US Army* unter General Patton Thüringen, konkret den Raum Gotha–Ohrdruf–Arnstadt. Zeitzeugenberichte, die wir bereits in unserem im Jahre 2004 erschienenen Buch *Geheime Reichssache: Thüringen und die deutsche Atombombe** publizierten, behaupteten, dass sie hier mindestens zwei fast fertige deutsche Atomwaffen fanden und abtransportierten. Unabhängig davon bekamen die amerikanischen Behörden im Mai 1945 das deutsche U-Boot U-234 in die Hand, dessen Ladung für den Sicherheitschef des Manhattan Projects »ein Geschenk Gottes« war, befanden sich doch eine Ladung von etwas mehr als 500 Kilogramm »Uranerz«** sowie einige Infrarotzünder

---

* Edgar Mayer & Thomas Mehner: *Geheime Reichssache: Thüringen und die deutsche Atombombe*, Kopp Verlag, Rottenburg 2004, S. 70. Die Waffen wurden bei Crawinkel und Wechmar/Schwabhausen gefunden.
** Es handelte sich gewiss nicht um Uranerz, weil Japan dieses in dem von ihm während des Krieges besetzten Korea selbst abbaute. Es ist im Gegen-

an Bord. Das U-Boot sollte damit ursprünglich nach Japan fahren, um den Verbündeten zu unterstützen.

Angesichts der Probleme beim amerikanischen Manhattan Project Ende 1944/Anfang 1945 einerseits und der »Gottesgeschenke«, die man bei Kriegsende in oder durch Deutschland andererseits erhielt, ist für uns klar, dass das entstandene Bild nur eine Interpretation zulässt: Die Behauptung, die Amerikaner hätten aus eigener Kraft innerhalb von nur wenigen Monaten (April bis Juli 1945) all ihre Probleme beim Atombombenbau gelöst und daher im Juli 1945 ihre erste Waffe in einem Versuch in New Mexico erfolgreich zünden können, ist für uns wenig glaubhaft.

Unabhängig von diesen Betrachtungen sind wir folgender Meinung: Die Welt entging im Jahre 1945 nur knapp einer noch viel schlimmeren Katastrophe – sprich einem Atomkrieg –, weil 1) insbesondere die Amerikaner begriffen, was auf sie zukam und sie entsprechend handelten, indem sie die (Normandie-)Invasion in Gang setzten; 2) aber auch in Deutschland bestimmte Kreise – die man im weitesten Sinne dem

---

teil davon auszugehen, dass das an Bord des U-Bootes in speziellen Behältern transportierte »Erz« angereichertes Material war. Im Mindesten muss es sich dabei um »Yellowcake« gehandelt haben, das in sogenannten Uranmühlen gewonnen wird (aus zwei Tonnen abgebautem Erz wird etwa ein Kilogramm Yellowcake gewonnen). »Es besteht zu 70 bis 80 Prozent aus Uran-Verbindungen wie Triuranoktoxid (U₃O₈), hinzu kommen Ammonium- oder Magnesiumdiuranat. Yellowcake dient als Grundlage für die Weiterverarbeitung des Urans zu Brennelementen. Die weiteren Verarbeitungsschritte hängen davon ab, in welchem Reaktortyp das Uran eingesetzt werden soll. Ist eine Anreicherung erforderlich, so wird das Yellowcake in einem chemischen Prozess in das unter Normalbedingungen kristalline, ab 56°Celsius gasförmige Uranhexafluorid (UF₆) umgewandelt. Andernfalls wird es zu Urandioxid oder Uranmetall weiterverarbeitet.« (nach *http://de.wikipedia.org/wiki/Yellowcake*). Was immer an Bord von U-234 war: Es war kein Uranerz, es strahlte und offenbarte einen Technologiestand, der laut Alliierten-Geschichtsschreibung in Bezug auf das deutsche Atomprojekt unmöglich war.

Widerstand zuordnen kann –, den Einsatz der Wunderwaffen der zweiten Generation vereitelten. Punkt 1 bestätigte, wie dieses Buch zeigen wird, der höchste US-Militär überhaupt: Generalstabschef George C. Marshall. Für Punkt 2 gibt es einige Indizien und Hinweise, die ebenfalls in dieser Publikation vorgestellt werden sollen.

Noch etwas persönliches zum Schluss der Vorbemerkungen: Wir werden in diesem Buch nicht nur kühle Sachlichkeit walten lassen, wie das beispielsweise von Historikern gefordert wird. Erstens gehören wir diesem erlauchten Klub nicht an, zweitens überzeugt uns die geschichts»wissenschaftliche« Vorgehensweise nicht sonderlich, zumal selbst das spannendste Thema nach der Bearbeitung durch die Historikerschaft zum Schlafmittel werden kann. Geschichte ist ja wohl kaum eine Aneinanderrreihung von staubtrockenen Dokumenten, sondern vielmehr einst sehr *lebendige* Gegenwart gewesen. Diese Lebendigkeit kam insbesondere zustande durch menschliche Emotionen, die der wissenschaftlich arbeitende Historiker natürlich komplett ausblendet, wie er sich selbst auch diesbezüglich bestimmter Meinungsäußerungen zurückhält. Mögen die Damen und Herren das tun, wir werden diesem Beispiel nicht folgen. Ganz im Gegenteil: Da, wo es nötig erscheint, werden wir deutlich unsere Meinung wissen lassen, ja, wir werden auch polemisch werden und unser Elaborat mit einer kräftigen Prise Sarkasmus und Zynismus würzen. Sprich: Wir werden unseren bisherigen Stil beibehalten, für den uns manche mögen und andere verdammen. Im Laufe der vielen Recherchejahre sind wir ohnehin zu Zynikern geworden, da in dem von uns bearbeiteten Themengebiet eine Lüge und Desinformation die andere jagt, während die Wahrheit erst jetzt langsam offensichtlich wird. Wenn man einmal erkannt hat, was hinter der Bühne der Geschichtsschreibung in Bezug auf das von uns favorisierte Thema wirklich läuft, dann kann man über die

Unwissenheit der breiten Masse nur noch müde lächeln. Und sich angesichts der Ignoranz der Historikerschaft nur verwundert die Augen reiben. Egal, an welcher technisch/technologischen Patina der 1940er-Jahre man kratzt, überall ist zu bemerken, dass verdreht, manipuliert, vertuscht und gelogen wurde. Warum, das werden wir in diesem Buch auch aufzeigen – anhand amerikanischer Dokumente.

Noch etwas anderes: Wir sind im Zusammenhang mit unseren Recherchen einigen Personen, die auf Wunsch ungenannt bleiben wollen, zu großem Dank verpflichtet. Die Suche nach der Wahrheit hat diesen Kreis von Leuten und uns zusammengeschweißt. Dabei darf aber nicht vergessen werden – und auch das wollen wir einmal kurz thematisieren –, dass es in den vergangenen Jahren viele gegeben hat, die uns kontaktierten in der Hoffnung, Informationen, die bisher nicht oder nicht vollständig publiziert wurden, abschöpfen zu können. Einen Informationsaustausch kann es allerdings nur dann geben, wenn dieser zweiseitiger Natur ist, also seinen Namen auch verdient. Ansonsten verzichten wir gern und dankend auf den entsprechenden Kontakt. Freilich besteht die Gefahr, dass unsere mangelnde »Teamfähigkeit« zu Erschwernissen in unserer Arbeit führt. Sei's drum. Uns ist der Spatz in der Hand allemal lieber als die Taube auf dem Dach, ganz abgesehen davon, dass wir mittlerweile recht gut wissen, was bei Kriegsende wirklich geschah. In den zurückliegenden drei Jahren gelang es uns, die – zumindest grob behauenen – Puzzlesteine ausfindig zu machen, um das Bild zusammenfügen zu können. Manches davon werden wir veröffentlichen, manches aber auch (noch) zurückhalten (müssen), weil noch viel Material auszuwerten und aufzuarbeiten ist. Zudem haben wir mehr als einmal bewiesen, dass wir bereit sind, für die von uns geäußerten Thesen und Behauptungen den Kopf hinzuhalten, während andere denselben in Vogel-Strauß-Manier in den Sand gesteckt haben in der Hoffnung, dass man sie nicht sieht und ihnen niemand in den Allerwertesten tritt. Lassen Sie uns noch deutlicher werden: Wir haben im Zusammenhang mit der Recherche zu diesem Thema noch niemals so viele Menschen kennengelernt, die sich uns gegenüber letztlich als Feiglinge geoutet haben. Wir meinen hiermit bewusst nicht direkt Beteiligte, die aus *existenziellen* und für uns damit naheliegenden Gründen um Anonymität baten. Wir meinen vielmehr jene, die meist durch Zufall auf die Wahrheit und das damit verbundene Wissen stießen, sich aber dazu öffentlich nicht oder nicht mehr zu äußern wagen. Wir vergleichen diese Personen immer mit Soldaten an der Front, die ihre Kameraden bei Feindberührung im Stich lassen.

Dass diese Leute mit ihren Verhaltensweisen die Positionen unserer Kritiker und Gegner stärken, ist unverzeihlich, aber nicht zu ändern. Wir können niemanden zwingen, die ihm bekannten Fakten in der Öffentlichkeit zu verbreiten. Ein Grund für dieses Herumdrucksen vieler, die etwas wissen, mag auch sein, dass in der Bundesrepublik Deutschland die Atmosphäre für die Aufarbeitung der Geschichte schon seit langer Zeit getrübt ist, ja, dass *stellenweise* bereits Agitation und Propaganda sowie die »political correctness« die entscheidenden Elemente bei der Bewertung der deutschen Geschichte im Allgemeinen und der des »Tausendjährigen Reiches« im Besonderen geworden sind. Ob man so »Geschichte aufarbeiten« kann, wagen wir zu bezweifeln, zumal eine solche Methode dazu führt, dass irgendwann das eintritt, was als Weisheit schon lange feststeht: *Wer seine Vergangenheit nicht kennt, ist dazu verdammt, sie zu wiederholen.* Was das bedeutet, müssen wir sicherlich nicht erläutern.

Dabei fällt uns aber auf, dass der Umgang mit Geschichte nicht einmal konsequent erfolgt, sondern je nach Befindlichkeit gehandelt wird. Nehmen wir das Beispiel Martin Luther. Der große deutsche Reformator wird hochverehrt, Straßen, Plätze und Gebäude tragen seinen Namen. Für uns ist das schwer verständlich, war Luther doch ein leidenschaftlicher Judenhasser. So verfasste er beispielsweise die Schrift *Von den Juden und ihren Lügen* (1543), die man heutzutage gern unterschlägt, die aber seine Gesinnung offen zutage treten lässt. Diese Fakten werden in der gegenwärtigen Luther-Diskussion oft vollkommen ausgeblendet, obwohl dies unzulässig ist, wird damit doch unserer Meinung nach bewusst oder unbewusst einem unterschwelligen Antijudaismus (nicht Antisemitismus; zu den Semiten gehören nämlich auch zahlreiche Araber!) Vorschub geleistet.

Betroffen machte uns aber etwas – und damit wieder direkt zurück zum Thema –, das wir in dieser ausgeprägten Form so nie für möglich gehalten hätten: Wir lernten im Laufe der Jahre Wissenschaftler und andere Fachleute kennen, die über manches Detail des tatsächlichen Standes der deutschen Atomforschung und Raketentechnik gut Bescheid wussten, aber nichts davon in der Öffentlichkeit berichten wollten. Sie vertreten stattdessen seit Jahrzehnten eine private und eine offizielle Meinung (nennt man dieses Krankheitsbild nicht Schizophrenie?) und lassen gegenüber Fremden kaum einmal durchblicken, was sie wirklich denken. Eine derartige Geistesgespaltenheit ist uns fremd, weil diese über kurz oder lang dazu führt, dass – wenn schon nicht die »Seele« – der Körper des Betreffenden krank werden muss. Offensichtlich ist dieses Verleugnen der eigenen Auffassungen aber gerade für deutsche Gelehrte typisch, denn schon der große Philosoph Arthur Schopenhauer, den wir aufgrund seiner offenen Sprache besonders schätzen, meinte zu Lebzeiten: »Der deutsche Gelehrte ist aber auch zu arm, um redlich und ehrenhaft sein zu können. Daher ist drehen, winden, sich akkomodieren und seine Überzeugung verleugnen, kriechen, schmeicheln, Partei machen und Kameradschaft schließen, Minister, Große, Kollegen, Studenten, Buchhändler, Rezensenten, kurz, alles eher als die Wahrheit und fremdes Verdienst, berücksichtigen – sein Gang

und seine Methode. Er wird dadurch meistens ein rücksichts-
voller Lump.«*

Und da heißt es noch, die Zeiten hätten sich geändert!
Gewiss, zu arm sind heute die wenigsten Gelehrten, aber dafür
zu abhängig, was im Prinzip auf dasselbe hinauskommt. Es
versteht sich natürlich von selbst, dass man Schopenhauers
Zitat nicht verallgemeinern sollte. Wir mussten jedoch feststellen, dass die Ausnahmen sehr selten sind in diesem Land.
Glücklicherweise gibt es sie – noch.

Wir werden oft gefragt, wie es mit unseren Recherchen weiter-
gehen wird. Auch dazu ein paar Informationen: Wir haben in
den vergangenen Jahren sehr viel Material erhalten und auch
selbst zusammengetragen, das es, wie bereits geschrieben, noch
auszuwerten gilt. Auf dieser Aufgabe wird künftig unser Haupt-
augenmerk ruhen, weil wir der Meinung sind, dass die sich
dafür interessierende Leserschaft ein Recht darauf hat, weitere Zusammenhänge zu erfahren. Quasi nebenbei wurde in
Zusammenarbeit mit anderen Rechercheuren versucht, die
Lage gewisser unterirdischer Objekte zu lokalisieren, die es
eigentlich – laut offizieller Sicht der Dinge – gar nicht gibt.
Auch hier wurden Fortschritte erzielt, über die bei passender
Gelegenheit zu berichten sein wird. Hier nur so viel dazu:
Allein die Tatsache, dass es uns gelang, an von Zeugen genau
benannten Standorten die Existenz von teils ausgedehnten
»Hohlräumen« mittels Radartechnik nachzuweisen, sorgte bei
bestimmten Institutionen für »Verwunderung«. In einem speziellen Fall, der allerdings nichts mit unseren Aktivitäten zu
tun hat, wurde sogar eine Bohrung vorgenommen, bei der das
betreffende Team – weil offensichtlich nicht entsprechend vorbereitet oder schlecht ausgerüstet – den Bohrkopf in knapp

---

* Arthur Schopenhauer: *Die Kunst zu beleidigen oder kleines Brevier
sprachlicher Grobheiten*, Verlag C. H. Beck, 3. Auflage, München 2004,
S. 52.

20 Meter Tiefe einbüßte, weil sich dieser – Wunder über Wunder – in einer offensichtlichen Stahlbetonkonstruktion verfing. Es ist schon erstaunlich, wie hart etwas sein kann, das gar nicht existiert ...

Zurück zu weiteren Vorhaben. In Bezug auf diese sehen wir uns außerstande, langfristige genaue Voraussagen zu treffen, zumal die Recherchen kosten- und zeitintensiv sind und nur der Euro für die weitere Arbeit ausgegeben werden kann, der vorher auch verdient wurde. Und das ist keineswegs einfach bei einer exorbitanten Inflation, die nach Einführung des (T)Euros tatsächlich bei *mindestens* sieben bis acht Prozent pro Jahr liegt – was sich anhand der Verdoppelung beinahe aller Preise, wenn man die gute alte D-Mark als Basis heranzieht, seither auch für den Dümmsten unter der Sonne unschwer erkennen lassen dürfte. Schon deshalb werden wir uns nur noch um wichtige, zielführende Dinge kümmern und alles andere außen vor lassen. Dass das manchem Zeitgenossen nicht gefallen wird, wissen wir. Jedoch sind unsere Kapazitäten beschränkt, und im Übrigen dürfen ja auch einmal diejenigen, die schnellere Fortschritte fordern, sich selbst engagieren und einbringen. Freilich ist das, was wir zum Schluss angemerkt haben, nicht mehr als ein frommer Wunsch. Viele verstecken sich bis heute vor der Öffentlichkeit, weil sie – obwohl sie sich mit dem von uns behandelten Thema befassen – nicht auch als »unseriös«, »umstritten« »Spinner«, »Verschwörungstheoretiker« und wer-weiß-was tituliert werden möchten. Kritiker und Debunker, die die alte Sicht der Dinge verteidigen, sind ja mit solcherlei Vorwürfen schnell zur Stelle, wenn ihnen ansonsten die Argumente ausgehen. Uns interessiert das wenig, weil wir wissen, wie hierzulande der Hase läuft, und weil wir es mit Napoleon I. halten, der über die Deutschen zu sagen wusste:

»Es gibt kein gutmütigeres, aber auch kein leichtgläubigeres Volk als das deutsche. Keine Lüge kann grob genug ersonnen werden, die Deutschen glauben sie. Um eine Parole, die man ihnen gab, verfolgen sie ihre Landsleute mit größerer Erbitterung als ihre wirklichen Feinde.«

Der letzte Satz Napoleons spricht für sich selbst, wie wir meinen – und charakterisiert die heutige Situation zu 100 Prozent exakt. Unabhängig davon ist zu betonen, dass wir eines der uns selbst gesteckten Ziel erreicht haben, das da – bildlich gesprochen – lautete, einen »Schneeball« aus den zeitgeschichtlichen Widersprüchen im Bereich der deutschen Atom(waffen)forschung zu formen und diesen an die oberste Kante des »Schneebrettes« etablierter Weisheiten zu legen, um ihm dann einen kleinen Stoß zu geben. Er rollt nun Richtung Tal, wo er noch lange, lange, lange nicht angekommen ist. Auf seinem Weg nach unten *kann* aus dem »Schneeball« eine »Lawine« werden, die vieles mit sich reißt und einige der scheinbar heilen Gebäude der Schulwissenschaft samt ihren Elfenbeintürmen beschädigt oder einebnet. Das ist, wie die Inder sagen, Karma, Schicksal, und von uns nicht zu beeinflussen. Wenn es geschieht, dann muss und soll es so sein. Der Mensch glaubt zwar, der Natur ein Schnippchen schlagen oder Lügen statt der Wahrheit verbreiten zu können – doch die Natur ist Wahrheit und holt ihn immer wieder ein. Ergo: Lügen haben – wie der Volksmund schon seit langem weiß – nicht nur kurze Beine, sondern auch keinen Bestand vor der Zeit, selbst wenn sie von Personen und Institutionen verbreitet werden, die glauben, im Besitz der Macht zu sein. Möge unser »Schneeball« das seine dazu beitragen ...

Edgar Mayer
Thomas Mehner

September 2007

»*Der Mann der Wissenschaft muss ständig bemüht sein, an seinen eigenen Wahrheiten zu zweifeln.*«

José Ortega y Gasset

Hitlers Bombe –
und ein deutscher Historiker

Als Dr. Rainer Karlschs Buch *Hitlers Bombe – Die geheime Geschichte der deutschen Kernwaffenversuche* im ersten Quartal des Jahres 2005 erschien, wurde das von einer großen medientechnischen Inszenierung begleitet. Man überschlug sich zunächst. Der Verlag, die Deutsche Verlags-Anstalt München (DVA), kündigte das Werk als etwas Besonderes an, indem er behauptete: »Dieses Buch enthüllt eine Sensation: Unter Aufsicht der SS testeten deutsche Wissenschaftler 1944/45 auf Rügen und in Thüringen nukleare Bomben. Dabei kamen mehrere hundert Kriegsgefangene und Häftlinge ums Leben.

Neben Belegen für die Kernwaffenversuche fand der Berliner Historiker Rainer Karlsch auch einen Entwurf für einen Plutoniumbombenpatent aus dem Jahr 1941 und entdeckte im Umland Berlins den ersten funktionierenden deutschen Atomreaktor ...«*

Nun, so sensationell, wie behauptet, war das Buch *in seiner Gesamtheit* keineswegs. Und eine Enthüllung war es auch nicht, denn wenn man die vor dem Karlsch-Buch publizierten Werke aus unserer Feder kannte, konnte man nur feststellen, wie die Verlagswerbung massiv über das Ziel hinausgeschossen war. Wir erhielten nach Erscheinen des Buches *Hitlers Bombe* eine große Zahl von Leserbriefen, deren Schreiber sich bei uns teilweise heftig darüber beklagten, dass man in diesem Land so gut wie gar nicht zur Kenntnis nehme, dass das Thema von anderen bereits angedeutet bzw. aufgegriffen und/oder diskutiert worden sei (Remdt, Wermusch, Fäth, Mayer, Mehner)

---

* Rainer Karlsch: *Hitlers Bombe – Die geheime Geschichte der deutschen Kernwaffenversuche*, DVA, München 2005, Zitat auf der Rückseite des Schutzumschlages.

und dass das Buch so viele Neuigkeiten nun auch nicht biete, wie ein Vergleich der aufgeführten Quelleninformationen belege. Der Ärger, den einige Leser unverhohlen äußerten, konnten wir verstehen, war er doch »Wasser auf unsere Mühlen«. Dennoch maßen wir dem Ganzen keine allzu große Bedeutung bei. Bekanntermaßen gilt hier die alte Regel in Bezug auf die Verwertung neuer Ideen: Der erste hat die Arbeit, der zweite den Ruhm und der dritte den wirtschaftlichen Erfolg. So ist das nun mal im Leben. Gerechtigkeit gibt es nicht.

Einer von uns hielt die damaligen Ereignisse und ersten Reaktionen zu dem Buch *Hitlers Bombe* in seinen Unterlagen fest. Darin heißt es beispielsweise:

»Freitag, der 4. März 2005 – Ich bereite mich auf einen ganz normalen Arbeitstag vor, als bereits am frühen Morgen ein Bekannter anruft und mich fragt, ob ich bereits *Spiegel online* gelesen hätte, dort stünde, dass der Berliner Wirtschaftshistoriker Rainer Karlsch am 14. März mit einem sensationellen Buch erscheinen werde, das den Titel *Hitlers Bombe* trage und den Nachweis erbringen werde, dass die Nazis einer einsatzbereiten Atomwaffe sehr nahe waren.

Kaum, dass ich mir die entsprechende Internetseite angesehen und den Artikel ausgedruckt hatte, klingelt das Telefon das nächste Mal: Das Nachrichtenmagazin *Focus* möchte ein Telefoninterview am frühen Nachmittag mit mir führen und einen Fotografen vorbeischicken. Man plane für die kommende Woche einen Beitrag.

Den Tag kann ich vergessen. Das Telefon, diese Erfindung des Teufels, steht bis 17.30 Uhr nicht mehr still ...

Irgendetwas aber ist schief gelaufen. Dr. Rainer Karlsch hatte eigentlich anderes geplant, und ein verwunderter Journalist fragt mich, wer denn da geplaudert habe? Es sei ja noch gar nicht vorgesehen gewesen, dass die Nachrichtenagentur dpa die Meldung verbreite. Das mag sein, aber das *börsenblatt* des deutschen Buchhandels hatte ja bereits Ende Februar 2005 in einer vierseitigen Anzeige auf das Buch hingewiesen – mit eindeutigen Werbebotschaften, die da lauteten, dass man im Umfeld von Berlin einen funktionierenden Atomreaktor gefunden und dass es Atomtests auf Rügen und in Thüringen gegeben habe. Interessantes Detail: *Spiegel online* ändert seine Meldung am selben Tag (!!!), um die insgesamt positiv klingende Tendenz des Berichtes etwas abzumildern. Bevor das Buch überhaupt auf dem Markt ist, behauptet der Wissenschaftshistoriker Armin Herrmann, angeblich ausgewiesener Experte für die Atomexperimente der Nazis und Einstein-Biograph, dass die Aussagen Karlschs ›totaler Schmarrn‹ seien und dieser sich nur wichtig machen wolle. – Interessant zu sehen, wie die Geschichts›wissenschaft‹ funktioniert: Es werden erst gar nicht die (noch nicht erschienenen) Informationen und Quellen geprüft, sondern sofort Urteile gesprochen. – Das ist keine Wissenschaft, das ist Hokuspokus, der von uns allen, die wir Steuerzahler sind, auch noch unterstützt wird! Interessant ist aber auch, zu sehen, wie die Etbalierten sich nun schon in die Wolle bekommen, obwohl diese noch gar nicht gewickelt ist.«*

Erstaunlich war aber auch noch etwas anderes: dass Rainer Karlschs Buch von jemandem unterstützt wurde, der eigentlich allen Grund gehabt hätte, den Mund zu halten:

»Obzwar die Meldung für mich nun mit einer gewissen Befriedigung aufgenommen wird, fällt mir doch eines auf: Der US-Historiker Mark Walker, angeblich auch ein international anerkannter Experte für die Nuklearwaffenentwicklung in der Zeit des Nationalsozialismus, rückt sich sofort ins rechte Licht, indem er wissen lässt: ›Ich halte seine Beweisführung [die von Dr. Karlsch, Anm. d. Verf.] für sehr überzeugend.‹ Diese Art der Formulierung ist wohl auch dringend nötig, denn Walker war doch derjenige – das nur mal zur Erinnerung –, der stets

---

* Persönliche Aufzeichnungen Thomas Mehner, 4. März 2005.

meinte, dass die deutschen Wissenschaftler, Techniker und Ingenieure zu unintelligent gewesen seien für ein solches Projekt. Ich frage mich: Wieso bezeichnet man Walker eigentlich als Experten für die Nuklearwaffenentwicklung der Nazis, wo diese doch angeblich nie ein solches System gebaut haben? Wie kann jemand Experte für etwas sein, dass es nach traditioneller Geschichtsschreibung (bis zum März 2005) gar nicht gegeben hatte?

Walker geht allerdings nicht zu weit und betont sofort, dass die Nationalsozialisten keine Atomwaffe im klassischen Sinne, sondern wohl eher eine sogenannte ›schmutzige Bombe‹ hatten. Ganz klar, der Vorsprung der USA im Wettrennen um Nuklearwaffen muss erhalten bleiben. Die Deutschen waren nur zweite! Da sage ich nur: Irrtum, sie waren die ersten – *allerdings nicht beim Einsatz dieser Waffe im Krieg gegen eine feindliche Großstadt.*

Es ist deutlich zu bemerken, wie gewisse Leute das Thema zu verniedlichen versuchen, aber der Tag wird kommen, wo sich die Betreffenden (erneut und nochmals) revidieren müssen. Wollen wir nur hoffen, dass sie vor lauter Rotation bei der Standpunktsuche den Überblick nicht verlieren ...«*

Da wir schon einmal bei Herrn Walker sind, lassen Sie uns noch folgendes anmerken: Er meinte, dass der Begriff der »Atombombe« für die deutsche Waffe nicht anwendbar sei, da diese Bezeichnung für die US-amerikanischen Waffensysteme, die auf Hiroshima und Nagasaki abgeworfen wurden, »historisch besetzt« sei. Ziel dieser Erklärung ist es offensichtlich, die deutsche Leistung herunterzustufen und ihr die Zweitrangigkeit zuzuschreiben. Folgt man dieser verqueren Logik, so bleibt zu fragen, wieso die Amerikaner seit dem 11. September 2001 den Begriff »Ground Zero« für den Bereich der zerstörten World-Trade-Center-Türme im New Yorker Stadtteil Man-

---

* Persönliche Aufzeichnungen Thomas Mehner, 4. März 2005.

hattan verwenden? Der Begriff stammt nämlich genaugenommen aus Militärkreisen und wurde seit dem Manhattan Project, das der Entwicklung der US-Atombombe diente, fast ausschließlich im Zusammenhang mit nuklearen Explosionen (»Bodennullpunkt«) im Allgemeinen und mit der Vernichtung der japanischen Städte Hiroshima und Nagasaki im Besonderen verwendet. Benutzt man »Ground Zero« also für jenen Bereich, auf dem einst das WTC stand, dann ist das eine höchst unzulässige und völlig irreführende Bezeichnung.

Mark Walkers Argumentation läuft im Endeffekt darauf hinaus, dass Deutschland im Zweiten Weltkrieg nur in der Lage gewesen sei, eine Art Prototyp einer »schmutzigen Bombe«, »Atomgranate«, taktischen Waffe oder aber gar nur einen Versuchskörper zu bauen, der noch lange nicht einsatzfähig gewesen sei. Auf der in Berlin stattfindenden Pressekonferenz, auf der das Buch von Dr. Karlsch einem Kreis von Journalisten vorgestellt wurde, meinte Walker denn auch, dass die Deutschen keine Atombombe hatten, sondern nur den Versuch starteten, eine herzustellen. Nun, mag er glauben, was er will – wir haben schließlich Religionsfreiheit. Was Walker bei allem vergisst, ist die Tatsache, dass die Konstruktion einer Kleinwaffe technologisch/technisch wesentlich schwieriger zu bewerkstelligen ist als die einer großen. Zudem handelte es sich im konkret diskutierten Fall nicht um eine Kernspaltungswaffe, sondern um eine Art Hybrid- bzw. Fusionsbombe. Aus diesem Grund sind auch alle damit zusammenhängenden Diskussionen irreführend, die da behaupten, Deutschland habe eine nukleare Waffe nicht bauen können, weil man über zu wenig angereicherte Substanz verfügte. Das Problem ist nicht die Menge des atomwaffenfähigen Materials, sondern »lediglich« eine Methode und ihre technische Realisierbarkeit, um kleine Mengen stark *oder* auch schwach angereicherten Materials zur Zündung zu bringen. Wir wollen dieses Thema hier nicht weiter vertiefen, sondern verweisen stattdessen auf die bereits erschienene Literatur.* Freilich sind wir uns dabei der Tatsache bewusst, dass sich kaum jemand für physikalische Fachwerke interessiert und selbst Physiker oft ein Informationsdefizit haben, was die technische Machbarkeit kleiner und kleinster nuklearer Waffen anbelangt. Große Teile der veröffentlichten Informationen, wie Atombomben aufgebaut sind, wie sie funktionieren und welche mehr oder weniger angereicherten Substanzen in ihnen eingesetzt werden, sind in der Regel einseitig und völlig veraltet. Das Spezialwissen unterliegt der militärischen Geheimhaltung, zumal es eine Bedrohung der öffentlichen Sicherheit darstellen könnte, gelänge es in Umlauf. Und das ist der Knackpunkt auch für Historiker, die in dieser Sache zu recherchieren versuchen. Niemand wird ihnen ohne Umschweife erklären, wie eine kleine Waffe wirklich funktioniert. Und selbst wenn man durch Zufall auf das Funktionsprinzip stößt, werden genügend Fachleute aufstehen und erklären, dass das abgebildete Verfahren unmöglich funktionieren könne – ein leicht durchschaubares Spiel.

Wir kommen an dieser Stelle nicht umhin, auf das Buch von Dr. Rainer Karlsch einzugehen, obwohl dieser für unsere Arbeiten nicht viel übrig hatte, wie später noch zu zeigen sein wird. Letzteres nehmen wir bis heute gelassen, denn aufgrund der Struktur des von uns bearbeiteten Themas und der damit verbundenen Geheimhaltung, die immerhin bald 60 Jahre funktionierte, ist uns klar, dass manche von uns aufgegriffene

---

* Die Lösung des Problems wurde im deutschsprachigen Raum aufgezeigt in: Gerulf von Schwarzenbeck: *Verschwörung Jonastal*, Kopp Verlag, Rottenburg 2005, S. 166–184. Das dort vorgestellte Verfahren auf Basis des sogenannten Prandtl-Meier-Ellipsoiden, der in einer Sonderform auch exakt kugelförmigen Aufbau haben kann, wurde 1981 durch den Physiker Friedwart Winterberg offengelegt. Siehe dazu: Friedwart Winterberg: *The Physical Principles Of Thermonuclear Explosive Devices*, Universität von Nevada, Fusion Energy Foundation, 1981. Winterberg weist darauf hin, dass das Verfahren auf deutsche Grundlagen zurückgeht.

Sachverhalte mit Irrtümern behaftet sein können. Darum geht es aber gar nicht. Worum es geht, ist der *rote Faden*, der in den von uns veröffentlichen Informationen und Zeugenaussagen zu erkennen ist und der zielführend und wegweisend darauf hindeutet, dass die Deutschen die Ersten in der Welt waren, die nukleare Sprengsätze entwickelten und testeten, rätselhafterweise aber nicht gegen ihre Feinde einsetzten, was bei oberflächlicher Betrachtung der veröffentlichten Zeitgeschichte manchen Interessierten verwundern mag. Schließlich glauben die meisten, dass die Deutschen, wenn ein solches Waffensystem verfügbar gewesen wäre, sie es auch benutzt hätten. Da wir an anderer Stelle auf diesen scheinbaren »Widerspruch« noch eingehen werden, sei im Moment nur so viel gesagt, dass gerade der Besitz der Waffe einige davor zurückschrecken ließ, sie zu verwenden.

Zuerst einmal ist festzustellen, dass Dr. Karlsch etwas für einen etablierten Historiker Ungeheuerliches tat: Er behauptete, Deutschland habe im Zweiten Weltkrieg an einer Atomwaffe (der Begriff »Atombombe« wurde später in diesem Zusammenhang eher verschämt vermieden bzw. verniedlicht) gearbeitet, und die entsprechenden Versuche seien bis zur Zündung kleiner taktischer Ladungen erfolgreich gewesen. Kurz nach Erscheinen des Buches versuchte er zwar teilweise wieder zurückzurudern, was einen besonders wütenden Zeitgenossen in einem Leserbrief an uns zu der drastischen Bemerkungen veranlasste, die SS habe wohl auf dem Truppenübungsplatz Ohrdruf »einen atomaren Furz gelassen«. Sei's drum. Dr. Karlsch bewies Mut, und wir erkennen seine Leistung an, weil er trotz der in Deutschland überbordenden »politischen Korrektheit« ein solch heißes Eisen anzufassen wagte. Das ist keineswegs selbstverständlich und für einen Historiker nicht ganz ungefährlich, schwimmt er doch gegen den Strom. Dass er dieses Thema nur im Rahmen bestimmter Grenzen aufzuarbeiten versuchte, ist verständlich, denn die Etablierten unterliegen nicht wenigen Zwängen, denen wir (dank sei unserem Schöpfer!) nicht ausgesetzt sind. Als Freidenker sind Grenzen für uns nur etwas, das es einzureißen gilt, wenn man die wirkliche historische Wahrheit sucht.

Dr. Karlsch musste für seine Behauptungen sehr viel (auch unberechtigte) Kritik einstecken und wurde von vielen großen meinungs»bildenden« Medien quasi auf den Scheiterhaufen gebracht. Kurz zuvor hatte er uns gegenüber noch behauptet, unsere Bücher würden von diesen meinungs»bildenden« Medien als Verschwörungsliteratur abgetan. Nun erging es ihm kaum besser, auch wenn bemerkt werden muss, dass einige Fachleute ab dem März 2005 durchaus erkannten, dass da mehr war, und sie das Thema einer weiteren Untersuchung für wert hielten. Chefredakteure und Journalisten sind aber keine Fachleute für technisch-wissenschaftliche Fragen, demzufolge konnten und wollten (oder durften?!) sie auch nichts erkennen. Die Reaktionen waren also bis auf wenige Ausnahmen vorhersehbar, daher kaum verwunderlich.* Schon der Börsen-Guru André Kostolany wusste, dass die wichtigen Dinge in den heutigen Medien weder behandelt noch – in Ausnahmefällen – richtig dargestellt werden. Und wer seine fünf Sinne noch beisammen hat, dem ist spätestens seit dem 11. September 2001 ohnehin klar, dass in dieser Welt aus Gründen der

---

* Interessanterweise wurden viele der Artikel in einer ironisch-süffisanten, unsachlichen Form verfasst – und das von Medienvertretern, die sonst stets viel Wert auf ihre »Seriosität« und »ausgewogene Darstellungsform« legten. Den Berichten und Artikeln war ein besonderer Unterton zu eigen, der viele am Thema interessierte Leser schnell erkennen ließ, dass es gar nicht darum ging, das Thema einer deutschen Atomwaffe zu diskutieren. Vielmehr war es das offensichtliche Ziel, das politisch nicht ins Kalkül passende Problem schnell loszuwerden, niederzumachen und dem Leser zu verdeutlichen, dass es keiner weiteren Betrachtung wert sei. Wenn diejenigen, die über die deutsche Atombombe schrieben, auch in Hinblick auf andere Themen so agieren, recherchieren und berichten, können wir uns lebhaft ausmalen, was die moderne Presseberichterstattung wert ist – nicht einmal das Papier, auf dem sie gedruckt wird!

politischen Zweckmäßigkeit mehr Lügen als Wahrheiten verbreitet werden.

Wir möchten auf einige Passagen des Buches von Dr. Karlsch eingehen, wobei wir vorausschicken müssen, dass wir hier von der 1. Auflage seines Werkes sprechen. Eine zweite Auflage ist als Taschenbuch angekündigt; sie soll 2008 erscheinen. Man muss also abwarten, was in dieser Neuauflage geändert bzw. relativiert wurde – wir halten uns bis dahin logischerweise an das, was vorliegt.

Einige Bemerkungen in *Hitlers Bombe* müssen geradezu zwangsläufig durch uns kommentiert werden. Wir tun dies nicht aus Grimm, sondern um zu zeigen, dass manches noch im Argen liegt und an einigen Stellen weiter, teilweise sogar *viel weiter* gedacht werden muss. Zudem hatte Dr. Karlsch auch in Bezug auf unsere Elaborate nie mit Kritik gespart.

Wir bitten um Verständnis, wenn wir ohne umfangreiche, einleitende Betrachtungen sofort auf den Kern der Dinge zu sprechen kommen und in gewisser Weise davon ausgehen, dass die interessierte Leserin und der interessierte Leser das Buch *Hitlers Bombe* zumindest in groben Zügen kennen. Es kann unserer Ansicht nach nicht Sinn der Sache sein, ausführlichst Einleitungen, Zitate und Bewertungen hier wiederzugeben oder laufend – wie man umgangssprachlich formulieren würde – beim »Urschleim« anzufangen. Das ist bei der Komplexität des Themas und der hierzu existierenden Auffassungen unmöglich und soll daher auch gar nicht versucht werden.

Auf *Seite 12* lässt Dr. Karlsch seine Leser etwas darüber wissen, wie er erstmals mit dem Thema »deutsche Atombombe« konfrontiert wurde:»Heiko Petermann [mit dem Dr. Karlsch zusammenarbeitet, Anm. d. Autoren] legte mir daraufhin Berichte von Zeitzeugen vor, die allesamt darauf hinausliefen, dass Anfang März 1945 in Thüringen eine kleine Atombombe erprobt worden war.«

Hier wird gegenüber dem interessierten Leser offengelassen, woher diese Berichte kamen. Der auf dem Buchtitel unterschlagene Co-Autor des Buches, Heiko Petermann, hatte sie ja nicht durch einen Materialisationsvorgang auf seinem Schreibtisch erhalten – sondern von uns. Die entsprechenden Vorgangsbeschreibungen in Form von Aktennotizen liegen vor und sind einsehbar. Wenn man schon nach der Wahrheit sucht, sollte dieser Umstand nicht verschwiegen werden.

Seite 15: »Als einzige Atommacht sahen sich die Amerikaner unmittelbar nach dem Krieg in einer neuen dominierenden Rolle, was zu ihrer Geringschätzung der wissenschaftlichen Leistungen anderer Länder beitrug. Goudsmit zeichnete 1947, unter dem Eindruck der Verbrechen des NS-Regimes und voller Wut auf die deutschen Eliten, ein bisweilen grob verzerrendes Bild der deutschen Atomforschung. Als Gründe für das Scheitern der deutschen Physiker nannte er die Vernachlässigung der Grundlagenforschung und vor allem das Missmanagement des Uranprojekts. Er verglich Wissenschaft unter einem totalitären Regime mit Wissenschaft in einer Demokratie und zog die Schlussfolgerung, dass nur in einer Demokratie der geistige Freiraum bestehe, der die Wissenschaft zur vollen Entfaltung kommen lasse. Die These schien einleuchtend, vermochte aber nicht zu klären, warum das Dritte Reich, wie im Übrigen auch die Sowjetunion, auf ausgewählten Gebieten der Rüstungsforschung an der Spitze des technischen Fortschritts stand.«

Dr. Karlsch gibt hier die Goudsmitsche Meinung wieder, hinter die er ein Fragezeichen setzen möchte. Fakt ist, dass die Amerikaner nach dem Krieg tatsächlich glaubten, nur weil sie den Krieg gewonnen hatten, auch die Überlegenen zu sein. Die wirklich Informierten, wie beispielsweise der US-Generalstabschef George C. Marshall, wussten, dass solcherlei Aussagen nur heiße Luft und durch nichts zu begründen waren (wie noch zu zeigen sein wird), ja, dass sie einer gefährlichen Fehleinschätzung der Lage bei Kriegsende entstammten, die die zivilisierte Welt beinahe in eine Katastrophe unvorstellbaren Ausmaßes geführt hätte. Goudsmits Behauptung, Wissenschaft in der Demokratie sei jener in einer Diktatur überlegen, ist ebenfalls anzweifelbar, weil eine Diktatur stets über Mittel und Möglichkeiten verfügt, Druck auf alle Menschen ihres Systems auszuüben, die Wissenschaftler eingeschlossen. Die nach dem Krieg kursierende Zwecklegende, der insbesondere die deutschen Atomforscher anhingen, man habe sich verweigert, an einer nuklearen Waffe mitzuarbeiten, ja, die deutsche Atomwaffe geradezu sabotiert, ist völliger Unsinn. Wer nicht mitmachen wollte, wurde a) auf unwichtige Posten abgeschoben oder b) an die Front versetzt. Der Rest dürfte mehr oder weniger begeistert an den Aufgaben, die ihnen gestellt wurden, mitgearbeitet haben, zumal es für einen Wissenschaftler nichts Größeres gibt, als undurchführbar geltende Aufgabenstellungen anzugehen und (erfolgreich) zu lösen. Wie sonst ist es zu erklären, dass auch viele der Erfindungen, die nach dem Krieg das Licht der wissenschaftlichen Öffentlichkeit erblickten, rein zerstörerischen Charakter hatten und haben und ein Zeichen von Unverantwortlichkeit sowie massivsten Destruktivdenkens sind (Wasserstoffbombe, biologische Waffen, Gentechnologie)? Es wird entwickelt und geforscht auf Teufel komm raus. Und wenn der Teufel dann wirklich rausgekommen ist und die Folgen für Umwelt und Menschheit sichtbar werden, will es keiner gewesen sein. Der Mensch in seinem Glauben, dass alles machbar sei, was er sich in seinen grauen Zellen ausdenkt, arbeitet an seinem Untergang – immer noch und mit verstärkter Tendenz. Aus der Geschichte hat man, wie immer, nichts gelernt. Wie auch, wenn einem wichtige Informationen vorenthalten werden?

Goudsmit meinte auch, die Deutschen hätten keine ausreichende Grundlagenforschung betrieben und daher die Bombe

nicht bauen können. Auch das ist falsch; im Gegenteil zeigt
sich, dass auch die USA enorme Defizite in ihrer Grundlagenforschung aufzuweisen hatten und dass das US-Militär lange
Zeit gar nicht begriff, welche Möglichkeiten Wissenschaft und
Technik boten, um überlegene Waffensysteme zu bauen.

Wir werden immer wieder gefragt, wie es denn möglich
gewesen sein soll, dass der wissenschaftlich-technische Fortschritt während der zwölf Jahre andauernden NS-Zeit so ge-
waltig war. Den Fragestellern antworten wir dann in schöner
Regelmäßigkeit, dass sie sich bitte einmal mit Geschichte befassen sollen, denn das, was in den 1930er- und 1940er-Jahren
geschah, basierte auf jahrzehntealten Grundlagen. Der Autor
Bruno Bandulet bemerkt in seinem Buch *Das geheime Wissen
der Goldanleger* beispielsweise dazu:

»Professor Dr. David Nachmansohn, Mitglied der Kaiser-
Wilhelm-Gesellschaft, die an der Spitze der Wissenschaftsför-
derung stand, schrieb 1982 von New York aus: ›Der gewaltige
Aufstieg der deutschen Wissenschaft und Technik in den letzten drei Jahrzehnten des 19. Jahrhunderts und in den ersten
drei Jahrzehnten des 20. Jahrhunderts verwandelte Deutschland aus einem relativ mittellosen und in vieler Hinsicht rück-
ständigen Land in eine der größten Mächte der Erde. Das
Ergebnis war eine Umwälzung von noch nie dagewesenen Aus-
maßen. Wir sind Zeugen einer neuen Ära der Geschichte der
Menschheit. Im Jahre 1840 war das Land von Armut, Elend,
Hunger und Krankheit geplagt. 1910 war Deutschland mit einer Bevölkerung von rund 70 Millionen ein reiches Land mit
einer hochgebildeten Mittelklasse und einer Arbeiterklasse,
die bessere Lebensbedingungen und fortschrittlichere soziale
Einrichtungen besaß als die entsprechenden Bevölkerungs-
schichten in Frankreich und England.‹

Alle Fakten belegen diesen Befund. Im Jahr 1900 betrug
der Anteil der Analphabeten an der Bevölkerung in Deutschland 0,9 Prozent, in England 9,6 Prozent, in Frankreich zehn

Prozent und in den USA zwölf Prozent. Im Kaiserreich lag der Sockel der Arbeitslosigkeit zwischen ein und zwei Prozent, in England und Frankreich bei einem Vielfachen. Auf Deutschland entfielen 20 Nobelpreise für Medizin und Naturwissenschaften, auf England acht, auf Frankreich sieben und auf die USA zwei. In Deutschland wurden 1908 1,69 Mark pro Kopf für Sozialleistungen ausgegeben, in Frankreich 0,27 und in England 0,07 Mark. Deutsch war die internationale Wissenschaftssprache, Deutschland war Weltspitze auf den Hightech-Gebieten Optik, Elektro- und Spezialmaschinenbau. Die deutsche Chemie und Pharmazie hatte 87 Prozent des Weltmarktes erobert. Nur bei den Rüstungsausgaben pro Kopf der Bevölkerung lag das Reich weit hinter England oder Frankreich.«*

In einer Publikation** aus den 1930er-Jahren hieß es unter der Überschrift »Weltgeltung der deutschen Wissenschaft« zu Beginn des 20. Jahrhunderts: »Der wissenschaftlichen Leistung entspricht die Weltgeltung des wissenschaftlichen Schrifttums. Die Königliche Gesellschaft in London lässt einen internationalen Katalog der wissenschaftlichen Literatur erscheinen, der in den Jahrgängen 1901–1911 zusammen 1 854 415 Veröffentlichungen brachte. Allein 829 054, also rund die Hälfte, entfielen auf die deutsche Sprache.«***

Halten wir also fest: Die Entwicklung der Wissenschaft (und der mit ihr einhergehenden Technik) in Deutschland während des Zweiten Weltkrieges basierte nicht auf dem System des Nationalsozialismus, sondern hatte seine Ursprünge lange Zeit vorher. Wenn man so will, war während der 1940er-Jahre nur jene wissenschaftlich-technische »Explosion« ein-

---

* Bruno Bandulet: *Das geheime Wissen der Goldanleger*, Kopp Verlag, Rottenburg 2007, S. 122/123. Siehe dazu auch: Ehrhardt Bödecker: *Preußen und die Marktwirtschaft*, Olzog Verlag, München 2006.
** Karl C. Loesch & Ludwig Vogt (Hrsg.): *Das deutsche Volk – sein Boden und seine Verteidigung*, Volk und Reich Verlag, Berlin 1937.
*** Ebenda, S. 294.

getreten, die vorher langsam begonnen hatte und dann, einer exponentiellen Kurve gleich, in einem steilen Aufstieg ihren weiteren Verlauf nahm. Uns wundert nur, dass hierzulande diese Tatsachen kaum bekannt sind. Stattdessen wird immer wieder der Fehler begangen zu glauben, dass Deutschland erst während des Krieges oder danach (hier vor allem in Bezug auf Westdeutschland mit seinem »Wirtschaftswunder«) zu den wissenschaftlich-technischen Führungsnationen aufstieg. Offenbar wird an den hiesigen Bildungseinrichtungen zu wenig darüber informiert, wie die tatsächlichen Verhältnisse lagen.

Wer das erste, auf der vorhergehenden Seite wiedergegebene Zitat richtig gelesen und die Zusammenhänge verstanden hat, dem wird aufgefallen sein, dass die deutschen Fortschritte auf den Gebieten der Optik, des Elektro- und Spezialmaschinenbaues wie auch der Chemie besondere waren, wenn Deutschland die Weltspitze stellte. Das sind (interessanterweise) quasi all jene Gebiete, die beherrscht und weiterentwickelt werden mussten, um das Projekt einer Atomwaffe überhaupt in Angriff nehmen zu können, wenn man einmal von den physikalischen Notwendigkeiten und Optionen absieht. Zeitzeugen meinten uns gegenüber immer wieder, dass die Leistung der deutschen Physiker beim Bau der deutschen Atombombe nicht die ausschlaggebende gewesen sei, vielmehr seien es die Physiko-Chemiker gewesen, denen der entscheidende Durchbruch gelang. Ein interessanter Hinweis, dem alle am Thema Arbeitenden weiter nachgehen sollten.

Auf *Seite 17* lässt Dr. Karlsch wissen: »›Was nicht in den Akten steht, das hat auch nicht stattgefunden. Mit diesem dezenten Hinweis pflegen Vorgesetzte ihren Wunsch zu umschreiben, bei einer bevorstehenden Aktion möglichst wenig schriftlich zu fixieren. Gerade in Kriegszeiten werden viele der brisantesten Unterlagen vernichtet. Im Krieg stirbt die Wahrheit zuerst. Es herrschen Geheimhaltung und Zensur. In einem ganz be-

sonderen Maße traf dies auf die Atomprojekte zu. In Washington und Moskau ist ein Teil der wichtigsten Dokumente bis heute für die historische Forschung gesperrt.«
Hier können wir nur zustimmend nicken. Was allerdings fehlt, ist eine eingehende Thematisierung des Sachverhaltes der Zensur und Geheimhaltung.* Letztere ist unseres Erachtens typisch für Despotien; für Demokratien, zu denen sich ja insbesondere die USA rechnen, sollte sie bis auf besonders wichtige Momente, die *aktuell* staatsgefährdend sind und mit inneren und äußeren Feinden zu tun haben, als undemokratisch verpönt sein. Das genaue Gegenteil ist allerdings der Fall. Man muss sich in diesem Zusammenhang fragen, was so ge-

---

* Geheimhaltung von Staats wegen ist ein Thema für sich, das in gewisser Weise mit einem Tabu behaftet ist. Historiker, die auf gesperrte und klassifizierte Aktenbestände stoßen, erwähnen dies zwar, bewerten diesen Sachverhalt aber in der Regel nicht. Unserer Meinung nach ist es ein Widerspruch in sich, wenn eine Demokratie Geheimhaltung in Bezug auf zeitgeschichtliche Vorgänge betreibt. Es mag eventuell noch angehen, dass man aus datenschutz- und persönlichkeitsrechtlichen Gründen bestimmte Vorgänge und Dokumente für 20 oder 30 Jahre klassifiziert; wenn aber Informationen über einen Zeitraum von 40, 50 oder gar 60 und mehr Jahren zurückgehalten werden, dann liegt der berechtigte Verdacht, wenn nicht die Gewissheit nahe, dass es sich um extrem wichtige Vorgänge handelt, die der offiziell propagierten Sicht der Dinge zuwiderlaufen – und damit das Geschichtsbild aus den Angeln heben. Dieser Allgemeinverdacht sollte ausreichen, jeden an der historischen Wahrheit tatsächlich interessierten Historiker Sturm laufen zu lassen. Uns ist allerdings kein einziger Fall bekannt, in dem ein etablierter Geschichts»wissenschaftler« dies je mit Nachdruck getan hätte, was beweist, dass sie Teil des Systems sind und offenbar freiwillig dazu neigen, die ihnen – beispielsweise in der Bundesrepublik Deutschland – grundgesetzlich garantierte Freiheit von Forschung und Lehre zu ignorieren und sich stattdessen selbst zu beschränken. Im Übrigen muss die Frage erlaubt sein, was 60 Jahre nach Ende des Zweiten Weltkrieges noch so wichtig ist, dass es offenbar die »nationale Sicherheit« der ehemaligen alliierten Nationen (USA, Russland, Großbritannien etc. pp.) bedroht. Für uns sind solche Sperrfristen im höchsten Maße undemokratisch, zeigen sie doch in aller Deutlichkeit, dass selbst in den westlichen Demokratien der sogenannte »mündige Bürger« von der politischen Klasse durch entsprechende Gesetze auf den Status eines »Untertanen« herabgestuft wird.

fährlich oder wichtig sein kann, dass es von den alliierten Siegermächten noch 60 Jahre nach Kriegsende zurückgehalten wird. Wir können es Ihnen bereits jetzt sagen: die Wahrheit! Diese ist extrem gefährlich, nicht von Natur aus, sondern weil bestimmte Vertreter des Alliierten-Establishments vor langer Zeit beschlossen, Lügen in die Welt zu setzen. In Bezug auf die neuen deutschen Wunderwaffen der zweiten Generation war das nötig, um a) die Herkunft bestimmter Waffenentwicklungen zu verbergen und b) den Sieg über die Deutschen total werden zu lassen.* Die Erfahrung zeigt aber, dass sich Lügen langfristig nicht gegen die Wahrheit behaupten können. Dem Fass den Boden schlägt allerdings der Umstand aus, dass wir bei unseren Recherchen auf (Personal-)Unterlagen stießen, die – und das wird nicht einmal dementiert – mit einer Sperrfrist von 100 Jahren belegt wurden!!!** Was, um alles in der Welt, gebietet eine solche Vorgehensweise?

Auf *Seite 17* heißt es weiter: »Historiker arbeiten systematisch mit den vorhandenen Quellen. Deshalb neigen sie dazu, schlecht dokumentierte Ereignisse lieber auszublenden, was zu einer Verengung des Blickwinkels führen kann. Genau dies war bei der Erforschung der Geschichte der deutschen Atombombe der Fall.«

Selbsterkenntnis ist der erste Weg zur Besserung. Wir betonen an dieser Stelle nochmals, froh zu sein, nicht zur Gilde der Historiker zu gehören, die ja aufgrund der Arbeit »mit den vorhandenen Quellen« mit einer »Verengung des Blickwin-

---

* Dies ist keine von uns aus der Luft gegriffene Behauptung, vielmehr geht diese Feststellung aus US-amerikanischen Dokumenten hervor, die im weiteren Verlauf des Buches aufgezeigt werden.
** Hierbei handelt es sich um Unterlagen zu deutschen Wissenschaftlern, Ingenieuren und mit Sicherheitsaufgaben befassten Personen, die im weitesten Sinne mit den neuen Wunderwaffen V-3 bis V-9 zu tun hatten. Mittlerweile liegen mehr als zehn Namen von Beteiligten vor, in deren Fällen so verfahren wurde, was eindeutig gegen den »Faktor Zufall« spricht.

kels« zu kämpfen hat. Das ist wirklich schön formuliert, genaugenommen aber ein Offenbarungseid, wenn nicht sogar eine Bankrotterklärung. Zudem finden wir, dass diese »Verengung des Blickwinkels« mittlerweile so weit fortgeschritten ist, dass teilweise in Historikerkreisen bezüglich unbequemer Themen eine Blindheit für die Tatsachen eingetreten ist – mit verheerenden Folgen für die Wahrheitsfindung. Wenn die Historiker das, was sie tun, als »Wissenschaft« bezeichnen, dann richten sich bei uns die Nackenhaare auf, da sie niemals in der Lage sind, *alle* Elemente der von ihnen behandelten Themen zu betrachten, sondern nur das, was in *zugänglichen* Dokumenten steht und ins (eigene und politisch vorgegebene) Konzept passt. Einige amerikanische Historiker haben diese Problematik erkannt und thematisiert: sie plädieren – wie wir bereits im Vorwort schrieben – dafür, die bisherige Geschichts-»wissenschaft« als solche zu beerdigen und Geschichtsschreibung stattdessen als Gattung der Literatur zu betrachten. Dem ist aus unserer Sicht prinzipiell zuzustimmen.

Auf den *Seiten 20 und 21* spekuliert Dr. Karlsch einerseits darüber, was das Ministerium für Staatssicherheit der DDR in den 1960er-Jahren unternahm, nachdem man durch eine Zeugenaussage des Stadtilmer Klempnermeisters Gerhard Rundnagel etwas über die mögliche Existenz von zwei deutschen Atomwaffen erfahren hatte, andererseits fragt er sich, welche der Alliierten denn alles vom Test einer kleinen Atomwaffe Anfang März 1945 in Thüringen erfahren haben könnten.

Bezüglich des ersten Problems gelangt Dr. Karlsch zu dem Schluss: »Ein politisches Interesse an der Weiterverfolgung dieser Geschichte gab es nicht.« Was für eine kühne Behauptung! Wir geben in diesem Zusammenhang zu bedenken, dass das Thema Gegenstand von geheimdienstlichen Untersuchungen war, die nicht unbedingt in Aktenniederschriften endeten. In den 1960er-Jahren wurde nach den uns vorliegenden Informationen eine direkt von Berlin aus geführte MfS-Gruppe mit den entsprechenden Nachforschungen beauftragt, um nicht allzu viel Aufsehen zu erregen. Schließlich galt es, die russischen Freunde und Genossen, die sehr wohl über die Situation und insbesondere über die Bedeutung Thüringens als unterirdische Hochtechnologiezone des Dritten Reiches Bescheid wussten, außen vor zu lassen. Deshalb waren der Kreis der Ermittler klein und das Unterstellungsverhältnis klar definiert.

Was die Frage anbelangt, welche alliierten Dienste alles von dem nuklearen Test auf dem Truppenübungsplatz Ohrdruf erfuhren, so waren als Erste die Briten im Bilde, die eine direkt vor Ort installierte Agentin für sich spionieren ließen. Die Briten informierten die Amerikaner. Die Russen bekamen eine Information nach den uns gegebenen Informationen direkt aus dem Umfeld Hitlers – von Reichsleiter Bormann persönlich, der ja immer im Verdacht stand, ein Superspion der Russen zu sein. Sein Schicksal nach dem Krieg blieb angeblich ungeklärt – bis es eines Tages hieß, er sei in Berlin gefallen, was anhand einer DNA-Analyse beweisbar wäre (eine schöne Legende für alle, die das Denken anderen überlassen*).

---

* Die Behauptung, Reichsleiter Bormann sei bei Kriegsende kurz nach seiner Flucht aus der Reichskanzlei in Berlin gefallen, wurde durch angebliche Skelettfunde, die seiner Person zugeordnet wurden, vor einigen Jahren in der Öffentlichkeit verbreitet. Es hieß, sein Tod sei aufgrund von DNA-Analysen eindeutig beweisbar. Wohl informierte Quellen ließen uns aber wissen, dass es sich hierbei um reine Desinformation handle, »um das leidige Thema endlich zu beenden«. Bormann sei vielmehr geflohen und habe nach dem Krieg in der Sowjetunion gelebt. Einige der in früheren Jahrzehnten veröffentlichten Bücher zum Thema gingen meist davon aus, dass Bormann als Top-Spion der Russen fungierte. In diesem Zusammenhang ist eine Aussage der ehemaligen Angestellten des Auswärtigen Amtes, Gertrud von Heimerdinger, interessant, die Martin Bormann am 13. Juni 1945 im ehemaligen Gefängnis Moabit gesehen hatte. Sie leistete eine beeidete Aussage. Siehe hierzu: Hugo Manfred Beer: *Moskaus As im Kampf der Geheimdienste*, Verlag Hohe Warte, Franz v. Bebenburg KG, S. 299 ff.

Seite 22/23:»Die kritische Masse für eine Uranbombe aus hoch angereichertem U235 liegt bei rund 50 Kilogramm, für eine Plutoniumbombe bei ungefähr zehn Kilogramm. Bomben dieser Typen wurden am 6. und 9. August 1945 über Hiroshima und Nagasaki gezündet, wobei jeweils Flächen von mehreren Quadratkilometern komplett zerstört und zehntausende Menschen getötet wurden. Bei den deutschen Atombomben kann es sich definitiv nicht um solche Bomben gehandelt haben. Hoch angereichertes Uran oder Plutonium stand den deutschen Wissenschaftlern nicht in ausreichender Menge zur Verfügung.«

Das sind Behauptungen, die in Folge des ja bereits erwähnten »eingeengten Blickwinkels« entstehen. Nach unseren Informationen wurden im Dritten Reich *mehrere* Atomwaffentypen entwickelt – um genau zu sein drei. Die Waffe, und das gilt es zu differenzieren, die am 3. März 1945 (Dr. Karlsch meint am 4. März des genannten Jahres) auf dem Truppenübungsplatz Ohrdruf zum Test gelangte, war eine Entwicklung, die auf der Grundlage dessen entstand, was Dr. Karlsch im Zusammenhang mit den Aktivitäten von Dr. Kurt Diebner in seinem Buch beschreibt. Er vergisst dabei allerdings (oder es ist ihm schlicht unbekannt), dass auch andere Gruppen/ Einrichtungen an der Waffe arbeiteten und dabei zu anderen konstruktiv-technischen Lösungsvorschlägen gelangten. Die Menge des vorhandenen bombenfähigen Materials war größer, als Dr. Karlsch vermutet; unsere Quellen gaben beispielsweise an, dass quartalsweise mehrere hundert Gramm hochangereicherten Materials über den Weg der Diplomatenpost nach Deutschland an die hiesigen Forschungseinrichtungen gelangten. Die Deutschen bezahlten während des Krieges dafür mit Gold – u. a. an eine Nation, die man in diesem Zusammenhang kaum für möglich halten würde. Im Übrigen verweisen wir darauf, dass man stets nur von den Isotopen Uran-235 und Plutonium-239 spricht. Deutsche Wissenschaftler gingen aber wahrscheinlich noch einen anderen Weg – über das Thorium, wie wir bei Gelegenheit noch aufzeigen werden. Und nicht nur das: Man behauptete uns gegenüber, dass sogar »Substanzen« für nukleare Waffen erprobt worden seien, von denen die heutige moderne Wissenschaft nicht einmal wisse, dass sie dafür einsetzbar sind. Beweise wurden uns dafür nicht geliefert, doch immerhin klingt diese Option so interessant, dass sie es verdient, weiter untersucht zu werden.

Ebenfalls auf *Seite 22* beschreibt der Autor des Buches *Hitlers Bombe*, wie er auf die Spur der »Atomholladungen« stieß, das Verfahren also, das dann in Thüringen Anfang März 1945 erprobt wurde. Es handelt sich dabei um die von uns immer wieder vermutete dritte Variante zur Herstellung einer Atomwaffe. In diesem Zusammenhang erwähnt er den Kenntnisstand des ehemaligen Ministerialdirigenten Erich Schuhmann, der nach dem Krieg sein Wissen zu veröffentlichen gedachte, dann aber das Ganze doch unterließ: »Die eigentliche Sensation des Schuhmann-Nachlasses ist ein Manuskript, das er 1949 in Abstimmung mit ehemaligen Mitarbeitern verfasste. Er schildert darin unter anderem die unter seiner Regie begonnenen Forschungen zur Kernfusion und entwickelt das Konzept für den Bau der Wasserstoffbombe. Das heißt im Klartext: Drei beziehungsweise vier Jahre, bevor die ersten amerikanischen und sowjetischen Wasserstoffbomben getestet wurden, beschrieb der beim Heereswaffenamt für Atomforschung zuständige Leiter ziemlich exakt deren allgemeine Bauprinzipien und deren Funktionsweise.«

Das Schuhmann-Manuskript ist insofern interessant und erstaunlich, als es einen Kenntnisstand offenbart, den die Deutschen nach landläufiger Meinung bei Kriegsende bzw. danach nicht haben konnten – schon gar nicht zum Thema der Wasserstoffbomben, da diesbezügliche Informationen sowohl von Russen als auch Amerikanern als Staatsgeheimnisse gehütet wurden. – Es gab also eine Art »prophetengleiches Vorauswissen«, das man unmöglich als Zufall abtun kann. Dem Ganzen mussten handfeste Forschungsarbeiten zugrunde liegen, was ja schließlich auch ganz offensichtlich wurde. Auch andere aus dem deutschsprachigen Raum stammende Physiker offenbarten bereits kurz nach dem Krieg ein Wissen, das damals noch seitens den USA oder der Sowjetunion der höchsten Geheimhaltung unterlag. Einer von ihnen war Hans Thirring*, der 1946 ein Buch mit dem Titel *Die Geschichte der Atombombe*** veröffentlichte. Wir kennen eine Reihe von Personen, die dieses Buch gelesen haben, ohne dass ihnen etwas dabei aufgefallen wäre, obwohl es das eigentlich hätte tun sollen. Nun, das Problem besteht darin, dass wir Heutigen solche vor Jahrzehnten veröffentlichten Wissenschaftsdarstellungen mit dem Wissen und Informationsstand der Gegenwart lesen, dabei aber meist völlig vergessen, dass wir das Geschrie-

---

* Hans Thirring wurde am 23. März 1888 in Wien geboren, wo er am 22. März 1976 auch starb. Thirring genoss eine Ausbildung zum Physiker, dazu studierte er bis 1910 an der Universität Wien Mathematik und Physik und wurde danach Assistent am Institut für Theoretische Physik der Universität Wien, wo er promovierte. »Von 1921 bis 1927 war er Professor und bis 1938 Vorstand des Institutes. Er erfand eine Methode zur Tonfilmherstellung und -wiedergabe, die mit Hilfe von Selenzellen – den Thirringschen Selenzellen – funktionierte. 1929 gründete er gemeinsam mit dem Generaldirektor der RAVAG, Oskar Czeija, die Selenophon Licht- und Tonbildgesellschaft, das erste österreichische Unternehmen zur Herstellung von Tonfilmen. 1938 wurde er zwangsweise in den Ruhestand versetzt und war in den Folgejahren bis 1945 als Berater für verschiedene Firmen wie die Elin AG und Siemens tätig. Nach dem Krieg reaktiviert, war er 1946/47 Dekan der Philosophischen Fakultät der Universität Wien. Seine wichtigste Arbeit war die Vorhersage des nach ihm und dem Mathematiker Josef Lense benannten Lense-Thirring-Effekts der allgemeinen Relativitätstheorie, bei dem in der Nähe von großen rotierenden Massen die Einsteinsche Raumzeit verändert werden soll. 2003 scheint dieser Effekt erstmals nachgewiesen worden zu sein.« (Informationen nach *de.wikipedia.org*).
** Hans Thirring: *Die Geschichte der Atombombe*, Phönix-Bücherei, »Neues Österreich« Zeitungs- und Verlagsgesellschaft m. b. H., Wien 1946.

bene auf Basis des Wissensniveaus von z.B. 1946 interpretieren müssen. Thirring arbeitete während des Krieges als Berater der Firmen Elin AG und Siemens. Bei beiden handelte es sich um führende Unternehmen, die direkt und indirekt auch mit dem Thema Atomforschung zu tun hatten. Schon allein dieser Zusammenhang sollte einen hellhörig werden lassen.

Thirring macht sich zum Beispiel auf Seite 134 seines Buches Gedanken, wie groß die kritische Masse angereicherten Plutoniums (Pu-239) sein müsste, um die von ihm so bezeichnete Lawinenbedingung zur Auslösung der Kettenreaktion zu erreichen: Er gelangt dabei auf einen Wert zwischen einem und zehn Kilogramm. Ist das nicht bemerkenswert angesichts der Tatsache, dass ein Jahr nach dem Kriegsende solche Details noch unter Verschluss lagen? Freilich versucht er von seinem Wissen etwas abzulenken, wenn er beispielsweise auf Seite 129 meint, dass es gewiss noch mehr als hundert offene Fragen gebe, die man lösen müsse, um eine Atombombe zu bauen. Das ist aber eine mehr rhetorische Frage, denn der Abwurf von Atombomben auf Japan hatte ja ganz klar gezeigt, dass solche Waffen möglich waren. Merkwürdig bleibt trotzdem, dass Thirring über (nur?) theoretische Informationen verfügte, die offiziell erst Jahre später bestätigt werden sollen.

Es kommt aber noch besser: Auf Seite 125 bildet Thirring »eine der möglichen Konstruktionen einer Atombombe« ab, die auf verblüffende Weise dem angeblich in der Hiroshima-Bombe zum Einsatz gelangten Kanonenprinzip gleicht. Das Funktionsprinzip beschreibt er wie folgt: »Es sind die üblichen Umrisse einer Fliegerbombe gezeichnet, und es bedeutet S die eigentliche Sprengladung aus U-235 oder Pu. Die Ladung hat die Form einer Kugel, aus deren Mitte ein zylindrisches Stück herausgeschnitten ist. Dieser herausgeschnittene Stöpsel befindet sich am oberen Rand eines Kanonenrohres R und darüber eine Sprengladung P aus irgendeiner der normalen

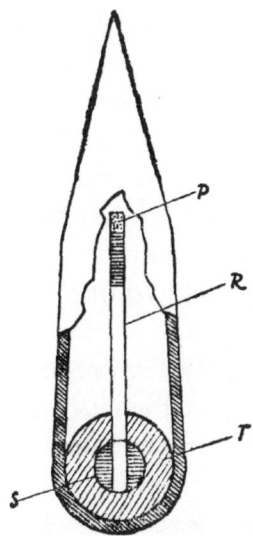

Der Aufbau einer auf dem Prinzip der Kernspaltung beruhenden Atombombe (nach Hans Thirring).

Pulversorten. T ist der Tamper, also der aus einem schweren, neutronenreflektierenden Stoff bestehende Mantel. Um die Bombe zur Explosion zu bringen, wird die Pulverladung P gezündet, diese schießt den Uran- oder Plutoniumstöpsel in die Sprengkugel S hinein, die so dimensioniert ist, dass sie nach Vervollständigung ihrer Kugelgestalt durch den Stöpsel die kritische Masse überschritten hat und dementsprechend explodiert.«

Nun kann man – sehr viel guten Willen vorausgesetzt – vielleicht annehmen, dass Hans Thirring die Informationen durch rein theoretische Erwägungen zustandebrachte. Das gelingt aber nicht mehr, wenn man sein Kapitel 42 (»Die Superatombombe«, S. 130 ff.) liest, in dem er über die Möglichkeiten einer Wasserstoffbombe schwadroniert. Und das tat er noch drei Jahre, bevor der genannte Dr. Schuhmann sein nie veröffentlichtes Manuskript verfasste!

Thirring schreibt hierzu:»Wie man ... erkennt, ist die Energie, die man durch Bildung von Helium aus LiH gewinnen kann, fast dreimal so groß wie die bei der Kernspaltung aus der gleichen Menge von U-235 erzeugte. Dabei ist nun Lithium ein gar nicht so seltenes Element, sodass man in einer ›Superatombombe‹ ungefähr ebenso viel Tonnen Lithiumhydrid verwenden könnte, als man jetzt Kilogramm Plutonium verwendet, derart, dass sich eine Wirkung ergäbe, die wiederum einige tausendmal gegenüber der bisher bekannten gesteigert werden könnte. Gott gnade jenem Land, über dem eine Sechstonnenbombe von Lithiumhydrid zur Explosion gebracht wird!

Sofern die Idee überhaupt realisierbar ist, würde in solch einer Superatombombe die bisherige Uranbombe oder Plutoniumbombe nur die Rolle einer ›Zündpille‹ spielen.« Das Ganze ist mehr als erstaunlich und lässt sich nur erklären, wenn man davon ausgeht, dass Thirring mehr wusste … Immerhin war das, was er da publizierte, selbst 1948, also zwei Jahre später, offenbar kein bekanntes Wissen. Man kann das unschwer erkennen, wenn man das Werk des Physik-Professors Friedrich Dessauer* *Atomenergie und Atombombe***, dessen zweite Auflage uns vorliegt, zur Hand nimmt, das eben in dem genannten Jahr erschien. Darin behauptet Dessauer auf Seite 183 u. a., dass man kleine Atomwaffen nicht bauen könne, und er fügt in einer Fußnote hinzu:»Unter den vielen geheim gehaltenen Einzelheiten befinden sich auch diese: Wie viel ›eigentlicher Explosivstoff‹, also spaltbares Material zur Anwendung kam und welche z. Zt. zur Verfügung stehenden Arten: U 235, Pu und Thorium. – Es ist wahrscheinlich, dass die wirksame Stoffmenge von der Größenordnung 100 kg war (wohl etwas höher als 100, schwerlich über 200), dass anfangs U 235, dann auch Pu eine erhebliche Rolle spielte. Davon wird etwas ein Promille in Energie verwandelt. Über die Entwicklungsarbeiten mit Thorium ist nichts bekanntgegeben worden. Das Gesamtgewicht einer Atombombe ist wenige Tonnen.«

Dessauer lag nicht nur falsch, er wusste auch nichts Genaues. Die Amerikaner gaben die Menge des angereicherten, waffenfähigen U-235-»Bombenstoffes« mit rund 50 Kilogramm

---

* In der Vita des Buches heißt es zu dem Autor:»Friedrich Dessauer, bekannt als Forscher auf dem Grenzgebiet von Biologie und Physik, als Schriftsteller (insbesondere »Philosophie der Technik«) sowie als Politiker, ist Professor der Physik an der Universität Freiburg/Schweiz. Professor Dessauer wurde wegen seines Kampfes für Christentum, Humanität und Demokratie von den Nationalsozialisten schwer angefeindet; er musste Deutschland 1934 verlassen.«
** Friedrich Dessauer: *Atomenergie und Atombombe*, Verlag Otto Walter AG Olten (Schweiz), 2. ergänzte Auflage, 1948.

an, also nur der Hälfte dessen, was Dessauer vermutete. Den einzig interessanten Hinweis, den der seinerzeit in der Schweiz tätige Physiker gab, was der in Bezug auf das Thorium – ein Thema, das, wie wir bereits schrieben, künftig noch erörtert werden soll, weil es bisher so gut wie unterschlagen wurde. Angesichts solcher Merkwürdigkeiten nimmt es nicht wunder, wenn wir uns in den vergangenen Jahren darauf konzentriert haben, vor allem ältere Literatur zu studieren. Die meisten Menschen glauben ja fahrlässigerweise, dass, wenn etwas »neu« ist, es auch besser sei. Doch weit gefehlt, die größten Gedanken wurden schon vor langer Zeit gedacht, und nur in Ausnahmefällen bedeutet neu auch Fortschritt. Selbstverständlich werden viele, die das lesen, im Geiste heftig zu protestieren beginnen. Aber seien Sie mal ehrlich zu sich selbst: Spätestens wenn Sie an Ihrem Computer das Problem haben, dass er nach dem Kaltstart nicht mehr das gewohnte Menübild zeigt, sondern der Bildschirm dunkel bleibt, wissen Sie doch, dass wir recht haben. Will heißen: Die Welt wird immer komplexer (und damit komplizierter), das Leben aber nicht unbedingt leichter. War aber ein leichteres Leben nicht das Ziel von Wissenschaft und Technik?

Zurück zum Buch von Dr. Karlsch. Er lässt den Leser auf *Seite 24* wissen: »Da nur geringe Mengen an Fusions- und Spaltstoffen zur Reaktion kamen, blieb der Wirkungsgrad der deutschen Atombombe begrenzt. Im Ergebnis ihrer Forschungen hatten die deutschen Wissenschaftler, wenn man es modern ausdrückt, eine taktische Kernwaffe entwickelt.«
Wie schon betont, halten wir die geringen Mengen an Fusions- und Spaltstoffen für wenig glaubhaft. Richtig ist jedoch, dass die deutschen Experten eine Art taktische Kernwaffe konstruiert hatten. Allerdings halten wir es in diesem Zusammenhang für außerordentlich problematisch zu behaupten, eine taktische Kernwaffe (oder ein in dieser Richtung

gehender Vorläufer bzw. Testkörper) sei alles gewesen, was man im Dritten Reich zuwege gebracht habe. Wie wir schon betonten, war die Thüringer Waffe keineswegs die einzige Entwicklungsvariante. Zeitzeugenberichte sprechen von langjährigen Entwicklungsarbeiten, die verschiedene Lösungsansätze hatten und demzufolge auch unterschiedliche Konstruktions- und Funktionsverfahren nach sich zogen. Auch war man nicht nur auf eine Waffe aus, sondern wollte für unterschiedliche Anwendungsfälle mindestens zwei Systeme haben.* Interessanterweise fanden sich bei der Literaturrecherche Hinweise in genau dieser Richtung. Der Autor Peter Kleist beschreibt in seinem Buch *Auch Du warst dabei*** auf den Seiten 314 und 315 die so genannten Wunderwaffen, wobei allerdings nicht ganz klar wird, ob er diese aus eigenem Erleben oder durch Berichte von Zeitzeugen kennt. Letztlich ist das auch nicht wichtig, da diese Informationen eher allgemeiner Natur sind. Dennoch vervollständigen sie das Bild, zeigen sie doch,»dass da noch mehr war«. Auf Seite 314 unten deutet er an:»Eine besonders verheerende Munition wartet auf den Einsatz, die schon im Osten bei einem Dnjeprübergang verwendet wurde, aber wegen der Androhung von Repressalien mit chemischen Kampfstoffen zurückgezogen wurde.« Diese Angabe ist korrekt. Dort kamen Preßluftbomben zum Einsatz, die eine fürchterliche Wirkung auf die russischen Mannschaften und Offiziere hatten. Das sowjetische Militär drohte daraufhin mit dem Einsatz von Giftgas.***

Auf Seite 315 formuliert Kleist das Folgende:»Über ein Dutzend weiterer V-Waffen sind in Vorbereitung. Alle aber

---

* Da die detaillierten Angaben zu diesem Thema einer eigenen Betrachtung wert sind, werden wir diese 2008 in einer separaten Publikation behandeln.
** Peter Kleist: *Auch Du warst dabei – Ein Beitrag zur Verarbeitung der Vergangenheit*, Verlag K. W. Schütz, verbesserte Neuauflage, Göttingen 1959.
*** Uns liegen mehrere Zeitzeugenaussagen vor, die das bestätigen.

werden in den Hintergrund gedrängt durch das tödliche Wunder der Atomwaffe. Der Schleier des Geheimnisses ist dicht um diesen letzten Trumpf menschlicher Vernichtungskunst gezogen. Man munkelt davon, dass in Norwegen ein Werk ›Schweres Wasser‹ hergestellt hat, aber durch einen englischen Kommandotrupp zerstört wurde. Die Arbeit sei in den Alpen weitergeführt worden, bis dort ein Luftangriff dazwischenschlug. Jetzt habe sich das ganze Atomwerk unter die Erde verzogen und arbeitete in einer unterirdischen Anlage in Brandenburg. Drei Aufgaben seien ihm gestellt: **die Atombombe, die Atomfeldwaffe und der Atommotor.** Alle drei sollen aus dem Versuchsstadium bereits heraus sein. Alle drei brauchen noch einige Monate bis zum Einsatz. Es ist also noch immer einiges im Spiel. Die Bevölkerung hört von diesen Wunderwaffen und klammert sich verzweifelt an die Hoffnung, sie mögen doch noch die drohende Vernichtung von der Heimat abwenden.« (Hervorhebung durch die Autoren)

Hier wird genau das schriftlich wiedergegeben, was wir schon vor Jahren durch Zeitzeugenberichte erfuhren. Es ging nicht bloß um die Entwicklung eines nuklearen Waffensystems schlechthin, sondern man wollte – was den destruktiven Teil der Atomforschung anbetraf – eine Bombe für die Vernichtung feindlicher (Groß-)Städte **und** eine taktisch einsetzbare Waffe für das militärische Gefechtsfeld, die nach Möglichkeit sogar skalierbar sein sollte. Das heißt, die Waffe sollte den Gefechtsbedingungen angepasst und in ihrer Detonationsstärke variabel einstellbar sein. Um letztere Forderung zu realisieren, musste man aber logischerweise das Problem ganz anders angehen. Genau hier liegt der Hund begraben: Es gab auf deutscher Seite nicht nur Vorgaben, eine Kernwaffe an sich zu entwickeln, sondern sie sollte unter verschiedenen Einsatzmodi verwendbar sein. Deshalb (auch) die Entwicklung von Klein- und Kleinstwaffen! – Wir betonen es nochmals: Wer eine kleine (taktische) Waffe konstruieren und handhaben

kann, ist auch in der Lage, eine größere, vernichtungsstärkere
Waffe (daraus) herzuleiten. Umgekehrt ist das nicht so einfach. Wir haben zwar unsere Zweifel, ob dieses grundlegende
deutsche Denkschema der 1940er-Jahre seitens der Beton-
köpfe unter den Historikern begriffen wird, weil das ja den
eingeengten Blickwinkel auf bestimmte Vorgänge und Zusammenhänge verändern würde, doch sind wir optimistisch getreu
dem Motto:»Die Hoffnung stirbt zuletzt.«

Kleist schreibt auf Seite 315 seines Buches noch etwas anderes, was von großer Bedeutung ist und was uns für einen
Moment etwas vom eigentlichen Thema abschweifen lässt:
»Diese Hoffnung [auf die Wunderwaffen, Anm. d. Autoren]
scheint von heute aus gesehen eine unsinnige Chimäre gewesen zu sein. Wenn wir aber in die Dokumente hinabsteigen,
müssen wir erkennen, dass die Politiker und Militärs auf geg-
nerischer Seite Deutschlands Chancen immer noch sehr ernst
beurteilten. Der ... erwähnte Mitarbeiter Roosevelts, Hopkins,
lässt uns wissen, dass Roosevelts Entscheidung ›Deutschland
zuerst‹ nicht eine Konzession an Moskau gewesen ist, sondern
auf nüchterner militärischer Überlegung beruhte. Roosevelt
war mit Marshall, Stark und Eisenhower der Ansicht – ›und
wie sich aus den Ergebnissen erwies mit Recht –, dass Deutsch-
land in seiner Produktionskraft und an wissenschaftlicher
Befähigung über ein viel größeres Potenzial (als Japan) ver-
füge und, wenn es für mehrere Jahre relativer Ruhe in Euro-
pa Zeit gewann, es zu entwickeln, umso schwerer oder am
Ende überhaupt nicht mehr zu besiegen sein werde‹.« (Kursiv-
schreibung wie im Original)

Bisher hat sich offensichtlich kaum jemand Gedanken darüber gemacht, warum Deutschland als erste Feindnation von
den Alliierten besiegt werden musste. Nun, die Gründe dafür
werden Sie in diesem Buch ebenso erfahren, wie Sie sich in
diesem Zusammenhang den Namen Hopkins merken sollten.
Die Vereinigten Staaten hatten praktisch keine Wahl: Als erste

Nation der Achse Berlin–Tokio musste Deutschland fallen, koste es, was es wolle.

Kleist dazu: »Als nach dem deutschen Zusammenbruch die Geheimnisse der deutschen Rüstungsindustrie aufgedeckt werden, schreibt Senator E. D. Thomas, der Präsident der Senatskommission für militärische Angelegenheiten: *›Hätte unsere Invasion nur um sechs Monate verschoben werden müssen, so hätten die Deutschen die Überlegenheit nicht nur in Europa gehabt, sondern auch über dem Kanal und England ... Selbst wenn die Deutschen keine Invasion durchgeführt hätten – wahrscheinlich hätten sie es aber doch getan –, so wäre ein bedingungsloser Frieden ohne Verhandlungen unser letzter Ausweg gewesen. Uns blieb nur ein enger Ausweg, den Krieg rechtzeitig zu beenden.‹«** (Kursiv- und Gesperrtschreibung wie im Original)

Hieß es nicht immer, mit der Niederlage der deutschen Wehrmacht bei Stalingrad und allerspätestens mit der erfolgreichen Invasion der alliierten Truppen in der Normandie im Jahre 1944 sei der Untergang Deutschlands besiegelt gewesen? Hieß es nicht immer, dass der deutsche Glaube an die neuen Wunderwaffen reiner Zweckoptimismus des Goebbelsschen Propagandaministeriums gewesen sei, um die Deutschen zum Durchhalten zu bewegen? Nun, offensichtlich stimmt hier einiges nicht (und die eigentliche Propaganda setzte erst nach dem Krieg ein), und auch Peter Kleist meint provokativ: »Schreiben wir gewissen deutschen Publizisten, die sich heute nicht genug über den ›verbrecherischen Wahnsinn‹ des deutschen Volkes unter seinen ›Durchhalte-Generälen‹ ereifern können, noch zwei fachmännische Zitate [von dem wir hier nur eines wiedergeben, Anm. d. Autoren] ins Stammbuch. Das erste stammt von US-Admiral Zacharias, dem früheren Chef

---

* Peter Kleist: *Auch Du warst dabei – Ein Beitrag zur Verarbeitung der Vergangenheit,* Verlag K. W. Schütz, verbesserte Neuauflage, Göttingen 1959, S. 315.

der amerikanischen Abwehr, und ist in seinen Erinnerungen zu finden: ›Hitlers Krieg im Februar 1945 (!) war noch nicht abwegig, denn was wir in Deutschland fanden, hätte wenige Monate später dem Kampf einen anderen Ausgang gegeben.‹«* Seltsam ist die Zeitangabe »Februar 1945«. Nach offizieller Lesart gab es doch für die Nazis keinerlei Hoffnung mehr, das Ruder noch herumzureißen. Oder doch? – Natürlich gab es diese Option noch angesichts des damals noch nicht von den Alliierten eingenommenen Thüringen und der hier vorhandenen Wunderwaffen-2-Fertigung!

Lassen Sie uns auch noch etwas zum »Durchhaltewahnsinn« der Deutschen bei Kriegsende sagen. Betrachtet man die Geschichte des Krieges bis zum Beginn des Jahres 1945 nach offizieller Lesart, dann ist klar, dass der Krieg längst entschieden und alle weiteren Opfer sinnlos waren. Für den Fall allerdings, die Atomwaffen wären zum Einsatz gelangt, hätte die Sache – wie hochgestellte amerikanische Verantwortliche indirekt bestätigten – offenbar ganz anders ausgesehen. Man kann nun lange darüber streiten und diskutieren, ob ein im Zeitraum März bis April 1945 stattfindender Einsatz der Wunderwaffen der zweiten Generation irgendetwas am Ausgang des Krieges geändert hätte. Dr. Karlsch meint in seinem Buch auf Seite 24: nein (weil er die psychologische Komponente der Waffenwirkung unterschätzt); Physiker, mit denen wir über das Problem sprachen, wagten die Behauptung, dass zwei bis drei gezielte Schläge (beispielsweise gegen London und New York) zumindest die Westalliierten dazu gebracht hätten, den Rückzug anzutreten – man habe das ja am Beispiel von Japan gesehen: zwei Atombombenabwürfe, und das Land kapitulierte. Wir sind in der Bewertung der Situation etwas zurückhaltender: Zum einen lassen sich die Vereinigten Staaten nicht

---

* Peter Kleist: *Auch Du warst dabei – Ein Beitrag zur Verarbeitung der Vergangenheit*, Verlag K. W. Schütz, verbesserte Neuauflage, Göttingen 1959, S. 315.

mit dem damaligen Japan vergleichen, das ja bereits vor dem Angriff auf Hiroshima und Nagasaki Kapitulationsbereitschaft signalisierte. Auch waren die Vereinigten Staaten vom Krieg nicht direkt betroffen. Zum anderen gilt es zu bedenken, dass die Vernichtung New Yorks auch das Aus für das Zentrum der US-Hochfinanz – Manhattan mit der Wall Street – bedeutet hätte, mit dramatischen Folgen für die Wirtschaft der USA und die Kriegsfinanzierung allgemein. Ganz zu schweigen von den nicht absehbaren Reaktionen seitens der Bevölkerung. Angenommen, Deutschland hätte die immer wieder gerüchteweise vorhandenen sechs oder sieben Atomwaffen Stück für Stück zum Einsatz gebracht, was wäre dann geschehen? Die erste zerstörte US-Großstadt hätte noch massive Wut erzeugt und das Zusammengehörigkeitsgefühl der Amerikaner befördert; in den deutschen Landesteilen, die 1945 bereits amerikanisch besetzt waren, wäre es mit Sicherheit zu Vergeltungs- und Racheakten gegen die deutsche Zivilbevölkerung gekommen. Ein zweiter Schlag hätte die Amerikaner aber schon heftig erschrecken lassen, ein dritter und vierter wahrscheinlich massivste Panik ausgelöst und zum Sturz der Regierung geführt, da diese ihre Bürger nicht schützen konnte. Die US-Amerikaner sind zu keiner Zeit Selbstmörder gewesen und wussten bisher immer, wann das Ende der Fahnenstange erreicht ist (wenn man einmal von der gegenwärtigen Bush-Regierung absieht). Zudem darf bei den Betrachtungen nicht vergessen werde, dass Franklin Delano Roosevelt die US-Bevölkerung erst zum Kriegseintritt »überreden« musste, indem er sein Wissen über den geplanten Angriff der Japaner auf Pearl Harbor zurückhielt und damit billigend den Tod von mehr als 2000 Landsleuten in Kauf nahm, um einen Kriegsgrund zu bekommen. Heute ist es eine bekannte historische Tatsache, dass Roosevelt und Konsorten größtes Interesse an einer Beteiligung der Vereinigten Staaten am Zweiten Weltkrieg hatten und ihnen Pearl Harbor dazu als passende Gelegenheit erschien.* Das amerikanische Volk war vor diesem katastrophalen Ereignis mehrheitlich gegen den Krieg.

Was den Durchhaltewillen der Deutschen im Krieg betraf, so war dieser – und das wird beinahe immer vergessen – nicht nur durch Indoktrination und Propaganda verursacht worden, sondern auch der Tatsache geschuldet, dass viele Deutsche ihren Einsatz für den Krieg als Möglichkeit sahen, ihre Heimat, Deutschland, vor dem Schlimmsten zu bewahren. Hierbei ging es weniger um den Erhalt des Nationalsozialismus als damaliges bestimmendes politisches System als vielmehr darum, das Land vor der Zerstörung und Besetzung durch die Feinde zu retten, die ja schließlich nichts weniger gefordert hatten als eine bedingungslose Kapitulation. Was blieb also anderes übrig, als mit dem Mut der Verzweiflung zu kämpfen? Man stelle sich einmal vor, Russland, China oder Indien würden durch einen äußeren Feind bedroht, der die völlige Preisgabe dieser souveränen Nationen verlangen würde. Wir sind uns sicher, dass die dortigen Völker alles tun würden, um sich von dieser Bedrohung zu befreien oder ihr so lange wie möglich Widerstand entgegenzusetzen. Und das wäre auch ihr gutes Recht.

Nach diesem Exkurs kommen wir noch einmal zurück zum Buch *Auch Du warst dabei* des Autors Peter Kleist. Dieser hatte darauf Wert gelegt, ein Geleitwort von einer damals bekannten, wenn auch umstrittenen Person verfasst zu bekommen. Dieses schrieb ihm schließlich Dr. h. c. Emmanuel J. Reichenberger – ein Mann, der heute so gut wie vergessen ist. Bei ihm handelte es sich um eine zeitgeschichtliche Figur, die so gar nicht in moderne historische Bewertungsmaßstäbe und das Schubladen-Denken passen will. Reichenberger wurde im

---

* Siehe dazu George Morgenstern: *Pearl Harbor 1941 – Eine amerikanische Katastrophe*, Herbig Verlag, 2. Auflage, München 2000. Das Erscheinen der amerikanischen Originalausgabe versuchte die US-Regierung vergeblich zu unterdrücken.

Jahre 1888 in Vilseck/Oberpfalz geboren. Er folgte nach seiner Schulausbildung dem Ruf der katholischen Kirche, studierte Theologie und ging als junger Kaplan ins damalige Deutsch-Böhmen, wo er sich mit seelsorgerischen Aufgaben in Bezug auf die ihm anvertrauten Arbeiter beschäftigte.

Kurz vor Beginn des Zweiten Weltkrieges emigrierte Reichenberger aus Deutschland, da er dem Nationalsozialismus ablehnend gegenüberstand. Sein Weg führte ihn zuerst nach England, dann nach Kanada und schließlich in die USA, wo er auch das Kriegsende miterlebte. Reichenberger wurde dort danach zum Fürsprecher der Deutschen, zum Anwalt und Vater der Heimatvertriebenen und Flüchtlinge, da er meinte, dass die Chance für eine echte Aufarbeitung der Kriegsgeschehnisse verpasst wurde. Er verfasste mehrere stark polarisierend wirkende Bücher, in denen er die »alliierte Art« des Umgangs mit der Geschichte hart kritisierte und in denen er betonte, lediglich seinem Gewissen verpflichtet zu sein.

Father Reichenberger fungierte als Präses des Kolpinghauses in Chicago, war Träger des Ehrenzeichens der Republik Österreich und erhielt 1952 erhielt das Ehrendoktorat der Theologischen Fakultät der Universität Graz. Reichenberger starb 1966 in Wien.

Interessant ist, dass Reichenberger in Bezug auf den Stand der deutschen Wunderwaffen offensichtlich besser unterrichtet war als die Historiker heute, schreibt er doch: »Im Jahre 1933 gelang es einem minderwertigen, verbrecherischen Individuum, gegen den tapferen Widerstand der besten Deutschen zunächst sein eigenes Volk durch blutigen Terror zu versklaven. Dann brach dieses Individuum ohne jeden Grund und ohne jede Ursache den Zweiten Weltkrieg vom Zaun, kämpfte mit dem mundtot gemachten, geknechteten Volk sechs Jahre lang gegen fast die gesamten Kräfte der Umwelt, eroberte Europa vom Ozean bis zum Kaukasus, vom Nordkap bis zur Sahara, und wurde schließlich geschlagen, *weil ihm zum*

Einsatz der V 2 mit Atomsprengsatz etwa drei Mona-
te Zeit fehlten.«* (Hervorhebung durch die Autoren)
Wir müssen dieses Zitat nicht kommentieren. Es steht, zumindest was den letzten Satz betrifft, für ein Wissen, das von
seinem Niveau her ganz offensichtlich über dem liegt, was die
heutige Geschichtsschreibung postuliert. Die einzige Frage,
die sich in diesem Zusammenhang stellt (und die wir leider
nicht beantworten können), ist die nach der Herkunft der von
uns im Zitat hervorgehobenen Information. Da Father
Reichenberger während seiner Immigration in den Vereinigten Staaten allerdings dort über gute Kontakte zum Establish-
ment verfügte, kann davon ausgegangen werden, dass er das
eine oder andere erfuhr – von offiziellen Verlautbarungen, die
heute niemand mehr zur Kenntnis nehmen möchte, ganz zu
schweigen.

Damit zurück zum eigentlichen Thema. Im weiteren Verlauf
des Buches *Hitlers Bombe* versucht Dr. Karlsch dann so weit
wie möglich den Entwicklungsweg der Bombe bzw. der Gruppen, die sich an dieses Projekt heranwagten, zu rekonstruie-
ren. Logischerweise muss er sich als etablierter Historiker an
die *vorhandenen* Fakten halten und versuchen, diese mit neu-
en Informationen, auf die er bei seiner Recherche stieß, in
Einklang zu bringen. Was uns immer wieder verwundert, ist,
dass er manche Informationen als unumstößliche Weisheiten
oder Endgültigkeiten darstellt – so, als sei er bei den betreffenden Ereignissen selbst mit von der Partie gewesen. Eine solche
Vorgehensweise ist problematisch; es wäre besser, hinter gewisse Dinge Fragezeichen zu setzen oder zu schreiben »nach
dem derzeitigen Stand der Dinge«. Eine solche Formulierung
würde es nämlich erlauben, in Zukunft neu hinzukommende

---

* Peter Kleist: *Auch Du warst dabei – Ein Beitrag zur Verarbeitung der*
Vergangenheit, Verlag K. W. Schütz, verbesserte Neuauflage, Göttingen
1959, S. 9.

Fakten zu integrieren und bestimmte Problemstellungen offen zu lassen. Aber schon der englische Schriftsteller William Somerset Maugham (1874–1965) wusste:»Der Historiker ist ein Reporter, der überall dort nicht dabei war, wo etwas passiert ist« – und trotzdem so tut, als wisse er bestens Bescheid. Wir haben uns in den vergangenen Jahren vorwiegend und absichtlich darauf konzentriert, *Widersprüche und der Geschichts-»wissenschaft« konträr gegenüberstehende Informationen* aufzuzeigen. Dies wurde gelegentlich mit Ablehnung und heftiger Kritik quittiert. Seltsamerweise greift Dr. Karlsch nun in seinem Buch auf jene roten Fäden zurück, die andere und wir aufzeigten. Freilich lässt er dabei indirekt wissen, dass er – bildlich mit den Begriffen des Fußballs gesprochen – in der»Oberliga« spielt, während alle anderen höchstens»Kreisklasse«-Niveau erreichen. Auf *Seite 345*, Fußnote 25, springt die Katze aus dem Sack:»Harald Fäth wartete als Erster mit der These von einer unterirdischen ›Atomfabrik‹ in Thüringen auf. Außer Behauptungen und einigen, schlichtweg von Unkenntnis geprägten Ausführungen zur Geschichte des Uranprojektes vermag Fäth seine These von einem deutschen ›Manhattan Projekt‹ im Thüringer Untergrund nicht zu belegen. ... Es lohnt sich nicht, näher darauf einzugehen, denn er hat keine Beweise für seine zentrale These zu bieten. Daran vermochten auch alle weiteren zu diesem Thema von Thomas Mehner veröffentlichten Bücher nichts zu ändern. ... Sie beruhen auf Zeugenaussagen und der Analyse der örtlichen Gegebenheiten, wogegen nichts einzuwenden ist. Allerdings werden von beiden Autoren selbst einfachste Regeln der Quellenkritik nicht beachtet, was zwangsläufig zu Übertreibungen und Fehlschlüssen führt.«

Merkwürdig ist dann nur – und wir wiesen schon darauf hin –, dass so manche von uns zitierte Quelle auch bei Dr. Karlsch Erwähnung findet. Was Harald Fäth anbetrifft, so hat dieser als Erster auf das *Gesamtproblem* aufmerksam gemacht. Er hat nie behauptet, ein wissenschaftliches Buch zu schreiben – und wir im Übrigen auch nicht. Dr. Karlsch vergleicht hier also Äpfel mit Birnen, was unzulässig ist. Die Fäth vorgeworfene Unkenntnis des deutschen Uranprojektes ist aber kaum haltbar, sind wir doch der Auffassung, dass bis heute *niemand* die vollständige Wahrheit kennt – auch Dr. Karlsch nicht. Wir erinnern uns noch gut an die Zeit, als er das erste Mal mit dem Thema konfrontiert wurde und von einer deutschen Atomwaffe als absoluter Unmöglichkeit nichts wissen wollte. Fragen Sie ihn heute mal! Schon damals ließ er eine gewisse geistige Offenheit vermissen, die doch eigentlich jedem Wissenschaftler zu eigen sein sollte. Die Aufgabe eines Wissenschaftlers ist es nämlich, die bisher gewonnenen Erkenntnisse immer wieder zu hinterfragen in dem Sinn, ob sich nicht noch eine bessere Lösung finden lässt, eine bessere Annäherung an die objektive Wahrheit möglich ist. Davon ist in der Geschichts»wissenschaft«, insbesondere hierzulande, aber nichts zu bemerken. Ein Historiker schreibt vom anderen (mitunter fehlerhaft) ab, um die vorgegebene gewünschte Geschichtssicht des jeweils an der Macht befindlichen politischen Establishments zu stützen. Bösartige Zeitgenossen sprechen bereits seit längerem von »geistiger Inzucht«. Und der slowenische Schriftsteller Zarko Petan meinte in diesem Zusammenhang: »Die Historiker verfälschen die Vergangenheit, die Ideologen die Zukunft.« Es ist wie damals im Mittelalter, als die Hofchronisten nur das schreiben durften, was den Königen in den Kram passte: Wer die *Wahrheit* festzuhalten versuchte, hatte mitunter bald ein Problem mit dem Scharfrichter.

Apropos Mittelalter. Wenn wir schon bei der weiter zurückliegenden Vergangenheit sind, dann kommt uns immer wieder die Weisheit des alten Ägypters Si-Sobek in den Sinn, der vor Jahrtausenden meinte: »Für einen Klugen genügt ein Wort; doch den Dummkopf belehrst du, indem du eine Topfscherbe an die andere klebst.« Wir haben den Eindruck, dass die Geschichts»wissenschaft« nach der Methode, die Dummköpfe belehren zu wollen, verfährt. Für diejenigen, die schon anhand des »Wortes« erkennen, was los – weil logisch nachvollziehbar – ist (und demzufolge nicht über die immer allen unterstellten geistigen Defizite verfügen), ist die Situation unerträglich! Wir denken, dass wir diese philosophische Betrachtung hier nicht vertiefen müssen.

Was nun die Nichtbeachtung der einfachsten Regeln der Quellenkritik anbetrifft, so nehmen wir das zwar interessiert (und etwas amüsiert) zur Kenntnis, müssen aber nochmals betonen, dass die beste Methodik nichts nützt, wenn die Geschichts»wissenschaft« Teile der Wirklichkeit komplett ausblendet, also mit ihrem eingeschränkten Blickwinkel selektiv vorgeht. Sie stützt sich in der Regel auf Dokumentenfunde, die genau genommen oft nichts anderes sind als schriftliche Zeitzeugenberichte. Findet man Unterlagen, die Vorgänge beschreiben oder Dinge behaupten, die nicht ins etablierte Weltbild passen bzw. Ereignisse behandeln, die bis dato völlig unbekannt waren, so werden die betreffenden Papiere erst einmal in die unterste Schreibtischschublade gelegt. Oft bleiben sie dort liegen, denn es kann ja nicht wahr sein, was nicht wahr sein darf. Ganz zu schweigen davon, dass nach wie vor Tonnen von Akten existieren, in die aus systempolitischen Gründen bisher kein einziger Historiker Einblick nehmen durfte, womit sich die Zunftvertreter abzufinden scheinen. Wir meinen: Erst wenn die letzten Geheimpapiere aus dem Zweiten Weltkrieg freigegeben, analysiert und eingeordnet worden sind, kann man den Versuch wagen, von wissenschaftlicher Aufarbeitung zu sprechen. Vorher ist alles dummes Geschwätz in dreifacher Potenz! Und das wird auch nicht anders oder besser, wenn man uns mit »Quellenkritik« kommt. Wir befürchten nur, dass man niemals in der Lage sein wird, die vollständige Wahrheit zu beschreiben. Wir werden in diesem Buch zeigen, dass

die Alliierten-Archive in Bezug auf die deutschen Beute-
dokumente eine sehr restriktive Behandlungsmethodik entwickelt haben – bis hin zur Option der Vernichtung brisanter
Unterlagen!

Uns ist und bleibt ein Rätsel, wie man, wenn man nur einen
Teil der gewesenen Wirklichkeit betrachtet (anhand von Dokumenten und Zeugenaussagen, die zugänglich sind), von »wissenschaftlicher Forschung« sprechen kann. Das Problem besteht, das möchten wir einschränkend hinzufügen, nicht in der
Forschung an sich, sondern darin, dass deren »Erkenntnisse«
genutzt werden, um uns Heutige zu belehren und zu indoktri-
nieren. Wie kann man anhand eines *Auszugs der Wirklichkeit*
die Wirklichkeit begreifen wollen? Wir halten das Ganze, und
das sagen wir in aller Deutlichkeit, für reine Pseudowissen-
schaft, die nicht steuerfinanziert werden sollte.

Dr. Karlsch vergisst des Weiteren, dass es in der sogenannten Quellenkritik eine pragmatische, »hemdsärmelige« Methode oder Handlungsmaxime gibt: die gegenseitige, verglei-
chende Kontrolle der Quellen untereinander. Berichten mehrere Quellen unabhängig voneinander dieselben Tatsachen, so
können diese als gesichert angenommen werden. – Und genau
das war in unserer Arbeit der Fall. Es gibt zahlreiche Deckungs-
gleichheiten in den Zeugenaussagen, die aus aller Herren Länder eintrafen und teilweise immer noch eintreffen. Wir haben
keinen Grund, festgestellte Übereinstimmungen nicht ernst zu
nehmen.

Natürlich könnte man jetzt kontern, dass wir in zahlreichen
Fällen nicht gezeigt haben, wer die tatsächlichen Quellen waren, weil wir diese anonymisierten. Das hat seinen Grund: Wir
haben unseren Zeugen per Ehrenwort versichert, dass wir zu
ihrer Identität nichts sagen werden, und nehmen für uns damit
das in Anspruch, was auch ein gewisser ehemaliger Bundes-
kanzler getan hat. Was dem einen recht ist, ist dem anderen
billig. Anhand der publizierten Informationen, so unser Ge-

danke, wäre man auch ohne Namensnennung bei zielgerichteter Recherche in der Lage, den roten Faden (oder die roten Fäden) zu finden. Und – Wunder über Wunder – Dr. Karlsch kam ja nach massiver anfänglicher Skepsis dem Thema selbst auf die Spur. Hat er sich je gefragt, wie das möglich war, wenn die übermittelten Informationen nicht stimmen sollten?!

Für uns ist die sogenannte Quellenkritik darüber hinaus teilweise schon deshalb diskreditiert, weil sie nicht vor Fehlschlüssen schützt: Der amerikanische Historiker Walker, mit dem Dr. Karlsch zusammenarbeitet, hat ja selbst zugegeben, dass ihn einige derjenigen deutschen Physiker, mit denen er in früheren Jahrzehnten sprach, wohl ganz offensichtlich belogen hätten! Da sieh mal einer an: Wenn das kein »Kopfschuss« für die Methodik der Historiker und ihre eigene Glaubwürdigkeit ist, was ist es dann?

Nach unserem Dafürhalten müsste die Geschichte der deutschen Atomwaffe und der mit ihr verbundenen Standorte von Personen mit kriminalistischer Erfahrung untersucht werden: Polizisten, Privatdetektiven, Agenten. Und auch die würden des Öfteren verzweifelt feststellen müssen, dass man bei bestimmten Recherchen nicht weiterkommt, weil eben Schlüsseldokumente in außerdeutschen, klassifizierten Archivbereichen liegen (ein Skandal für sich!) bzw. Zeitzeugen nicht bereit sind, über ein bestimmtes Maß hinausgehende Informationen zu liefern. Freilich könnte man auch bei den deutschen, französischen, britischen, russischen und amerikanischen Geheimdiensten anfragen, die aber – wie immer in solchen Fällen – von rein gar nichts wissen. (Was selbstverständlich nicht den Tatsachen entspricht.)

Und dann müssen wir etwas philosophisch werden: Der berühmte Voltaire hat einmal gesagt, dass man nicht nur verantwortlich ist für das, was man sagt, sondern auch für das, was man nicht sagt. Wir haben versucht, das meiste von dem zu veröffentlichen, was uns bekannt wurde, soweit wir es verantworten konnten. (Dass es Dinge gibt, die wir nicht veröffentlichen können, steht außer Frage. Das hat weniger mit den Informationen an sich zu tun, sondern vielmehr mit dem vergifteten Diskussionsklima in Deutschland.) Die Historikerschaft ist da anders: Auch wenn sie zahlreiche interessante Spuren, deren Nennung anderen vielleicht helfen würde, bei den Recherchen weiterzukommen, vorliegen hat, wird aus Gründen der »Wissenschaftlichkeit« und »Seriosität« manche Quelleninformation aufgrund *vermeintlicher* Unglaubwürdigkeit nicht publiziert. Immerhin gilt es in Bezug auf die deutsche Atomwaffe zu bedenken, dass es sich dabei um ein *streng geheimes* Projekt handelte. Das Problem hierbei liegt nun darin, dass viele Vorgänge nie aufgezeichnet wurden, dass zahlreiche Unterlagen vernichtet wurden oder heute noch unter der Erde liegen und – wir wiederholen uns – dass vieles immer noch seitens der ehemaligen Alliierten geheim gehalten wird. Die Geheimhaltung von Informationen verhindert jegliche Objektivität bzw. Wahrheitsfindung. Umso wichtiger wäre es, dass Historiker begreifen, dass *jede* Information wichtig sein kann und in irgendeiner passenden Form veröffentlicht werden sollte.

Was den Karlschschen Vorwurf falscher Rückschlüsse und Übertreibungen in unseren Büchern anbetrifft, so sei erlaubt, auch dazu etwas zu erwidern. Wir sind nicht der Meinung, bei der *grundsätzlichen* Bewertung der Atomwaffenentwicklung in Deutschland Fehler gemacht zu haben. Zudem ist eine solche Bewertung gegenwärtig noch gar nicht möglich, schließlich hat sich bisher in den meisten Fällen nur die Geschichtsschreibung der Alliierten (die eine Siegergeschichtsschreibung ist) mit dem Thema auseinandergesetzt, nicht aber eine unabhängige (deutsche) Forschung, die ihr vom Grundgesetz garantiertes Recht auf Forschungsfreiheit wahrnimmt und sich nicht von politischen Vorgaben und Zweckmäßigkeiten beeinflussen lässt. Im Deutschland von heute ist allerdings kaum damit zu rechnen, dass man – wenn es die Wahrheit verlangen sollte – bis zum letztmöglichen Detail vordringt. Zu weit ist die »political correctness«* (deutsch: politische Korrektheit) unter den etablierten Historikern, die zu zeitgeschichtlichen Themen arbeiten, fortgeschritten. Unabhängig davon bestehen auch gewisse Ängste und Voreingenommenheiten. So haben wir beispielsweise die E-Mail eines Historikers vorliegen, der frank und frei erklärte, dass er, würde es in dieser Sache (der Recherche nach der deutschen Atomwaffe) gegen die Amerikaner gehen, nichts unternehmen werde. Seitdem wir das wissen, sind wir endgültig geheilt von Geschichts»wissenschaft«, deren Vertreter sich offenbar gern selbst einengen bzw. einen Maulkorb verpassen, von der politischen Nichtgewolltheit des Themas einmal ganz zu schweigen.

Worauf die Kritik abzielte, die mit »Übertreibungen« formuliert wurde, ist klar: die Behauptung, wenigstens eine der US-amerikanischen Atomwaffen sei deutscher Herkunft gewesen. Dabei wird vergessen, dass derartige Behauptungen

---

* »Die politische Mitte und der politische Konservatismus brechen derzeit überall zusammen. Trotz des Ausgangs des Kalten Krieges verzeichnen wir seltsamerweise einen Linksrutsch statt einer Verschiebung nach rechts. Die Ideologie der Bolschewisten ist gescheitert, aber schon nimmt eine neue Art von Utopisten deren Platz ein, die politisch Korrekten. Sie übernehmen die Extremposition im politischen Spektrum, die bisher von den Bolschewisten besetzt war. Die politisch Korrekten gehen genau gleich vor wie früher die Kommunisten. Sie steuern die Linke – Sozialisten und Sozialdemokraten – und setzen so ihr Programm durch. Sie sind in der Tat eine große Bedrohung für unsere Demokratien und unsere Grundrechte. Unglücklicherweise besitzt unsere heutige Welt keine Kraft mehr. Als die Sowjetunion noch existierte, war die Bedrohung sichtbar. Und diese Bedrohung mobilisierte Widerstandskräfte in den westlichen Gesellschaften. Heute gibt es keinen Widerstand. Es ist fast wie bei Aids, wir haben kein Abwehrsystem mehr. Die Menschen sind apathisch. Sie haben alle Hoffnung aufgegeben und schauen solchen Eingriffen in ihre Grundrechte verzweifelt zu. Aber sie nehmen die ›political correctness‹ nicht als eine schwere Bedrohung wahr. Es ist eine vordringliche Aufgabe, die ›political correctness‹ als eine schwere Bedrohung unserer Freiheit zu entlarven und Kräfte dagegen zu mobilisieren.« (Zitat Wladimir Bukowski, früherer sowjetischer Regimekritiker)

schon seit den 1950er-Jahren kursieren und keine Erfindung von uns sind. Selbst eine Reihe amerikanischer Rechercheure bezweifelt, dass beim Manhattan Project alles mit rechten Dingen zuging. Dr. Karlsch warf uns in einer Besprechung des Buches *Das Geheimnis der deutschen Atombombe* bei *www.amazon.de* vor, die nötige Distanz zum NS-Regime vermissen zu lassen. Abgesehen davon, dass das eine reine Unterstellung ist und er mittlerweile – wie man hört – selbst ähnlich gearteten Angriffen ausgesetzt war, bleibt festzustellen, dass, wenn man etwas aus der Distanz betrachtet, oft auch die Feinheiten übersieht. Man kann die damalige Zeit nicht verstehen, wenn man sie aus unserer heutigen Epoche heraus betrachtet. *Das* ist es, was zu falschen Rückschlüssen und Fehlurteilen führt! Die Bücher sind voll davon.

Wir nehmen solche Vorwürfe übrigens gelassen: Die Establishment-Historiker müssen schon aus prinzipiellen Gründen gegen unsere Art der Darstellung Front machen. Sie sind, um Erfolg zu haben, Teil des Systems, andernfalls würde man sie als Revisionisten brandmarken – in der Bundesrepublik ein eher negativ belegter Begriff, mit dem sich kein »Etablierter« gern titulieren lassen möchte. Die meisten schwimmen daher mit dem Strom, nur wenige dagegen. Bekanntermaßen kann allerdings nur der, der gegen den Strom schwimmt, zu den Quellen gelangen. Im Übrigen sei noch erwähnt – was hinlänglich bekannt ist –, dass stets der Sieger die Geschichte schreibt. Da die Verlierer demzufolge kaum bis gar nicht die Gelegenheit erhalten, ihre Sicht der Dinge zu präsentieren (worüber dann eine Diskussion einsetzen könnte und müsste), ist *hundertprozentig* davon auszugehen, dass die etablierte und veröffentlichte Geschichtsschreibung einseitig, ungenau, teilweise sogar desinfomierend und vor allem tendenziös ist. Sie kann aus Gründen der Unausgewogenheit weder objektiv sein noch dem Anspruch, die Wahrheit darstellen zu wollen, genügen – wie wir bereits feststellten. Auch deshalb ist es aus unserer Sicht besser, Geschichtsschreibung als eine Gattung der Literatur zu verstehen, denn mit Wissenschaft hat das Thema kaum etwas zu tun. Zudem: Beharrt man weiter auf der Wissenschaftlichkeit, dann könnte es eines Tages geschehen, dass neue Informationen, die in diametralem Gegensatz zu den »Fakten« der Geschichts»wissenschaft« stehen, zu einem Desaster führen: Mancher würde dann mit Wut im Bauch oder noch ganz anderen Reaktionen darauf reagieren, dass bestimmte Dinge der interessierten Öffentlichkeit vorenthalten wurden. Vor allem der mündige Bürger könnte sich belogen und betrogen fühlen. Schon jetzt haben viele den Eindruck, falsch informiert und von den wichtigen Dingen ferngehalten zu werden. Die Zweifel nehmen zu. Und angesichts der Tatsache, dass die deutsche Journaille, die sich sonst gierig auf jede wirkliche und vermeintliche Sensation stürzt, im Großen und Ganzen das Thema der deutschen Atombombe ignorierte, niederschrieb oder seine Protagonisten in irgendwelche politische Schubladen zu stecken versuchte, wo sie nicht hingehören, muss man sich fragen, was da läuft. Eigentlich wäre eine derart spannende Geschichte (neudeutsch:»Story«) wie ein geheimes deutsches Atomwaffenprojekt, das zudem bei Kriegsende den Alliierten nicht in die Hände fallen sollte, mit seinen ganzen Aspekten ein wichtiges Recherchethema für Journalisten, ja ganze Redaktionen. Was geschieht stattdessen? Nichts! Wenn das nicht merkwürdig ist! Offensichtlich haben viele Vertreter der schreibenden Gattung nicht nur eine Schere im Kopf, sondern sich mit dieser irgendwann auch noch gleich Teile des Gehirns und einen Teil des Charakters amputiert.

Zurück zu *Hitlers Bombe*, einem übrigens nicht sehr passend gewählten Titel. Hitler war zwar der Führer und Reichskanzler des Deutschen Reiches, verfügte aber nicht über den Zugriff auf die neuen Wunderwaffen (dazu später mehr). Hätte er

Gewalt über sie gehabt, wäre sie im Rahmen seiner »Götter-
dämmerung« zum Einsatz gelangt. Ihm kam allerdings jemand dazwischen – der deutsche Widerstand, wobei dieser
Begriff sehr weitläufig gefasst werden muss.

Wir haben bei der Lektüre des Buches festgestellt, dass
Dr. Karlsch über bestimmte Sachverhalte nicht informiert zu
sein scheint, zumindest diese aber in seiner Veröffentlichung
nicht angedeutet hat. Er ist in Bezug auf die Ereignisse und vor
allem auf das Vorhandensein geheimer unterirdischer (For-
schungs-)Anlagen in Thüringen höchst skeptisch. Sicherlich
ist das sein gutes Recht. Er urteilt aber über Thüringen und
das dort laufende S-III-Projekt, ohne dessen räumliche und
inhaltliche Grenzen zu kennen. S III bezog sich nicht nur auf
große Abschnitte Thüringens, sondern umfasste auch das Erzgebirge, den Großraum Dresden sowie das gesamte Protektorat Böhmen/Mähren – wie wir in einer späteren Publikation
aufzeigen werden.

Er unterschätzt darüber hinaus die Bedeutung der SS bei
der Schaffung einer einsatzbereiten Atomwaffe, wenn er auf
Seite 53 fragt: »Verfügte auch die SS über eine eigene Kernfor-
schungsgruppe?« und die Frage sofort beantwortet: »In der
Anfangsphase des Krieges sicher nicht. ... Erst in der Endphase
des Krieges schaltete sich auch das Technische Amt der SS
zunehmend in die Belange der Kernphysik ein.« Richtig ist
ohne Zweifel die Feststellung, dass die SS scheinbar tatsächlich alle dahingehenden Forschungsanstrengungen bei Kriegsende in ihren Händen konzentrierte. (Das Wort »scheinbar«
verwenden wir mit Absicht. Nach unseren Informationen wollte
man damit gegenüber den Alliierten den Eindruck erwecken,
dass man diese neue Wunderwaffe bald habe, um zu verschleiern, dass man sie schon längst besaß. Diese neue Waffe sollte
aber erst in einem »Krieg nach dem Krieg« zum Einsatz gebracht werden in einem Moment, wenn die Alliierten nicht
damit rechneten. Die Besetzung Deutschlands über eine lange

Zeit und der jahrzehntelange Kalte Krieg zwischen der Sowjetunion und den USA ließen dieses Vorhaben jedoch platzen.) Die erste Aussage aber ist falsch, hatte die Schutz-Staffel doch schon seit dem Beginn des Zweiten Weltkrieges (1939) im Raum Köln–Bonn eine Art Denkfabrik installiert, um das Problem von (miniaturisierten) Atomwaffen, Reaktoren und neuartigen Flugkörpern in Angriff zu nehmen.

Zwischen diesem Gebiet im Raum Köln–Bonn, Thüringen und dem Areal des Reichsprotektorats Böhmen/Mähren gab es einen intensiven Austausch, führende deutsche Chemiker, Physiker und andere Experten arbeiteten für die SS-Projekte unter Decknamen, weshalb die Alliierten später vergeblich nach gewissen Personen suchten, während sich die getarnten Experten nach dem Krieg in der Regel sicher fühlen und an nichts mehr erinnern konnten. Irgendwie wurde den Amerikanern die Örtlichkeit dieser SS-Forschungsgruppierung bekannt und das im Umfeld befindliche Dorf durch einen schweren Bombenangriff komplett zerstört, obwohl es keinerlei kriegswichtige Bedeutung hatte.

Wir wollen auch kurz wissen lassen, dass das deutsche Atomwaffenprojekt als solches gar nicht existierte. Es gab genaugenommen 1) mehrere Projekte, von denen mindestens drei erfolgreich waren, 2) solche, die als Ablenkung gegenüber den Alliierten dienten (und deshalb maximal bis zum Test von Prototypen gelangten, um den wahren Stand der Dinge zu verschleiern), und 3) diejenigen, die in höchster Geheimhaltung unterirdisch schon relativ früh begonnen wurden und bereits um 1943/44 erste *einsatzbereite* Waffensysteme lieferten. Wenn man so will, realisierte die SS ein Spiel mit doppeltem und dreifachem Boden, dessen Kopf zum Schluss General der Waffen-SS und SS-Obergruppenführer Dr.-Ing. Hans Kammler war. Vorher hatten andere diese Funktion inne. Es handelte sich dabei um am Ende ihrer Karriereleiter angekommene Oberstgruppenführer, die gleichzeitig Wissenschaftler waren und aus Gründen der Geheimhaltung selbstverständlich in keiner Dienstaltersliste der SS, die uns vorliegt, zu finden sind. Die Herren (und Damen) der Historikerzunft müssen endlich begreifen, dass es sich um eine *geheimdienstliche*, *verschachtelte* Operation handelte, in der SS und SD nach Mitteln und Wegen suchten, nach außen unerkannt agieren zu können und das Eindringen von Spionen zu verhindern. Und in großen Teilen ist ihnen das offensichtlich auch gelungen. Derartige Projekte sind logischerweise so angelegt gewesen, dass verräterische Dokumente nur wenigen zugänglich waren und dort archiviert wurden, wo die Chance ihrer Entdeckung äußerst gering erschien – am besten also in jenen unterirdischen Geheimanlagen, in denen die neuen Waffensysteme entwickelt und bei Kriegsende diverse andere wertvolle Reichsgüter eingelagert wurden.

Wir sind uns natürlich der Tatsache bewusst, dass die Auffindung und Öffnung dieser Anlagen im Untergrund ein Problem für sich darstellt. Ob man diese Aufgabe bewältigen kann, bleibt abzuwarten. Als kurzer Einschub sei erwähnt, dass zumindest in Thüringen die Lage bestimmter verdächtiger »Hohlräume« bereits durch Radarmessungen exakt bestimmt werden konnte. Hier zeigte sich auch, dass Zeugenaussagen, Baumzeichenmarkierungen, Informationen in Kartenwerken und die Radarexplorationen miteinander übereinstimmende Daten lieferten und der »Faktor Zufall« keine Rolle zu spielen scheint, zumal diese Messungen nicht auf einem Einzelfall beschränkt blieben, sondern mehrere Standorte erfassten.

Zu berücksichtigen ist außerdem, dass die Atomwaffe nicht das einzige zerstörerische neue Waffensystem war, das entwickelt wurde, sondern dass es weitere gab. Einige der Neuentwicklungen führten sogar letztlich dazu, dass die Atombombe als solche intern als technisch veraltet angesehen wurde.

Gewiss, niemand wird uns das glauben wollen, zumal in der Öffentlichkeit hartnäckig die Vorstellung verbreitet ist, dass, wer diese Waffen sein Eigen nennt, sie im Kriegsfall auch benutzt. Das aber ist eben eine falsche Schlussfolgerung, die zeigt, wie eingleisig das Denken erfolgt. Wir können in diesem Zusammenhang immer wieder nur darauf hinweisen, dass die Recherche zu den deutschen Wunderwaffen der zweiten Generation noch am Anfang steht. In den vergangenen Jahren hat sich gezeigt, dass die damit verbundenen Projekte ganz offensichtlich nicht nur auf einen Standort beschränkt waren, sondern dass zahlreiche Orte bzw. gar Regionen betrachtet werden müssen: Peenemünde, Thüringen, das damalige Protektorat Böhmen/Mähren, das Erzgebirge, der Raum Köln–Bonn und der Standort der Muna Espelkamp (Ostwestfalen) – um nur einige zu nennen. Angesichts dieses Umstandes nimmt es nicht Wunder, wenn wir an dieser Stelle offen zugeben müssen, dass das Gesamtthema äußerst komplex und vielschichtig ist, sodass einzelne Rechercheure niemals in der Lage sein werden, ein vollständiges Bild der Ereignisse nachzuzeichnen. Einzig Abhilfe schaffen könnte eine interdisziplinäre Zusammenarbeit von *unvoreingenommen* an die Problematik herangehenden Personen, zu denen wir Fachleute wie auch Pragmatiker und sogenannte »interessierte Laien« zählen. Gewiss, dass ist ein Traum, weil nicht realisierbar – weder finanziell noch personell. Wir haben insbesondere mit der »personellen Komponente in den vergangenen Jahren unsere Erfahrungen machen können, die zeigen, dass, bis auf wenige Ausnahmen, viele Beteiligte eigene, kaum erkennbare Ziele verfolgen, unzuverlässig sind und unsere Zeit vergeuden. Von den Dingen, die diesbezüglich »hinter der Bühne« ablaufen, wollen wir hier gar nicht sprechen, das ist ein Thema, das eine eigene Publikation wert wäre.

Ab *Seite 175* geht Dr. Karlsch auf ein Thema ein, das auch wir bereits abgehandelt hatten: auf einen Kernwaffentest auf der Insel Rügen, der nach dem Krieg durch den italienischen Kriegsberichterstatter Luigi Romersa berichtet worden war. Romersa erwähnte dabei, die Explosion einer neuen Waffe, einer sogenannten »Desintegrations-« oder »Zerlegungsbombe«, miterlebt zu haben, wobei spezielle Schutzkleidung getragen wurde und die »Testmannschaft« in einem Bunker Schutz suchte. Auf Seite 177 unten heißt es dann: »Leider nannte Romersa den Namen des für den Test verantwortlichen Offiziers nicht. Vieles spricht dafür, dass es sich um Oberst Friedrich Geist handelte.« Diese Annahme ist wahrscheinlich richtig. Wir haben im Übrigen durch Zufall einen weiteren Offizier ausfindig machen können, der nach dem Krieg ebenso behauptete, dem Test beigewohnt zu haben, dafür aber nur Hohn und Spott erntete. Dieser Offizier wurde in einer Schweizer Wochenzeitung des Jahres 1948 zitiert.* Sein Bericht wurde einige Jahre später in einer uns vorliegenden Schrift des deutschen Autors Walter Büttner in Teilen vorgestellt, aber von diesem ins Reich der Fantasie verwiesen.** Da der angegebene Zeitpunkt eines Atomwaffentests (Oktober 1944) und der Ort (Rügen; wir wissen heute, dass es sich dabei um den Bug, die westlichste Landzunge der Halbinsel Wittow auf Rügen, handelte) mit den Angaben Luigi Romersas übereinstimmen, halten wir die verfügbaren Informationen für interessant genug, um hier publiziert zu werden. Büttner schrieb:

»... 1948: Doch nicht nur in den eigenen Siegerländern bemüht man sich um ›Aufklärung‹; auch die ›neutrale‹ Presse

---

* Der Artikel wurde bisher (Stand Anfang September 2007) im Original noch nicht identifiziert; entsprechende Recherchen laufen noch.
** Walter Büttner: *Von Einstein zur Kobaltbombe – Atomphysik und Politik*, Dr. Hykes Verlag, Oldenburg 1955. Der Autor, Oberstleutnant a. D. im Oberkommando des Heeres während des Zweiten Weltkrieges, versucht in seiner Schrift, »Gerüchte«, die Deutschen hätten im Krieg an einer Atomwaffe gearbeitet oder zumindest weitergehende Atomforschung betrieben, als »alliierte Siegerpropaganda« und als unwahr zu entlarven. Stattdessen vertritt er die heute gängige Ansicht, Deutschland sei niemals in der Lage gewesen, eine über erste Reaktorversuche hinausgehende Technologie zu entwickeln.

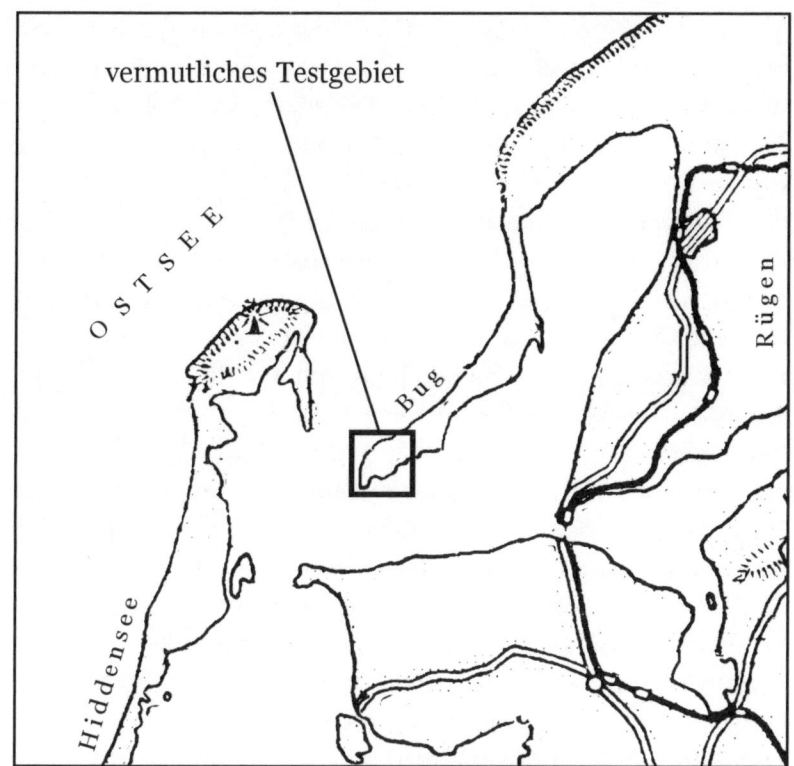

vermutliches Testgebiet

OSTSEE

Bug

Rügen

Hiddensee

Fand hier im Oktober 1944 der vom italienischen Journalis-
ten und früheren Duce-Vertrauten Luigi Romersa – »auf Rü-
gen« – erwähnte Test einer deutschen Nuklearwaffe statt?

steht den Feldherrn gegen die Wahrheit zur Verfügung. Eine
von der großen Masse gelesene Schweizer Wochenzeitung hat
einen in Fortsetzungen laufenden aufregenden Bericht veröffentlicht unter dem Titel: ›Ich war mit Hitler im Todesbunker
bis zum bitteren Ende der Schlacht um Berlin‹, verfasst von
keinem Geringeren als von ›Major Hans Krüger, Spionage-
Abwehroffizier im OKW‹. Es ist kein Zweifel: Einen größeren
Zeugen konnten sie nicht finden. Wie gründlich und exakt die
Kenntnisse des Herrn Major gewesen sind, zeigen schon die

folgenden wenigen Sätze.«* Und nun werden die Angaben
Major Krügers in der Schweizer Zeitung zitiert:»Heisenberg
war der erste, der in Haigerloch bei Tübingen eine Uransäule
herstellte ... Den Wissenschaftlern standen 20 Millionen Mark
im Jahre zur Verfügung ... Uranium, schweres Wasser und
Graphit waren genügend vorhanden. Die Wissenschaftler waren sich darüber einig, dass die Wirkung einer deutschen Atombombe alle Erwartungen übersteigen musste ... Auch ich war
dabei, als auf Rügen das entscheidende Atomexperiment stattfand. Das war im Oktober 1944, als man bereits nicht mehr an
einen Waffensieg glaubte und verzweifelt gegen die Übermacht
der Feinde kämpfte ... Das Atomexperiment auf Rügen ließ
damals in mir die berechtigte Hoffnung aufkommen, dass noch
keineswegs alles verloren war. Wir wussten seit zwei Jahren
schon, dass die ganze Welt vor der Frage stand, was Deutschland tun würde, wenn es zum Äußersten käme ... Auf Rügen
sah ich die Hölle auf Erden. Rügen war für meine Begriffe
etwas Unvorstellbares. Wir kamen am frühen Morgen auf dieser Insel an. Techniker und Militärs waren bei der Generalpro-
be anwesend. Es sollte die letzte Probe sein, um dann mit der
serienweisen Herstellung der Zerstörungsbombe zu beginnen.
Ein leichter Regen fiel, und es war halbdunkel. Man hatte in
einem Wald Zementbunker und Häuser aufgebaut. Inmitten
einer Lichtung wurde die Bombe um 11 Uhr 45 Minuten zur
Explosion gebracht. Wir befanden uns in einem Panzerturm,
fast unter der Erde. Ein dumpfes, furchtbares Rollen ertönte,
und Feuerblitze fielen vom grauen Himmel. Dann verhüllte
ein dichter Nebel jegliche Sicht. Erst nach einigen Stunden
durften wir die Wirkungen feststellen. Sämtliche Bäume waren entwurzelt, zum Teil verkohlt, die Blätter waren völlig
verwelkt. Einige als Versuchsobjekte an Ort und Stelle ausge-
setzte Lämmer und Meerschweinchen waren zu einem un-

---

* Walter Büttner: *Von Einstein zur Kobaltbombe – Atomphysik und Politik*, Dr. Hykes Verlag, Oldenburg 1955, S. 43.

Bild oben: Mögliches Areal des 1944er Waffentests auf dem Bug? Bild unten: Die wahrscheinlichen Überreste des Bunkers, in dem der Italiener Romersa den Test erlebte.

kenntlichen Haufen gerösteter Masse geworden. Jeder von uns betrat den Boden mit einem gewissen Gefühl von Erschrecken. Jeder verstand, dass nichts mehr einer solchen Zerstörung wiederstehen konnte. Tagelang konnte ich das Bild von Rügen nicht mehr aus den Augen verlieren. Ich hatte gesehen, wie jegliches Leben mit einem Schlage ausgelöscht werden konnte ...«*

Wie wir schon informierten, machte Walter Büttner den Bericht des Majors lächerlich, vor allem weil dieser behauptet hatte, dass Heisenberg und andere über genügend Geld und Material für ihre Forschungen verfügten, was später in allen Darstellungen abgestritten wurde. Das soll uns hier nicht weiter interessieren. Viel wichtiger sind die Übereinstimmungen in der Berichterstattung Luigi Romersas und der des Majors Hans Krüger: Beide sprechen von Rügen als Testareal, beide reden vom Oktober 1944 als Testzeitraum, und beide behaupten, die Erprobung der neuen Waffe sei um 11.45 Uhr erfolgt.** Darüber hinaus lassen beide wissen, dass sie sich jeweils mehrere Stunden im Bunker aufhalten mussten, bevor sie ins Freie durften, um die Wirkungen der Waffe zu betrachten. Ein sehr wichtiges Detail. Das kann unmöglich ein Zufall sein.

Ob der Atomversuch, der auf Rügen lief, die Detonation einer Kernwaffe im klassischen Sinne war, ist schwer zu beurteilen. Die damit in Verbindung stehenden Fragen sind noch lange nicht geklärt, zumal ähnlich geartete Bomben, die atomare (Zerfalls-)Prozesse ausnutzten, ebenfalls entwickelt und getestet wurden. Interessant ist aber, dass der in der Schweizer

---

* Walter Büttner: *Von Einstein zur Kobaltbombe – Atomphysik und Politik*, Dr. Hykes Verlag, Oldenburg 1955, S. 43/44.
** Lugi Romersa berichtet, dass der Test ursprünglich später stattfinden sollte, dann aber auf 11.45 Uhr vorgezogen worden sei. Siehe hierzu: Edgar Mayer & Thomas Mehner: *Das Geheimnis der deutschen Atombombe – Gewannen Hitlers Wissenschaftler den nuklearen Wettlauf doch? Die Geheimprojekte bei Innsbruck, im Raum Jonastal bei Arnstadt und in Prag*, Kopp Verlag, Rottenburg, 2. überarb. Auflage 2003, Seite 98 ff.

Wochenzeitung genannte und von Autor Walter Büttner zitierte Major Krüger vom *letzten Test* dieser auf Rügen getesteten Waffe sprach, bevor diese in Produktion gehen sollte. Wann und wo hatten die anderen Experimente stattgefunden? Und: War der im März 1945 in Thüringen absolvierte Versuch demnach der einer ganz anderen Kernwaffenkonstruktion?

Man könnte nun sukzessive auf weitere Darstellungen in *Hitlers Bombe* eingehen und diese mit Informationen aus unserer Arbeit unterstützen, ergänzen oder auch relativieren. Das ist aber nicht der Sinn der vorliegenden Arbeit. Deshalb möchten wir uns abschließend auf drei weitere Textstellen beschränken, die wir kritisch hinterfragen wollen bzw. für die uns andere Informationen vorliegen:

Seite 184 unten, Thema »Todesstrahlen«: »Kammler kümmerte sich jedoch kaum um die ›Todesstrahlen‹, da sie keinen militärischen Wert besaßen und er auch andere Aufgaben zu lösen hatte.«

Gegenbehauptung: Die »Todesstrahlen« waren durchaus militärisch interessant, sowohl im Kampf an der Front als auch für einen möglichen Einsatz bei der Luftwaffe. Selbst bei begrenzter Reichweite wirken sie psychologisch äußerst effektiv. Waffensysteme dieser Art wurden im Raum Köln–Bonn entwickelt und getestet. Dazu in Zukunft mehr.

Seite 187, Thema »Amerikarakete« und Angriff auf New York: »Die Idee der ›Amerikarakete‹ reflektierte das Selbstverständnis der Peenemünder Ingenieure und offenbarte den Größenwahn des Dritten Reiches. Hitler und sein Umfeld faszinierte die Idee, eines Tages sogar einen Schlag gegen New York führen zu können. Eine Abwehr wäre praktisch nicht möglich gewesen. Doch das A9/A10-Projekt überforderte die Möglichkeiten der Raketeningenieure. Die Anforderungen an das Lenksystem waren extrem, die Aerodynamik ungeklärt und die nötigen Werkstoffe noch nicht entwickelt.« Gegenbehauptung: Die Entwicklung einer Interkontinentalrakete ist eine zwangsläufige Folge des V-2-Einsatzes gewesen. Das mag größenwahnsinnig erscheinen, lässt sich aber dann nicht nur auf Deutschland beschränken, sondern muss auch für die USA und die Sowjetunion postuliert werden, die diese Technik schließlich in ihre Waffenarsenale einführten. Das A9/A10-Projekt mag die Möglichkeiten der Peenemünder überfordert haben, nicht aber die Ressourcen und Leistungsmöglichkeiten anderer Firmen, wie wir beweisen können. Mehrstufige Raketen waren in der Entwicklung; sämtliche Informationen darüber aber wurden von den Alliierten 60 Jahre lang unter Verschluss gehalten, wie noch zu zeigen sein wird.

Seite 261, Thema »Zünder für A-Waffen«: Einer wirklichen Offenbarung kommt das gleich, was Dr. Karlsch hier vermittelt: »Nach dem Aufspüren der deutschen Atomphysiker erhielten einige Mitarbeiter der *Alsos*-Gruppe einen neuen Auftrag – es sollten Zünderexperten gesucht werden.«

Die *Alsos*-Mission unter Goudsmit hatte zwar – laut der hochoffiziellen Darstellung – Informationen übermittelt, dass es keine deutsche Atombombe gab (eine Darstellung, die von Goudsmit auch später so aufrechterhalten wurde), suchte aber jetzt nach Experten für Zünder einer solchen!

Weiter heißt es: »Was auch die *Alsos*-Mitarbeiter nicht wussten: Bis dahin war es den Wissenschaftlern des Manhattan-Projektes nicht gelungen, einen für die Atombombe geeigneten Zündmechanismus zu entwickeln. Noch im April musste ein Wissenschaftler, der sich mit der Zünderentwicklung befasste, feststellen: ›Die Wahrscheinlichkeit, dass die Zünder nicht richtig funktionieren, ist ziemlich groß.‹ An der Lösung des Problems wurde bis wenige Tage vor dem ersten Atomtest gearbeitet.«

Wenn das kein Wasser auf unsere Mühlen ist! Wir hatten bereits im Vorwort darauf hingewiesen, dass die uns vorliegenden Dokumente zeigen, dass die Amerikaner innerhalb ihres Manhattan Projects allergrößte Schwierigkeiten hatten, »die Waffe« fertigzustellen. Senator Byrnes berichtete noch im März 1945 in einem Schreiben an seinen Präsidenten Roosevelt, dass das Projekt einen Fehlschlag produzieren könne. Roosevelt weitläufige Cousine Margaret Suckley schrieb Ende 1944, der Präsident habe ihr erzählt, dass die Deutschen auf dem Gebiet der neuen (Atom-)Waffen den Amerikanern noch um einiges voraus seien. – Und nun wird uns von Dr. Karlsch eine Steilvorlage in Form des – übrigens auch schon von anderen und uns erörterten – Zünderproblems geliefert! Was muss eigentlich noch passieren, damit die werte Historikerschaft begreift, wodurch die Amerikaner in den Besitz einer *funktionsfähigen* Waffe gelangten?! Die Zukunft wird unseres Erachtens zeigen, dass das Manhattan Project – so wie von Senator Byrnes eingeschätzt – ein Fehlschlag war und nur durch eine mehr oder weniger große deutsche »Injektion« von Wissen, Technologie und/oder Personal in letzter Minute gerettet wurde, was auch den verantwortlichen US-Politikern, -Militärs und -Wissenschaftlern die Karriere rettete. Darauf deuten alle verfügbaren Informationen hin. Wir sind uns gleichfalls sicher, dass die Beweise für unsere Annahme in den amerikanischen, britischen und wahrscheinlich auch russischen Archiven liegen und dass die Verantwortlichen in diesen Nationen kaum zulassen werden, dass dieses Wissen offenbar wird. Und sollte es doch jemandem gelingen, an diese klassifizierten Informationen zu gelangen oder hierzulande auf in der Erde liegende Dokumente zu stoßen, die zeigen, was wirklich gelaufen ist, wird man eventuell damit rechnen müssen, dass der oder die Betreffende(n) »sich in Luft auflösen«, sprich spurlos verschwinden werden oder einen »Unfall« haben. Anonyme Drohungen hat es in den letzten Jahren mehr als genug gegeben, und jeder Rechercheur muss für sich selbst entscheiden, ob er diese ernst nimmt oder nicht. Freilich ist es schwer zu beurteilen, woher diese Drohungen kommen, denn es darf in diesem Zusammenhang nicht vergessen werden, dass es *zahlreiche* Strukturen und Gruppierungen gibt, die ein Interesse daran haben, dass alles so bleibt, wie es ist – aus welchen Gründen auch immer.

Es ist kein Geheimnis, dass wir in den vergangenen Jahren mit einigen uns wichtig erscheinenden Personen über dieses Problem gesprochen und daraus gewisse Schlüsse gezogen haben; schließlich kann eine gute »Lebensversicherung« nicht schaden. Unabhängig von der Recherchetätigkeit werden aber die Beweise vielleicht auch in ganz unkonventioneller Art und Weise ans Licht treten, indem sich bestimmte Dinge ereignen werden, die möglicherweise sogar Leben und Gesundheit von Menschen gefährden können (wir wollen uns hier bewusst im Konjunktiv äußern). Die Geheimhaltung hat auch deshalb 60 Jahre funktioniert, weil die von anderen und uns postulierten Anlagen in dieser Zeit stabil waren und weil das, was in ihnen liegt, ebenfalls stabil blieb. Weitere 60 Jahre wird das aber nicht der Fall sein, dagegen sprechen gewisse Erfahrungswerte, die man vor allem in Kreisen von Personen, die sich mit der Altlasten-Thematik auskennen, gesammelt hat. Sicher, manche behaupten, deutscher Bunkerbeton halte ewig. Wir geben allerdings zu bedenken, dass wir es in Thüringen u. a. im AWO-Raum mit Karstformationen zu tun haben, die – geologisch gesehen – gewisse Instabilitäten aufweisen können.

Im Übrigen bleibt abzuwarten, was im »Falle eines Falles«, d. h. wenn eine bisher unbekannte Untertage-Installation identifiziert und mit behördlicher Genehmigung angebohrt wird, geschieht. Ein ehemals in Thüringen diensttuender Offizier, den einer von uns vor Jahren zu diesem Thema befragte, erklärte ganz offen, dass, wenn sich eine Anlage öffnen lasse, bestimmte Leute einer »Institution« dort hineingehen wür-

den, von denen wir unter Umständen gar nicht wüssten, dass
sie überhaupt existiert. Wir selbst dürften dann in die dritte
Reihe zurücktreten und müssten anschließend zur Kenntnis
nehmen, was uns über die Ergebnisse der Erkundung gesagt
(oder auch nicht gesagt) würde. So oder so ähnlich haben wir
es in den letzten Jahren immer wieder gehört, und uns wundert in diesem Zusammenhang nicht, dass die überall präsenten
Schatzsucher weder Genehmigungen beantragen noch Fragen
stellen. Die mit der Praxis verbundenen Gruppen möchten
sich Enttäuschungen jeglicher Art ersparen – verständlich angesichts dessen, was wir eben wissen ließen. Doch nicht ganz
ungefährlich für sie selbst. Wir können in diesem Zusammenhang nur immer wieder davor warnen, ungenehmigte Aktionen zu starten und sich damit in Gefahr zu begeben. Umso
mehr sind aber nun die zuständigen Behörden gefordert, das
Thema aufzugreifen ...

Ein Fazit, das das Buch *Hitlers Bombe* bewertet, werden wir an
dieser Stelle nicht ziehen. Das Thema ist dafür zu sehr in
Bewegung. Für uns ist diese Publikation aber der Beweis, dass
es Ausnahmen unter den Historikern gibt, die bereit sind,
auch unbequeme und problematische Themen aufzugreifen
und darzustellen. Und das ist keineswegs selbstverständlich
heutzutage. Dass Dr. Karlsch manches anders sieht als wir,
liegt in der Natur der Sache. Ob langfristig eine gewisse Annäherung in bestimmten Sichtweisen erfolgen wird, bleibt abzuwarten. Das ist u. a. davon abhängig, ob alle beteiligten Rechercheure in der Lage sein werden, an neue Informationen zu
gelangen, was mit einem erheblichen Zeit- und Finanzauf-
wand verbunden sein dürfte. Ob dieser Aufwand zu leisten ist,
muss nach unserer Einschätzung eher bezweifelt werden. Die
Erfahrungen, die wir in den vergangenen Jahren machen durften, sprechen eher dagegen. Doch wer kann schon in die Zukunft schauen ...

94

Die Bodenprobenanalyse der Physikalisch-Technischen Bundesanstalt (PTB)

Um den Nachweis für die behauptete Atomwaffendetonation Anfang März 1945 auf dem Truppenübungsplatz Ohrdruf (im Gebiet des sogenannten Dreiecks) zu verifizieren, erfolgte eine *stichprobenartige, oberflächliche* Entnahme von Bodenproben, die durch die Physikalisch-Technische Bundesanstalt (PTB) analysiert werden sollten. Bei der Bodenprobenentnahme anwesend waren u. a. Heiko Petermann, Prof. Bruno Keyser (PTB) und für die Bundeswehr Hauptmann König, seinerzeit noch Kommandeur des Truppenübungsplatzes. Über dieses Vorhaben hieß es:

»... Ganz erstaunlich, dass der ›Lichtblitz‹, der am 3. März 1945 die thüringische Landschaft erhellt und durch seine tödliche Strahlung gleich Hundertschaften dahingerafft haben soll, nicht in die Geschichtsbücher eingegangen ist und erst jetzt auf der Grundlage von Zeitzeugenberichten und lange verschollenen Akten, vorzugsweise aus russischen Archiven, rekonstruiert werden muss. Strahlenmessungen vor Ort scheinen hingegen eine wissenschaftlich fundiertere und daher glaubwürdigere Methode zu sein. Die müssten nach der sogenannten Prompte-Gamma-Methode vorgenommen werden, ein kostspieliges Verfahren, dass sich Karlsch aber nicht leisten konnte oder wollte

Bruno Keyser, Professor an der Physikalisch-Technischen Bundesanstalt in Braunschweig, wird solche Messungen nun vornehmen, und noch in diesem Jahr ist mit Ergebnissen zu rechnen. Diese Ergebnisse könnten Karlschs These unter Umständen falsifizieren: Sie wären nämlich in der Lage, insofern eine erhöhte Strahlung in Ohrdruf gemessen würde, deren Quelle zu datieren. Neben einem Kernwaffentest aus dem Jahr 1945 käme auch die Rote Armee als Urheber von radioaktiver Strahlung in Betracht. Die Sowjets hatten in Ohrdruf nach dem Krieg ein Übungsgelände unterhalten und womöglich ebenfalls mit nuklearem Material hantiert.«*

Am 27. Dezember 2005 berichtete dann die *Thüringer Allgemeine* auf Seite 1, dass die Veröffentlichung der Messergebnisse bald bevorstehe: »Die Analysen der Bodenproben aus dem Gebiet des Truppenübungsplatzes Ohrdruf stehen unmittelbar vor dem Abschluss. Das bestätigte jetzt ein Sprecher der Braunschweiger Bundesanstalt gegenüber der *Thüringer Allgemeine*. Die Proben waren im Frühjahr mit Genehmigung der Bundeswehr entnommen worden. Ihre Analyse soll endgültig den Wahrheitsgehalt jener Gerüchte klären, wonach kurz vor Kriegsende im Frühjahr 1945 mitten in Thüringen ein Atomtest-Testversuch der Nazis stattgefunden haben soll.«

Anfang 2006 legte dann die PTB die Ergebnisse der Bodenprobenanalysen vor. In der Pressemitteilung (*http://idw-online.de/pages/de/news?print=1&id=147206*) hieß es:

»In Bodenproben keine Spur von ›Hitlers Bombe‹

Dr. Jens Simon, Presse- und Öffentlichkeitsarbeit Physikalisch-Technische Bundesanstalt (PTB)

PTB LEGT ANALYSEBERICHT ZU BODENPROBEN AUS DEM THÜRINGISCHEN OHRDRUF VOR

15. Februar 2006

---

* Vgl. hierzu: *www.netzeitung.de/voiceofgermany/329801.html*, Artikel: »Karlschs Bombe«, 15. und 24. März 2005.

Das thüringische Ohrdruf steht unter Beobachtung, seitdem der Historiker Rainer Karlsch mit seinem Buch *Hitlers Bombe* Spekulationen um eine mögliche Kernexplosion im Hitler-Deutschland im Jahre 1945 nährte. Bodenproben aus dem dortigen Gebiet – heute ein Truppenübungsplatz der Bundeswehr – wurden in den letzten Monaten von der Physikalisch-Technischen Bundesanstalt (PTB) im Auftrag des Zweiten Deutschen Fernsehens (ZDF) untersucht. Die Ergebnisse der Radionukleidanalysen liegen jetzt vor. Die Messwerte geben keinen Hinweis, dass andere Quellen als der Fallout oberirdischer Atombomben-Tests in den 1950er/1960er-Jahren und der Reaktorunfall in Tschernobyl im Jahr 1986 für die Bodenkontaminationen verantwortlich sind. Insgesamt zeigen die PTB-Messergebnisse für eine Kernexplosion ›keinen Befund‹.

Die Thesen des Historikers Karlsch ließen im vergangenen Jahr auch das ZDF hellhörig werden. Bodenproben vom Truppenübungsplatz Ohrdruf wurden daher der PTB übergeben, um diese auf ihre Kontamination mit Radionukliden untersuchen zu lassen. Denn eine Kernexplosion, wann immer sie stattgefunden hat, könnte sich auch heute, angesichts der langen Halbwertszeiten gewisser Radionuklide, noch nachweisen lassen. Insgesamt acht Bodenproben wurden daher in den Laboratorien der PTB nach allen Regeln der Messkunst untersucht.

Manche Radionuklide ›verraten‹ sich durch eine typische Gammastrahlung, die beim Zerfall der Atomkerne auftritt. Die PTB-Wissenschaftler nahmen daher zunächst die Gammaspektren der Proben unter die Lupe. Das Resultat: Alle gemessenen spezifischen Aktivitäten

(Anzahl der radioaktiven Zerfälle pro Zeit, bezogen auf die Masse des Probenmaterials) sind gering und stammen vorwiegend von natürlich vorkommenden Radionukliden. Als künstlich erzeugtes Radionuklid konnte in den Proben nur Cs-137 nachgewiesen werden. Die für dieses Nuklid gefundenen Aktivitäten, für die vor allem der Reaktorunfall in Tschernobyl verantwortlich ist, liegen im Rahmen der überall in Deutschland zu findenden Bodenkontaminationen. Gerade Tschernobyl hat auch in Deutschland zu einer großen lokalen Variabilität der Bodenkontamination mit dem Radionuklid Cs-137 geführt. Die Belastungswerte variieren innerhalb Deutschlands sehr stark, je nachdem, wie viel Cs-137 durch Regen aus der kontaminierten ›Tschernobyl‹-Wolke ausgewaschen wurde.

Nach dieser gammaspektrometrischen Analyse wurden im zweiten Schritt speziell die Uranaktivitäten der Proben radiochemisch untersucht. Hintergrund: Eine explodierende Kernwaffe, für die hoch angereichertes Uran benötigt wird, müsste in der näheren Umgebung das natürliche Verhältnis der Uranisotope U-235 und U-238 verschieben. (Das natürliche Aktivitätsverhältnis besagt, dass auf 1000 Zerfälle von U-238 etwa 46 Zerfälle von U-235 kommen. Nach der Explosion einer Kernwaffe müssten deutlich mehr Zerfälle von U-235 zu finden sein.) Für jede Probe wurden daher drei Parallelanalysen an Untermengen von jeweils einigen Gramm durchgeführt. Die Aktivitäten der Uranisotope wurden durch die Messung der Alphastrahlung der Probenpräparate bestimmt. Um die Aktivitätsverhältnisse der Uranisotope U-235 und U-238 sicher bewerten zu können, wurden die Messzeiten für jede einzelne Probe auf mehrere Monate ausgedehnt. Auch hier ergaben die Messungen keinen Hinweis auf eine Kernexplosion: Die gemessenen Aktivitätsverhältnisse beider Uranisotope stimmen im Rahmen der Messunsicherheit mit dem natürlichen Aktivitätsverhältnis überein.

Die PTB-Untersuchungen an den vorliegenden Bodenproben sind somit abgeschlossen: Insgesamt ergaben die Radionuklidanalysen keinerlei Hinweis auf eine Kernexplosion im thüringischen Ohrdruf. Die Bodenproben zeigen lediglich Kontaminationen, die unter anderem auf den Reaktorunfall in Tschernobyl zurückgehen. **Ein wissenschaftlicher Gegenbeweis zum behaupteten Kernwaffentest am Ende des Zweiten Weltkriegs kann aber weder mit dieser noch irgendeiner anderen Stichproben-Analyse erbracht werden. Eine endgültige Bewertung der historischen Zusammenhänge ist damit weiterhin offen.**«* (Hervorhebung durch die Autoren)

Die meisten Zeitungen, die über das Ergebnis der PTB-Untersuchungen berichteten, veröffentlichten (absichtlich?) nur die ersten Sätze der Presseerklärung und hinterließen damit in der interessierten Öffentlichkeit den Eindruck, dass das Thema vom Tisch sei. Man musste sich schon die Mühe machen und im Internet die originale PTB-Presseerklärung aufsuchen, um zu sehen, dass die Physikalisch-Technische Bundesanstalt genau genommen alles und nichts bewiesen bzw. nichts widerlegt hatte. Das Ganze ging aus wie das berühmte »Hornberger Schießen«. Zudem wollten sich die PTB-Verantwortlichen offensichtlich ein Hintertürchen offenlassen, um im Falle künftiger eingehenderer Untersuchungen des Truppenübungsplatzes Ohrdruf (die auch *tiefere* Bodenschichten umfassen müssten) das Gesicht zu wahren. Im Übrigen wurde beim Thema »radiochemische Untersuchung der Uranaktivitäten der Proben« ganz offensichtlich vergessen, dass die explodierende Kernwaffe auch mit schwach angereichertem Uran funktioniert haben könnte. Immerhin ging es im konkreten Falle um keine Kernspaltungswaffe (mit hoch angereichertem U-235), sondern eher um eine *Fusionswaffe*. Zudem wurde nichts ausgesagt über Lithium-6, das dort zu erwarten gewesen wäre. Hat man das vergessen (müssen)? Oder wusste man gar nicht, wonach man suchen sollte? (Das können wir uns beim besten Willen nicht vorstellen.)

So gut wie niemand fragte auch nach einer Seltsamkeit, die während der Untersuchungen zu verzeichnen war: Die Analysen wurde von Prof. Bruno Keyser durchgeführt, der plötzlich – kurz vor Bekanntwerden der Presseerklärung – nicht mehr zuständig war. Statt seiner wurden ein Dr. Janßen und ein Dr. Arnold genannt. Was war da hinter der Bühne gelaufen? Im Wissenschaftsbetrieb ist es üblich, dass derjenige, die die Analysen beginnt, auch die Ergebnisse mitteilt. Wer hatte hier aus welchem Grund eingegriffen? Nun, wir halten unsere Leserinnen und Leser für intelligent genug, dass sie sich auf diese Frage selbst eine Antwort geben können angesichts der Brisanz des Themas. Wir haben im Laufe der Jahre immer wieder erfahren müssen, dass »man« die Wahrheit fürchtet wie der Teufel das Weihwasser – und deshalb gelegentlich zu Methoden greift, die, würde sie die Öffentlichkeit erfahren, das Karriereende für gewisse Leute bedeuten würde.

»*Die Amerikaner haben eine immens hohe Meinung von sich selbst, und es fehlt nicht viel, dass sie glauben, eine Art Spezies jenseits der menschlichen Rasse zu sein.*«

Alexis de Toqueville

Widersprüche – die US-Atomwaffen und der Rückstand der Militärtechnik und -strategie

Uns interessierte im Zusammenhang mit der angeblichen Leistungsfähigkeit der amerikanischen Wirtschaft auf wissenschaftlich-technischem Gebiet und auf dem Sektor der Grundlagenforschung während des Zweiten Weltkrieges, ob sich dieses »Können« auch im militärisch-technischen Bereich und vor allem in der Strategie und Taktik niederschlug. Angenommen, die Amerikaner hätten tatsächlich auf breiter Front wissenschaftlich-technische Neuerungen während des Krieges realisiert und diese im Krieg verwertet, dann hätte dies ja während des Kampfes gegen Deutschland zu einer Änderung der Kampftaktik führen müssen.

Wir mussten gar nicht lange suchen, um fündig zu werden – und siehe da, unsere Zweifel wurden bestätigt. Im Jahre 1988 erschien in deutscher Sprache beim List Verlag das Buch *Verschwörung Paperclip – NS-Wissenschaftler im Dienst der Siegermächte*. Autor war Tom Bower. Die britische Tageszeitung *Daily Mail* urteilte über das Werk: »Einem Buch bereits bei Erscheinen historische Tragweite zuzusprechen, scheint vermessen – aber es lässt sich schon jetzt sagen, dass *Verschwörung Paperclip* einen provokativen Beitrag zum Wissensstand und zur geistigen Auseinandersetzung unseres Jahrhunderts darstellt.«

Bowers Buch wurde deshalb als provozierend empfunden, da es der Wahrheit sehr nahekam. In ihm wurden nicht nur die Tricks aufgezeigt, mittels derer deutsche Nazi-Wissenschaftler nach dem Krieg in die Vereinigten Staaten geschmuggelt wurden, sondern es offenbarte auch, dass die US-Militärs und -Politiker (wie übrigens auch ihre engsten Verbündeten, die Briten) den Zweiten Weltkrieg im Großen und Ganzen mit den (zugegeben weiterentwickelten) Mitteln und Methoden des Ersten Weltkrieges geführt hatten und dass es noch lange dauern sollte, bis die Zuständigen begriffen, dass ihnen die Deutschen auf manchen Gebieten ganz entscheidend voraus waren. Bower: »Bei Kriegsausbruch täuschten sich selbstgefällige Militärs und Politiker aus Washington und London über das Ausmaß des Konflikts, in den sie geraten waren. In Berlin waren Wissenschaftler und Ingenieure die willkommenen Verbündeten von Politikern und militärischen Führern. Aber in London und Washington lehnten es Regierung, politische Administration und militärische Führung oft hochmütig ab, technische Neuerungen zu fördern. Die Offiziere der Alliierten, überrumpelt von Hitlers folgenschweren Eroberungen, gelangten erst allmählich zu der Erkenntnis, dass der niedrigere technische Standard vieler ihrer Kanonen, Flugzeuge, Panzer und U-Boote ihre Achillesferse war. Nach Hitlers endgültiger Niederlage hatten die Wissenschaftler der Alliierten den Vorsprung fast aufgeholt und ihren Feind teilweise sogar überflügelt; *auf entscheidenden Gebieten allerdings konnte Deutschland seine Überlegenheit selbst im letzten Kriegsjahr noch ausbauen.* Diese Tatsachen stützten die Überzeugung – manche würden sagen, schufen die Legende – von der deutschen wissenschaftlichen Überlegenheit.«* (Hervorhebung durch die Autoren).

Freilich nützte der deutschen Seite der Vorsprung in Wissenschaft und Technik auf einigen entscheidenden Gebieten im Endeffekt nichts – der Ausgang des Krieges ist bekannt. (Wie es dazu kam, ist allerdings eine andere Geschichte, die mit den bisherigen Auffassungen und Vorstellungen bis heute nicht vollständig erklärt worden ist.) Allerdings waren die US-Verantwortlichen (und auch ihre britischen Verbündeten)

---

* Tom Bower: *Verschwörung Paperclip. NS-Wissenschaftler im Dienste der Siegermächte*, List Verlag in der Südwest Verlag GmbH & Co. KG, München 1988, S. 14.

einer Selbsttäuschung erlegen:»Die Auffassung, von der in London und Washington bis 1940 so viele überzeugt waren, dass nämlich die Alliierten auf technischem Gebiet überlegen seien, feierte durch den Sieg 1945 fröhliche Urständ. Die Beweisführung wurde mit verblüffender Naivität heruntergeleiert – der Erfolg der Alliierten hätte unwiderruflich die technische Überlegenheit der Siegermächte bewiesen: ›Wir haben den Krieg gewonnen, also hatten wir eindeutig bessere Waffen.‹«[*] Diese Auffassung war nicht mehr als eine Scheinargumentation, wie wir im Verlaufe dieses Buches noch sehen werden. Der amerikanische Generalsstabschef George C. Marshall war einer der wenigen, die erkannten, wie knapp der Sieg für die Alliierten war. In einem umfangreichen Zeitungsartikel in der *New York Times* schrieb er am 10. Oktober 1945, dass, würden die USA in einem nächsten großen bewaffneten Konflikt, wie es der Zweite Weltkrieg war, mit ähnlichen Mitteln und ihrer bisherigen Waffentechnik kämpfen, sie »beim nächsten Mal komplett ausgelöscht werden«. Bower, der bei seinen Recherchen ebenfalls darauf gestoßen war, dass das Bild, das die Verantwortlichen der Alliierten zeichneten, so nicht stimmen konnte, meinte:»Hunderte von Berichten der Alliierten dokumentieren eindringlich das überlegene technische Können der Deutschen. Sie scheuten sich nicht, die technischen Neuerungen als ›erstaunliche Leistung‹ und ›hervorragende Erfindung‹ der Deutschen anzuerkennen. Allein die Tatsache, dass Deutschland vier Jahre lang einen totalen Krieg überstehen konnte, belegt diese Fähigkeiten, hatte doch der britische Geheimdienst den unmittelbaren und völligen Zusammenbruch der deutschen Wirtschaft und Industrie während der ersten beiden Kriegsjahre vorhergesagt.«[**]

---

[*] Tom Bower: *Verschwörung Paperclip. NS-Wissenschaftler im Dienste der Siegermächte*, List Verlag in der Südwest Verlag GmbH & Co. KG, München 1988, S. 14/15.
[**] Ebenda, S. 15.

Und weiter heißt es:»Jene Ermittler der Siegermächte, die sich an der aufgeregten Suche nach ihren deutschen Widersachern beteiligten, waren zuerst erschrocken und aufgeregt und schließlich bestürzt, als sie ihre eigene technische Unzulänglichkeit erkannten.«* So erging es beispielsweise Oberst Donald Putt vom *Air Material Command* der US-Luftwaffe, der als Leiter der *Operation Lusty,* die die deutsche Hochtechnologie auf dem Sektor der Luftfahrttechnik suchen und erbeuten sollte, Dinge zu Gesicht bekam, die ihn den Atem stocken ließen. Putt erholte sich jedoch relativ rasch von seinem Schrecken, verstand schnell die Implikationen und versuchte das Vorgefundene daraufhin seinen Vorgesetzten als Möglichkeit, die eigene Rüstungstechnologie auf Vordermann zu bringen, zu verkaufen. Dabei stieß er auf unerwartete Schwierigkeiten. Manche seiner Vorgesetzten erschienen wie mit Brettern vernagelt, wenn es darum ging zu begreifen, was den Alliierten an deutschem Beutegut in die Hände gefallen war und welche Optionen sich daraus ergaben. Es dauerte unverhältnismäßig lange, bevor man »ganz oben« und auch in den mittleren Leitungsebenen begriff, welcher Nutzen aus den Eroberungen zu ziehen war.

Nicht anders erging es einem der besten britischen Luftfahrtingenieure, Roy Fedden. Nach dem Ende des Krieges bemühte er sich gegenüber britischen Luftfahrtspezialisten, Militärs und Politikern oft vergeblich, das in Deutschland nun brachliegende Potenzial für künftige eigene Entwicklungen zu nutzen. Stattdessen musste er oft frustriert zusehen, wie die Russen – die in dieser Hinsicht wesentlich pragmatischer erschienen – den Briten manchen »Leckerbissen« vor der Nase wegschnappten.**

---

* Tom Bower: *Verschwörung Paperclip. NS-Wissenschaftler im Dienste der Siegermächte,* List Verlag in der Südwest Verlag GmbH & Co. KG, München 1988, S. 15.
** Ebenda, S. 170.

Wenn man Bowers extrem faktenreiches und, wie wir meinen, ehrliches Buch in seiner Gesamtheit analysiert, wird klar ersichtlich, dass das amerikanische wie auch das britische Militär wissenschaftlich-technischen Innovationen in vielen Fällen ablehnend gegenüberstand; stattdessen beharrte man auf Methoden der Kriegsführung, die längst überholt waren und ihr Vorbild in dem hatten, was während des Ersten Weltkriegs angebracht erschien. Darüber hinaus fehlte den politisch wie auch militärisch Verantwortlichen offenbar ein gewisses Maß an visionärer Vorstellungskraft, wie das Beispiel der deutschen V-2-Rakete dokumentiert: »Monatelang hatten englische Politiker, Wissenschaftler und die Führungskräfte des Militärs und der Geheimdienste erbittert gestritten, ob die deutschen Wissenschaftler eine Rakete entwickelt hatten. Die von [Lord] Cherwell angeführten wissenschaftlichen Experten im Kabinett bestritten die Möglichkeit, dass ein neues wissenschaftliches Zeitalter seinen Ursprung in Deutschland haben könnte.«[*]

Zweifelsohne gab es Ausnahmen von der Regel, das wollen wir nicht bestreiten. Wenn man sich jedoch mit der britischen und US-amerikanischen Rüstung sowie dem Bereich der Grundlagenforschung dieser beiden Nationen beschäftigt, dann kann man unschwer erkennen, dass die deutschen Kriegsgegner mehr auf einer konventionellen, althergebrachten Strategie aufbauten als auf das »Pferd« wissenschaftlich-technischer Neuerungen und ihrer Anwendung für die Kriegsführung zu setzen.

Diese Tatsache wird besonders deutlich, wenn man sich die Nachkriegsentwicklung in Bezug auf die Raketentechnik ansieht. Die Vereinigten Staaten setzten beim Transport von Atomwaffen lange Zeit auf strategische Bomber; den Wert der

---

[*] Tom Bower: *Verschwörung Paperclip. NS-Wissenschaftler im Dienste der Siegermächte*, List Verlag in der Südwest Verlag GmbH & Co. KG, München 1988, S. 78.

Rakete begriff man wohl erst, als die Russen mit ihrem ersten Satelliten *Sputnik I* die Amerikaner in einen regelrechten Schockzustand versetzten, die daraufhin versuchten, den russischen Vorsprung irgendwie aufzuholen. Das nachfolgende Rennen im Weltraum entsprach aber zunächst keiner Planung, sondern war aus der Situation heraus entstanden – mit allen Mängeln und Schwächen, die man bei einer derartigen eiligen Reaktion erwarten konnte. Erst später gelang es den USA mittels des *Apollo*-Mondprogramms, die Russen einzuholen und zu überflügeln.

Wir wollen nicht in Abrede stellen, dass während des Krieges die US-Wirtschaft die leistungsfähigste der Welt war. Das Problem besteht allerdings darin, dass Masse noch keine Klasse ist, obwohl der Krieg mit Masse statt Klasse gewonnen wurde. Insbesondere die angloamerikanischen Bombenangriffe und die damit einhergehende Luftüberlegenheit der Alliierten führten zum Sieg. US-Generalstabschef Marshall war aber nach den Funden in Deutschland klar geworden, dass künftig Klasse über Masse entscheiden würde und daher umgesteuert werden müsste.

Wir wollen hier nicht mehr als nötig das uns interessierende Problem beschreiben, wir denken, dass es die Leserschaft auch so nachvollziehen kann. Interessant ist nun, dass bei Kenntnis des von uns auf den vorhergehenden Seiten aufgezeigten Sachverhalts die amerikanische Atomwaffe so gar nicht ins Bild der alliierten Vorgehensweise und des Selbstverständnisses passen will. Sie ragt quasi wie ein Leuchtturm aus der während des Zweiten Weltkriegs existierenden US-Forschungslandschaft heraus. Sie ist genau genommen ein Widerspruch in sich selbst. Ungeachtet dessen ist natürlich Fakt, dass sie entwickelt wurde – wohl aber nur deshalb, weil die Möglichkeit einer deutschen Atomwaffe gegeben war. Wir meinen allerdings, dass bei allem, was die Alliierten nach dem Ende des Zweiten Weltkrieges in Deutschland fanden, dort die Atombombe in jedem Falle eher zu vermuten gewesen wäre angesichts anderer Entwicklungen, die ähnlich revolutionär waren – wie beispielsweise die Rakete. Die Rakete ist – und das müssen wir nicht beweisen, weil die Nachkriegsentwicklung für sich selbst spricht – zweifellos eine überlegene Waffe, weil sie schwer abfangbar ist. Es wäre demzufolge nur logisch, sie mit einem Sprengkopf auszurüsten, der dieser Waffe eine *totale Überlegenheit* verleiht. Wer glaubt, die deutschen Wissenschaftler und Ingenieure wären auf einen solchen Gedanken nie gekommen, muss schon ziemlich realitätsfremd oder indoktriniert sein. Im Übrigen werden wir aufzeigen, wie die tatsächlichen Verhältnisse lagen, denn die Amerikaner hatten nach dem Krieg in einer ersten Siegeseuphorie kein Problem damit, einen Teil der erbeuteten Informationen auch öffentlich zu verbreiten. Erst nach dem Beginn des Kalten Krieges mit der damaligen Sowjetunion wurde es auffallend still um das, was man in Deutschland bei Kriegsende und danach gefunden, erbeutet und »evakuiert« hatte. Und heute will man von all dem am besten gar nichts mehr wissen, weil es nicht ins politische Konzept der Siegergeschichtsschreibung passt.

»Zur selben Zeit [1944] erzwangen die deutschen Technologiefortschritte – beispielsweise bei der Entwicklung atomarer Sprengstoffe – unseren Angriff, bevor diese fürchterlichen Waffen gegen uns eingesetzt werden konnten (...). Wir mussten angreifen.«

US-Generalstabschef George C. Marshall in der *New York Times* vom 10. Oktober 1945 zu den Hintergründen der Normandie-Invasion

Die Angst der Amerikaner vor der deutschen Atombombe

Im Jahre 2004 jährte sich zum 60. Mal der Jahrestag der Normandie-Invasion. Die Medien berichteten ausführlich über die verlustreiche Landung der Alliierten im Jahre 1944 an der französischen Küste, die den Aufbau der gegenüber den Russen versprochenen zweiten, westlichen Front gegen Hitler-Deutschland bedeutete und dem Ziel diente, das Dritte Reich nunmehr mit gemeinsamer Kraft zur Strecke zu bringen.

In der medialen Berichterstattung wurde dabei immer wieder besonders betont, dass die Normandie-Invasion der Befreiung des besetzten Europas vom Faschismus ebenso dienen sollte wie der Beseitigung des nationalsozialistischen Regimes in Deutschland selbst. Indes: Zweifel sind erlaubt. Wer die wahren Hintergründe kennt, weiß, dass das eigentliche Ziel, das hinter der Eroberung der von den Deutschen so genannten »Festung Europa« und der Niederwerfung Deutschlands steckte, sehr viel naheliegenderer Natur war: Die Vereinigten Staaten von Amerika sahen sich einer Gefahr gegenüber, die nur noch dann abwendbar war, wenn man *jetzt* alles auf eine Karte setzen und gegen Deutschland militärisch vorgehen würde. Darüber hinaus winkte fette Beute in Form von Technologien, von denen man wusste, dass sie existierten – und die man sich quasi als Reparation einzuverleiben gedachte.

Bisher wurde freilich behauptet, dass die Niederlage der Wehrmacht bei Stalingrad der Anfang vom Ende des Krieges für das Dritte Reich war. Dass es dennoch eine große Gefahr für die USA und ihre Verbündeten gab – quasi kurz vor Toresschluss –, wurde bisher der geschichtsinteressierten Öffentlichkeit unterschlagen, obwohl kein Geringerer als der amerikanische Generalstabschef George C. Marshall – der erste Militär der Vereinigten Staaten – unmittelbar nach dem Krieg mehrfach darauf hinwies. Nach dem Abschluss der Kampfhandlungen in Europa und im Pazifik-Raum ließ Marshall die britische und amerikanische Öffentlichkeit wissen, dass der Krieg um Haaresbreite gewonnen worden und gerade rechtzeitig zu Ende gegangen sei. Er erklärte am 10. Oktober 1945 in einem Bericht der angesehenen britischen Zeitung *The Daily Mail:* »Viele Amerikaner haben bis heute die Implikationen der formlosen Ausradierung Berlins und der japanischen Städte nicht verstanden. Bei der Weiterentwicklung von Waffen und Technologien, *die uns jetzt bekannt geworden sind*, könnten die Städte New York, Pittsburg, Detroit, Chicago oder San Francisco von anderen Kontinenten innerhalb von Stunden ausgelöscht werden.« (Hervorhebung durch die Autoren)

In der *New York Times* vom selben Tag erläuterte Marshall in einem 13-seitigen Bericht u. a. die Hintergründe für die Normandie-Invasion: »Zur selben Zeit [1944] erzwangen die deutschen Technologiefortschritte – beispielsweise bei der Entwicklung atomarer Sprengstoffe – unseren Angriff, bevor diese fürchterlichen Waffen gegen uns eingesetzt werden konnten (...), wir mussten angreifen.«

Wie bitte?! Haben nicht Generationen von Historikern behauptet, Deutschland habe nach anfänglichen Fortschritten in der Atomforschung die Entwicklung einer Atomwaffe nie aufgenommen? Wie konnte es Fortschritte bei etwas geben, das physisch überhaupt nicht vorhanden war? Litt Marshall unter Paranoia? – Mit Sicherheit nicht. Als höchstem US-Militär war ihm sehr wohl bekannt, was auf deutscher Seite bei Kriegsende in Entwicklung war und was nicht – und was die alliierten Technologieaufspürgruppen BIOS, CIOS, *Alsos* und andere wirklich in Deutschland gefunden hatten. Marshall hatte Einblick in Vorgänge und Unterlagen, die nur wenigen zugänglich waren, und konnte daher die Situation exakt einschätzen. Dass er auch nicht einer gewissen »Verwirrtheit« anheimgefallen

Next time: America might be annihilated

★ Every two years the American Chief of Staff issues a Report to the U.S Secretary of War. Today the most momentous of these Reports is published. General of the Army George C. Marshall reveals all the German war secrets, the barely scotched plans which would, in a matter of months, have brought the skyscrapers of the New World crashing in rocket-rubble—the plans the U.S. war-machine recommends to avert another holocaust—with a grave warning of the fate America might have to face.

GENERAL of the Army George C. Marshall, American Chief of Staff, today formally reveals to the U.S. Secretary of War not only the secrets of World War 2, but lays down the military view for the future policy of the United States.

"For the first time since assuming this office six years ago," writes General Marshall, "it is possible for me to report that the security of the U.S.A. is entirely in our own hands."

The Chief of Staff asked General Eisenhower to have incorporated all senior members of the German High Command in a Allied branch; and the picture they presented forms the substance of much of the Report.

Turning-point

THE turning-point of the war is placed in the light of those revelations, not at Stalingrad (autumn 1942) but at Moscow, in the winter of 1941.

"A sudden change in the weather brought disaster. The Army's defence was terrible enough, for unexpected was the cold in the Christmas week of 1941 responsible for the ultimate defeat of the German armed forces.

It was at this moment that Hitler proclaimed the supremacy of his 'intuition.'

Two things emerge from the Report: a broad responsibility for the Axis defeat. These are:

1. The constant conflict of command—and the Wehrmacht's subordination to Hitler's personal dictates.

the absence of any evidence so far to the contrary, it is believed that Japan also acted unilaterally."

According to the Germans, there were seven distinct stages in the Axis defeat:

1. **Failure to invade England**—due to the fear of the Royal Navy and the losses inflicted on the German bombers ("Luftwaffe") in the Battle of Britain.

2. The German retreat before Moscow (December 1941).

3. Stalingrad, which put paid to Hitler's "Napoleonic dream" of a conquest of the steppe East and India.

4. The invasion of North Africa, which was a complete surprise—the German believing that the convoys (sighted only as they passed Gibraltar) were destined for the Far East, for Malta, or, possibly, to land behind Rommel.

5. The Ardennes counter-attack—Hitler's own idea, of which this was a second blow which largely disastrous forces were held near Calais, might if the German manpower and tactics had better co-ordination their plans ... Werk lierniplukers' command-confined by Hitler, who controlled the whole operational part of the Sixth Panzer Army.

The saviours

HAD the U.S.S.R., the British Army of the Nile been defeated, in 1942, as they very nearly were ...

own immediate conquests that she had her strategy not to help Germany defeat Russia, and Great Britain but to accumulate her own profit.

Hitler emerges from the Report as responsible for the German debacle. Not only did he squander his resources with prodigality but antagonised them irretrievably by correcting them, and constantly throwing them front of the Report.

General Marshall states categorically that, for the main reasons, saved America from a war on her own soil. The greed and the mistakes of the war-makers on the one hand, and, on the other, "the heroic stands of the British and the Soviet people."

"The crisis had come and passed at Stalingrad and El Alamein before this nation [the U.S.] was able to gather sufficient resources to participate in the fight, in a determining manner.

"We can direct rockets to targets by electronic devices and new instruments which guide them accurately in masses of heat, light, sound or other radiation.

"Drawn by their own fuses, such new rockets will be unerringly tracted by the heat of the furnaces.

"They are so sensitive that in the space of a large room they ignore everything except the man who enters, in reaction to the heat of his body. ...

ranged in size from 200lb. to 2,000lb., with a few light ones. Almost without remark those new bombs have been developed throughout the Nazi regime from the small 4lb. anti-personnel missiles to 22,000lb. deep-penetration city-smashers.

"At this very moment we are making a single bomb weighing 44,000lb. To keep pace with a bomber, already under construction, which will carry such a load.

"Air ordnance engineers have blue-printed a bomb weighing 100,000lb.

Of rockets, General Marshall says that his weapon has necessarily, required missiles firing with little sacrifice in accuracy.

He says: "Defence against such weapons requires piloted aircraft capable of fantastic speeds, or powered missiles as guns and destroying the attacker in the air. ...

either continent in a matter of hours."

Such, comments the U.S. Chief of Staff, is the pattern of war in the 20th century.

"If this nation is ever again at war, suffering, as Britain did in this war, the disastrous misuse of rocket-propelled weapons with explosive power like our own atomic bomb, it will bleed and suffer the same sort of annihilation, unless we can move armies of men into the enemy's homes and reduce the factories and sites from which he launches his attacks."

There is, says General Marshall, no way to win a war, where two opponents are even remotely well-matched.

One gleam of optimism shines through the cataract of sombre fact and grim conclusion that make up the thousands of words of the Report.

"In the immediate years ahead the United Nations will unquestionably devote their sincere energies to the effort to establish a lasting peace. In my mind, there is no greater chance of success in this effort than ever before in history. ...

"Certainly the implications of atomic explosion will spur men of judgment, as they have never been before, to seek some new method whereby the peoples of the earth can live in peace and justice. ...

'At their peril'

BUT even this hope for the future is tempered. To the cobbler, there is nothing like leather: to the soldier, there is nothing like force.

"Nature tends to abhor weakness," he says. "We must, if we are to raise the hopes we may now dare have for lasting peace, embody that policy in physical strength. We must make it clear to the perpetual gangsters of the world that this nation means to preserve our peace by its forces at their peril."

General Marshall devotes a considerable section of his Report to the atomic bomb, and draws impressively on its revolutionary part in its overwhelming power and the lessons of history.

We can be certain that in the next war, if there is one, will be even more total than this one.

The corollary the Chief of Staff draws, with one eye on insidious, the other on economic, security, that it should be realised that other reserves of man-power and war production will take initially under enemy disposition ... and they must be organised and that they will be and any other situation developing. ...

"Yet they must in the same breath or inhibit the outbreak of prep.

If this Report be implemented America will have in peace-time the artillery organ suitable military ... actual and potential—in [?]

Erste Seite des in der New York Times vom 10. Oktober 1945 erschienenen Marshall-Reports.

sein konnte, dokumentiert der Umstand, dass er später noch zum US-Außenminister avancierte – ein Posten, der für gewöhnlich nur von kenntnisreichen, diplomatisch handelnden und absolut vertrauenswürdigen Personen besetzt wird, repräsentieren diese doch nach außen hin die USA.

Nun mag der eine oder andere Kritiker einwenden, dass hier ja »nur« zwei Zeitungsmeldungen zitiert wurden, aber kein offizieller Beleg für die Aussagen George C. Marshalls vorhanden sei. Dieses »Argument« ist keines, denn einerseits handelt es sich bei dem Artikel in der *New York Times* um eine von Marshall *persönlich* verfasste Einschätzung, die sogar seine Unterschrift trägt, andererseits existiert ein ausführliches offizielles Dokument, das die Auffassungen des US-Generalstabschefs wiederholt. Es handelt sich dabei um den auf der übernächsten Seite abgebildeten *Biennial Report of the Chief of Staff of the United States Army – July 1, 1943 to June 30, 1945 – to the Secretary of War –*, zu Deutsch: um den Abschlussbericht des Chefs des amerikanischen Generalstabes für den Zeitraum vom 1. Juli 1943 bis 30. Juni 1945 an den (US-)Kriegsminister, *published in the United States of America by the Government Printing Office. Reprinted by His Majesty's Stationery Office, London 1945.*

Dieser offizielle Bericht wurde Jahrzehnte später – zusammen mit anderen Lageeinschätzungen – nochmals herausgegeben, und zwar als *Biennial Reports of the Chief of Staff of the United States Army to the Secretary of War. 1 July 1939 – 30 June 1945. Center of Military History. United States Army, Washington, D. C., 1996.*

Die Informationen, die Marshall in der britischen *The Daily Mail* und der amerikanischen *New York Times* publizierte, lassen sich auch in dem offiziellen Abschlussbericht finden, der 1945 für einen bestimmten Kreis von Personen und Institutionen erstellt wurde und jahrelang der Geheimhaltung unterlag. In diesem Bericht finden sich auch andere Hinweise,

Victory in this global war depended on the successful execution of OVERLORD. That must not fail. Yet the Japanese could not be permitted meanwhile to entrench in their stolen empire, and China must not be allowed to fall victim to further Japanese assaults. Allied resources were searched through again and again, and strategy reconsidered in the light of the deficiencies. These conclusions seemed inescapable: France must be invaded in 1944, to shorten the war by facilitating the advance westward of the Soviet forces. At the same time German technological advances such as in the development of atomic explosives made it imperative that we attack before these terrible weapons could be turned against us. In addition, the pressure on the Japanese in the Pacific must not be relaxed. Communications with China must be reopened. Resources were allocated accordingly. The balance was extremely delicate but we had to go ahead.

Der Absatz aus dem 1945 erschienenen Marshall-Report* an den US-Kriegsminister, in dem erklärt wurde, dass die USA durch in Deutschland in Entwicklung befindliche »fürchterliche Waffensysteme« bedroht würden, weshalb ein Angriff unumgänglich gewesen sei.

---

* *Biennial Report of the Chief of Staff of the United States Army – July 1, 1943 to June 30, 1945 – to the Secretary of War.* Published in the United States of America by the Government Printing Office. Reprinted by His Mayesty's Stationery Office, London 1945, S. 27.

BIENNIAL REPORT OF
THE CHIEF OF STAFF OF
THE UNITED STATES ARMY
JULY 1, 1943 TO JUNE 30, 1945
TO THE SECRETARY OF WAR

PUBLISHED IN THE UNITED STATES OF AMERICA BY THE
GOVERNMENT PRINTING OFFICE

Reprinted by

HIS MAJESTY'S STATIONERY OFFICE, LONDON

1945

Price 2s. 6d. net

Deckblatt des Biennial Report of the Chief of Staff of the United States Army – July 1, 1943 to June 30, 1945 – to the Secretary of War *(1945), der von US-Generalstabschef George C. Marshall verfasst wurde.*

die scheinbar niemals von Historikern aufgegriffen wurden, was uns zeigt, dass man seitens der Geschichtsschreiber allzu oft eigenen Vorstellungen,»wie Geschichte sein sollte«, nachjagt, statt sich den *primären* Quellen zuzuwenden, die von militärischen Autoritäten verfasst worden sind. Dass der Report von Marshall keinen Eingang in die Betrachtung jener Historiker fand, die sich mit dem amerikanischen und deutschen Atomprogramm befassten, muss schon sehr verwundern. Marshall betont beispielweise, dass sich die Alliierten »übermenschlich anstrengen« (»superhuman efforts«) und »gigantische Mengen von Material« (»treemendous needs«) einsetzen mussten, um Deutschland so schnell wie möglich zu besiegen:

»The narrow margin on which we were compelled to allocate our resources so that Germany might be defeated at the earliest possible moment required superhuman efforts by troops and commanders ...«[*]

Die Mittel, die den Invasionstruppen monatlich zur Verfügung gestellt werden mussten, waren enorm:

»The following extract from a report by General Eisenhower indicates the severity of the campaign in France and illustrates the tremendous needs of our armies during this campaign, in addition to the routine consumption of huge quantities of gasoline and rations:

Losses of ordnance equipment have been extremely high. For instance, we must have as replacement items each month 36 000 small arms, 700 mortars, 500 tanks, 2400 vehicles, 100 field pieces. Consumption of artillery and mortar ammunition in northwestern Europe averages 8 000 000 round a

---

[*] *New York Times*, 10. Oktober 1945, Sonderanhang, Seite S2, Spalte 8. Siehe auch: *Biennial Reports of the Chief of Staff of the United States Army to the Secretary of War. 1 July 1939 – 30 June 1945.* Center of Military History. United States Army, Washington, D.C., 1996, S. 121, Spalte 2.

month. Our combat troops use up an average of 66 400 miles of one typ of field wire each month ...«*

Natürlich kann man diese enorme Eile und die damit verbundene Kraftanstrengung verstehen, wenn man weiß, welch furchtbare Waffen die Deutschen vorbereiteten: Atomsprengköpfe und Interkontinentalraketen. US-Generalstabschef George C. Marshall betonte ausdrücklich, dass selbst die gewaltigen Mittel der Alliierten nicht ausgereicht hätten, um den Erfolg der für 1944 vorgesehenen Invasion zu garantieren, das ganze Vorhaben hätte genauso gut schief gehen können. Man hatte in diesem Fall aber keine Wahl: Das Unternehmen *Overlord* (Deckname für die Invasion in der Normandie) musste in diesem Jahr (1944) stattfinden. Die Zeit wurde offensichtlich knapp:

»Victory in this global war depended an the successful execution of OVERLORD. That must not fail. Yet the Yapanese could not be permitted meanwhile to entrench in their stolen empire, and China must not be allowed to fall victim to further Japanese assaults. Allied ressources were searched through again and again, and strategy reconsidered in the light of the deficiencies. These conclusions seemed inescapable: France must be invaded 1944, to shorten the war by facilitating the advance westwards of the Societ forces. At the same time German technological advances such as in the development of atomic explosives made it imperative that we attack before these terrible weapons could be turned against us. In addition, the pressure an the Japanese in the Pacific must not be releaxed. Communications wich China must be reopened. Ressources

---

* *Biennial Report of the Chief of Staff of the United States Army – July 1, 1943 to June 30, 1945 – to the Secretary of War.* Published in the United States of America by the Government Printing Office. Reprinted by His Mayesty's Stationery Office, London 1945, S. 38, Spalte 1. Siehe auch: *Biennial Reports of the Chief of Staff of the United States Army to the Secretary of War. 1 July 1939 – 30 June 1945.* Center of Military History. United States Army, Washington, D. C., 1996, S. 140, Spalte 1.

were allocated accordingly. The balance was extremeley delicate but we had to go ahead.«*

Marshall lässt wissen, dass die Kriegslage im Jahre 1944 keineswegs so klar war, wie das heutzutage in zahlreichen geschichtlichen Darstellungen immer wieder behauptet wird. Und dann geht er noch einen Schritt weiter, indem er berichtet, dass die US-Ostküste bei Kriegsende bereits durch vom europäischen Kontinent aus startende feindliche Flugkörper gefährdet wurde! Sich auf Hermann Göring, den Chef der deutschen Luftwaffe, beziehend, lässt Marshall wissen, dass von deutscher Seite geplant gewesen sei, die US-Ostküstenstädte innerhalb von zwei Jahren mit Raketen anzugreifen, einzelne Angriffe wären aber schon *sehr viel früher* vorgesehen gewesen! (Wie ernst die Gefahr war, ließen amerikanische Medien kurz darauf durchblicken, wir werden darauf zurückkommen). Marshall wörtlich:

»Between Germany and America in 1914 and again in 1939 stood Great Britain and the USSR, France, Poland, and other countries of Europe. Because the technique of destruction had not progressed to its present peak, the nations had to be eliminated and the Atlantic Ocean crossed by ships before our factories could be brought within the range of the enemy guns. At the close of the German war in Europe they were just an the outer fringes of the range of fire from an enemy in Europe. Goering stated alter his capture that is was a certainty the eastern American cities would have been under rocket bombardment had Germany remained undefeated for two more

---

* *New York Times*, 10. Oktober 1945, Sonderanhang, Seite S3, Spalte 7. Siehe auch: *Biennial Report of the Chief of Staff of the United States Army – July 1, 1943 to June 30, 1945 – to the Secretary of War.* Published in the United States of America by the Government Printing Office. Reprinted by His Mayesty's Stationery Office, London 1945, S. 27, Spalte 2 bzw. *Biennial Reports of the Chief of Staff of the United States Army to the Secretary of War. 1 July 1939 – 30 June 1945.* Center of Military History. United States Army, Washington, D. C., 1996, S. 132, Spalte 2.

years. The First attacks would have started mach sooner. The technique of war has brought the United States, its homes and factories into the front line of world conflict. They escaped destructive bombardment in the second World War. They would not in a third.«*

Kein Wunder, dass Marshall in dem Artikel der britischen Tageszeitung *The Daily Mail* am 10. Oktober 1945 in der Schlagzeile behauptete, Amerika würde – in einem ähnlichen Krieg, wie es der Zweite Weltkrieg war, und unter Berücksichtigung der Anwendung der neuen Waffentechnologien –, wenn es unvorbereitet wäre, beim nächsten Mal ausgelöscht werden (»Next time: America might be annihilated«).

Marshall warnte vor allem das amerikanische Volk mehrfach vor der großen Gefahr, die die Kombination Interkontinentalrakete plus Atombombe in Zukunft für seine Sicherheit darstellen könnte. Er schrieb, und wir wollen das nochmals wiederholen, dass die meisten Amerikaner bisher gar nicht begriffen hätten, was die formlose Ausradierung von Berlin und japanischen Städten bedeute und dass es aufgrund der bekannt gewordenen neuen Waffen möglich sei, große amerikanische Städte innerhalb von Stunden zu vernichten:

»All these weapons and their possible combinations make the air approaches of a country the points of extreme danger. Many Americans do not yet understand the fall implication of the formless rubble of Berlin and of the cities of Japan. With the continued development of weapons and techniques now known to us, the cities of New York, Pittsburgh, Detroit, Chica-

---

* *New York Times*, 10. Oktober 1945, Sonderanhang, Seite S11, Spalte 8. Siehe auch: *Biennial Report of the Chief of Staff of the United States Army – July 1, 1943 to June 30, 1945 – to the Secretary of War*. Published in the United States of America by the Government Printing Office. Reprinted by His Mayesty's Stationery Office, London 1945, S. 118, Spalten 1–2 bzw. *Biennial Reports of the Chief of Staff of the United States Army to the Secretary of War. 1 July 1939 – 30 June 1945*. Center of Military History. United States Army Washington, D. C., 1996, S. 210, Spalte 1.

go, or San Francisco may be subject to annihilation from other continents in a matter of hours ...«*

»Such is the pattern of war in the 20th Century. If this nation is ever again at war, suffering, as Britan did in this war, the disastrous attacks of rocket-propelled weapons wich explosive power like our own atomic bomb, it will bleed and Buffer perhaps to the point of annihilation, unless we can move armies of men into the enemy's bases of operations and Beize the sites from which he launches his attacks.«**

Doch damit nicht genug. George C. Marshall warnte seine Landsleute auch vor vielen anderen neuartigen Waffenentwicklungen – die ganz offensichtlich deutscher Herkunft waren –, beispielsweise vor Infrarotzielsuchköpfen, die die Raketen punktgenau treffen lassen würden. Allerdings unterlägen viele dieser Waffensysteme höchster Geheimhaltung. Marshall geht kurz darauf ein und nimmt dabei Bezug auf einen geheimen Bericht des US-Luftwaffenchefs General Arnold:

»Much of the information has until now properly been classified highly secret in our development research laboratories, at our testing establishments, or in the combat units.

---

* *New York Times*, 10. Oktober 1945, Sonderanhang, Seite S1, Spalte 8. Siehe auch: *Biennial Report of the Chief of Staff of the United States Army – July 1, 1943 to June 30, 1945 – to the Secretary of War*. Published in the United States of America by the Government Printing Office. Reprinted by His Mayesty's Stationery Office, London 1945, S. 5, Spalten 1 und 2 bzw. *Biennial Reports of the Chief of Staff of the United States Army to the Secretary of War. 1 July 1939 – 30 June 1945*. Center of Military History. United States Army Washington, D. C., 1996, S. 110, Spalte 2.

** *New York Times*, 10. Oktober 1945, Sonderanhang, Seite S1, Spalte 8. Siehe auch: *Biennial Report of the Chief of Staff of the United States Army – July 1, 1943 to June 30, 1945 – to the Secretary of War*. Published in the United States of America by the Government Printing Office. Reprinted by His Mayesty's Stationery Office, London 1945, S. 5, Spalte 2 bis S. 6, Spalte 1 bzw. *Biennial Reports of the Chief of Staff of the United States Army to the Secretary of War. 1 July 1939 – 30 June 1945*. Center of Military History. United States Army Washington, D. C., 1996, S. 111, Spalte 1.

However, it is now so important that the people of the United States realize the possibilities of the future, that I here quote from General Arnold's report:

›… When World War II began we had no rockets. So far the most spectacular rocket of the war has been the V-2. This weapon has extended artillery range to 200 miles wich little sacrifice in accuracy. Defence against such weapons requires piloted and pilotless aircraft capable of fantastic speeds, or powered missiles capable of finding, intercepting, and destroying the attacker in the air and at his launching sites or by methods and devices as yet undeveloped. We can direct rockets to targets by electronic devices and new instruments which guide them accurately to sources of heat, light and magnetism. Drawn by their own fuses such new rockets will streak unerringly to the heart of big factories, atrracted by the heat of the furnaces. They are so sensitive that in the space of a large room the aim themselves toward a man who enters, in reaction to the heat of his body.‹«*

Der bei Marshall zitierte geheime Arnold-Bericht offenbart, dass den Amerikanern Informationen und wohl auch Technologien zugänglich wurden, die ferngesteuerte Raketen betrafen, die mit Sensoren ausgestattet beliebige Ziele angreifen könnten, die ihrerseits beispielsweise Wärme ausstrahlen würden (Fabrikschornsteine, lebende Ziele etc.)

Der US-Generalstabschef wies auf Basis seines Reports darauf hin, dass die Vereinigten Staaten darauf vorbereitet sein

---

* *New York Times*, 10. Oktober 1945, Sonderanhang, Seite S1, Spalten 7–8. Siehe auch: *Biennial Report of the Chief of Staff of the United States Army – July 1, 1943 to June 30, 1945 – to the Secretary of War*. Published in the United States of America by the Government Printing Office. Reprinted by His Mayesty's Stationery Office, London 1945, S. 4, Spalte 2 bis Seite 5, Spalten 1 und 2 bzw. *Biennial Reports of the Chief of Staff of the United States Army to the Secretary of War. 1 July 1939 – 30 June 1945. Center of Military History*. United States Army, Washington, D.C., 1996, S. 110, Spalte 2 bis Seite 111, Spalte 1.

müssten, eine strategische Umklammerung mit den angesprochenen Waffen zu verhindern. Es sei klar, dass die einzige Verteidigung gegen diese (neue) Art der Kriegführung die Möglichkeit zum Angriff darstelle. Marshall: »Wir müssen deshalb unsere Nation dadurch schützen, dass wir selbst Waffen, Sondereinheiten und Technologien erhalten und entwickeln, die nötig sind, Aggressoren zu warnen und abzuschrecken, einen vernichtenden Krieg gegen uns zu führen.«

Selbstverständlich geht George C. Marshall auch auf die Atombombe ein und spricht von ihr als eine »amerikanische Erfindung«. Es sei gelungen, die Deutschen in der Entwicklung dieser Waffe zu überrunden.* Logischerweise konnte (und durfte) er gar nichts anderes behaupten. Aber der Widerspruch mit der oben gemachten Behauptung – dass die Alliierten unbedingt 1944 in der Normandie landen *mussten*, um die tödliche Bedrohung, die von den deutschen Technologieentwicklungen ausgingen, abzuwenden – ist ganz offensichtlich und erscheint sogar lächerlich. Denn wenn die Amerikaner mit ihrer Atombombe schneller als die Deutschen gewesen wären, hätten sie a) die deutsche »Siegeswaffe« (Interkontinentalrakete mit Atomsprengkopf) nicht so sehr fürchten und b) die gefahrvolle Invasion in Frankreich nicht unbedingt noch im Jahre 1944 durchführen müssen. Oder sollen wir tatsächlich glauben, dass den alliierten Militärs und Geheimdiensten keine guten und zuverlässigen Berichte über die deutschen Waffenfortschritte vorlagen, als sie sich entschlossen, die alles entscheidende Operation *Overlord* zu beginnen?

---

* *New York Times*, 10. Oktober 1945, Sonderanhang, Seite S9, Spalte 3. Siehe auch: *Biennial Report of the Chief of Staff of the United States Army – July 1, 1943 to June 30, 1945 – to the Secretary of War.* Published in the United States of America by the Government Printing Office. Reprinted by His Mayesty's Stationery Office, London 1945, S. 95, Spalten 1 und 2 bzw. *Biennial Reports of the Chief of Staff of the United States Army to the Secretary of War. 1 July 1939 – 30 June 1945.* Center of Military History. United States Army, Washington, D.C., 1996, S. 191, Spalte 2.

Bilder sagen mehr als tausend Worte ... Die US-Militärzeit-schrift Parade *veröffentlichte im Januar 1953 auf ihrer Titel-seite dieses Bild: Es zeigt den Start des amerikanischen V-1-Nachbaues von Bord eines aufgetauchten U-Bootes. Dieses Verfahren war bereits während des Krieges von deutscher Seite konzipiert worden – den Amerikanern fiel nichts Besse-res ein, weshalb man es eins zu eins kopierte.*

Man bedenke bitteschön, dass 1944 das entscheidende Jahr für die deutsche Atombombe war. Aus Zeugenberichten geht hervor, dass die »Bombe« seit dem Sommer 1944 als Prototyp fertig war und dann (letztmalig?) im Oktober 1944 im Norden Deutschlands getestet wurde. Der zeitliche Ablauf passt. Die Amerikaner hatten keine Wahl, sie mussten losschlagen, koste es, was es wolle – denn die Deutschen waren technologischerseits ganz offensichtlich im Vorsprung und stellten damit eine *tödliche* Bedrohung für die Vereinigten Staaten und ihre eigenen Kriegsziele dar!

Noch eine letzte Bemerkung: Marshall behauptet indirekt – was angesichts der offiziellen Geschichtsschreibung verwundert –, dass Deutschland, Italien und Japan überhaupt keine Weltbeherrschungspläne hatten und deshalb natürlich auch keinen Weltkrieg vorbereiteten:

»As evaluated by the War Department General Staff, the interrogation of the captured German commanders disclose the following: The available evidence shows that Hitler's original intent was to create, by absorption of Germanic peoples in the areas contiguous to Germany and by the strengthening of new frontiers, a greater Reich which would dominate Europe. To this end Hitler pursued a policy of opportunism which achieved the occupation of the Rhineland, Austria, and Czechoslovakia without military opposition. No evidence has yet been found that the German High Command had any overall strategic plan. (...)

When Italy entered the war Mussolin's strategic aims contemplated the expansion of his empire under the cloak of German military success. Field Marshal Keitel reveals that Italy's declaration of war was contrary to her agreement with Germany. Both Jodl and Keitel agree that it was undesired. (...)

Nor is there evidence of close strategic coordination between Germany and Japan. (...)

In the absence of any evidence so far to the contrary, it is believed that Japan also acted unilaterally and not in accordance with a unified strategic plan.«* In freier Übersetzung heißt das: Keine der drei Achsenmächte plante oder erwartete einen *Welt*krieg. Deutschland wollte nur die stärkste Macht in Europa sein, Japan wollte dieselbe Rolle in Ostasien spielen. Italien hatte sogar noch weniger Ambitionen in dieser Hinsicht und stieg erst dann in den Krieg ein, als sich die Möglichkeit abzeichnete, ein eigenes kleines Reich im Mittelmeerraum aufzubauen. Japan und Deutschland hatten, so Marshall, ihre Angriffe nie koordiniert, es gab keine gemeinsame *globale* Strategie (also *weltweite* Aggressionspläne), und Italien war eher eine Last als eine Hilfe für Deutschland! Das Ironische bzw. Merkwürdige ist, dass Marshall gleich nach diesen erstaunlichen Behauptungen Japan, Deutschland und Italien als »three criminal nations« (»drei kriminelle Nationen«) bezeichnet, auch wenn er dafür in diesem Moment gar keine Gründe aufzeigen kann. Aber natürlich musste diese Formulierung kommen – sie wurde vom Oberbefehlshaber der alliierten Armeen zwangsläufig *aus politischen Gründen* erwartet, denn das US-Establishment tat alles, um das eigene Eingreifen in den Zweiten Weltkrieg als moralisch gerechtfertigt erscheinen zu lassen, ein Mythos, der bis heute fortbesteht, aber kaum zu rechtfertigen ist.**

Der US-Generalstabschef dürfte natürlich beim Verfassen seines finalen Reports an den Kriegsminister auf zahlreiche

---

* *Biennial Report of the Chief of Staff of the United States Army – July 1, 1943 to June 30, 1945 – to the Secretary of War.* Published in the United States of America by the Government Printing Office. Reprinted by His Mayesty's Stationery Office, London 1945, S. 1, Spalte 2 bis Seite 2, Spalte 1. Dasselbe wird in der 1996er-Ausgabe wiederholt: *Biennial Reports of the Chief of Staff of the United States Army to the Secretary of War.* 1 July 1939 – 30 June 1945. Center of Military History. United States Army Washington, D. C., 1996, S. 107, Spalte 2.
** Siehe dazu: Jaques R. Pauwels: *Der Mythos vom guten Krieg. Die USA und der 2. Weltkrieg*, 2. Auflage, PapyRossa-Verlag, Köln 2003.

Flächenbombardements zur Ausschaltung der deutschen Atombombengefahr?

Schon früher hatten wir vermutet, dass die von den angloamerikanischen Bomberflotten durchgeführten Flächenbombardements einen anderen, bis heute weitestgehend verschwiegenen Hintergrund gehabt haben könnten. Unsere Fragestellung lautete in diesem Zusammenhang, ob Briten und Amerikaner deshalb Städte wie Plauen, Würzburg oder Dresden in Schutt und Asche legten (was genau genommen militärisch völlig sinnlos war, wenn man vom Standpunkt der etablierten Geschichtsschreibung nach einer Erklärung sucht), weil sie unter allen Umständen die Fertigstellung der deutschen Atomwaffe verhindern wollten. Wir wurden für diese Hypothese heftig kritisiert. Mittlerweile fanden wir allerdings die Bestätigung für unsere Annahme: In einem in der *Chicago Daily Tribune* vom 28. September 1945 auf Seite 12 erschienenen Artikel wurde dieser Sachverhalt vollauf bestätigt – von keinem Geringeren als Major Alexander de Seversky, einem in den USA bekannten Luftfahrtingenieur, der nach dem Kriegsende auch den früheren deutschen Reichsmarschall Hermann Göring zu Fragen der deutschen Luftwaffenentwicklungen verhört hatte und für seine Leistungen im Jahre 1947 vom US-Präsidenten Harry Truman ausgezeichnet worden war. In dem mit »Atomic Energy Control Board voted in Senate« überschriebenen Artikel wurde unter dem Absatz »Nazi Progress Told« de Seversky zitiert, wonach die alliierten strategischen Bombenangriffe auf Deutschland die Nazis daran gehindert hätten, als Erste die Atombombe einzusetzen!!!

Wir mussten angesichts dieser Bestätigung feststellen, dass wir in Bezug auf unsere früher aufgestellten Behauptungen und Vermutungen wohl ins Schwarze getroffen hatten. Wenn man die Geschichte des Krieges vollständig verstehen will, muss man wohl davon ausgehen, dass alles, was von alliierter Seite ab 1944 (vielleicht auch schon früher) unternommen wurde, nur zwei Zielen diente: 1) den Einsatz der neuen deutschen Wunderwaffen, zu denen auch die Atomwaffe gehörte, um

Nazi Progress Told

Earlier the war department made public a report by Maj. Alexander de Seversky saying that allied strategic bombing of Germany may have prevented the Nazis from being the first to use atomic bombs. De Seversky, aircraft designer and aviation writer, returned recently

jeden Preis zu verhindern (wobei man aufgrund der Unkenntnis der exakten Entwicklungs- und Produktionsstandorte alles in Schutt und Asche legte, was irgendwie verdächtig erschien) und 2) selbst in den Besitz dieser Technologien zu gelangen. Erkennt man diese Zusammenhänge, wird klar, warum die alliierten Luftflotten einen regelrechten Bombenterror gegen Deutschland realisierten – sie konnten aus ihrer Sicht gar nicht anders, wollten sie der eigenen Vernichtung entgehen.

Leider mussten diesen Wahnsinn Hunderttausende deutscher Zivilisten mit ihrem Leben bezahlen: Kinder, Frauen, ältere Menschen. Der Krieg war ins Land seines Ursprungs zurückgekommen und auch hier pervertiert. Standen sich früher Soldaten in der Schlacht gegenüber, so wurden jetzt vor allem Zivilisten massakriert.

Materialien zurückgegriffen haben, die nur wenige Menschen je zu Gesicht bekamen. Es ist in jedem Falle erstaunlich, dass der seinerzeit höchste US-Militär in seinen Anmerkungen zum Kriegsverlauf und zur Phase des Kriegsendes teilweise zu ganz anderen Schlüssen und Ergebnissen gelangte als die etablierte Historikerschaft, die – schon aus Geheimhaltungsgründen – über viele Vorgänge gar nicht unterrichtet ist. Marshalls Wort hat massivstes Gewicht, denn er war an allerhöchster Stelle direkt beteiligt, verfügte über alle Informationen (auch die der »Dienste«) und hatte Kenntnis von Vorgängen, die sich aus gewissen Gründen Historikern niemals erschließen werden. Seine Aussagen sind ein *Beweis* für die von uns aufgestellte Behauptung, dass die bisherige Geschichtsschreibung in Bezug auf die deutsche Hochtechnologie – formulieren wir es sehr zurückhaltend – nicht den Tatsachen zu entsprechen scheint und dass deutsche Wissenschaftler, Techniker und Ingenieure an etwas arbeiteten, das die verantwortlichen amerikanischen Dienststellen auf das Höchste erschreckte.

Nach dem Kriegsende konnte man diese Tatsache, jedenfalls nach Marshalls Ansicht, durchaus in groben Zügen wissen lassen, um der eigenen Bevölkerung aufzuzeigen, dass man um Haaresbreite einer Katastrophe entgangen war und dass man nunmehr selbst alles dafür tun müsse, die erbeutete Technologie für die eigenen Zwecke zu nutzen: Die USA sollten nie wieder schutzlos einer solchen Bedrohung ausgesetzt sein!

Es versteht sich von selbst, dass große Teile der amerikanischen Bevölkerung sich die neuen Technologien nur schwer bildhaft vorstellen konnten. Deshalb sorgte Marshall dafür, dass die US-Medien das Notwendige taten, um die Schrecken des neuen technologischen Zeitalters unters Volk zu bringen.

Ein besonders interessantes Beispiel in Bezug auf die nun beginnenden Medienaktivitäten war ein Artikel in dem bekannten US-Magazin *Life*. Unter dem Titel »The 36-hour War«

wurde das Szenario eines mit Interkontinentalraketen durchgeführten feindlichen Atomwaffenschlages auf die Vereinigten Staaten von Amerika dargestellt. Kein Geringerer als General Henry H. Arnold, kommandierender Offizier (United States Air Chief) der *US Army Air Force* (USAAF), informierte die Öffentlichkeit über die Konsequenzen, die sich aus dem Vorhandensein der neuen Waffentechnologien ergaben. General Arnold betonte dabei besonders, dass zahlreiche US-Verantwortliche eine gefährliche Naivität in Bezug auf die neuen Möglichkeiten der Technik gezeigt hätten und dass es Zeit sei, das sich bietende Potenzial zu nutzen. Dem aufmerksamen Leser wurde an dieser Stelle schon klar, dass es sich dabei anscheinend um Informationen und Technologien handelte, die »nicht auf dem eigenen Mist gewachsen waren«, sondern die man in Europa erbeutet hatte, denn noch vor kurzer Zeit hatten US-Experten glaubhaft versichert, dass es technisch nicht möglich sei, eine Rakete von Kontinent zu Kontinent zu schicken.

Es gibt dafür ein passendes Beispiel: Im Dezember 1944 tauchten in der britischen, amerikanischen und skandinavischen Presse Meldungen auf, in denen auf die Drohung des deutschen Rüstungsministers Speer, in Kürze würde New York durch »Raketenbomben« angegriffen werden, behandelt wurde. In der Stockholmer Zeitung *Aftontidningen* erschien am 2. Dezember 1944 ein Artikel mit der (übersetzten) Überschrift: »Raketenbomben für New York fertig in diesem Jahr?« Minister Speer wurde darin zitiert, dass man nach den zufriedenstellenden Einsätzen mit der V-2 nunmehr die V-3 vorbereite, um New York zu beschießen. Dieses System sei so weit fortgeschritten, dass man davon ausgehen könne, dass der erste Probeflug noch im Dezember 1944 stattfinden werde.

Die Drohung saß. Der damalige New Yorker Bürgermeister Fiorello La Guardia erklärte am 10. Dezember 1944 während einer Radiosendung, dass für den Fall, die Deutschen würden

Erste Seite des in Life im November 1945 erschienenen Artikels »The 36-hour War«, der von General Arnold stammte. Hierin wurde über Interkontinentalraketen mit Atomsprengköpfen, Radar- und Frühwarntechnik, die katastrophalen Folgen eines Nuklearkrieges und sogar über ein weltraumgestütztes Raketenabwehrsystem (!!!) informiert. Für die amerikanische Öffentlichkeit musste das alles wie Science-Fiction klingen. (Life)

eine wehrlose Stadt beschießen, die Bürger der Stadt New York in den kommenden 100 Jahren keinen Handel mehr mit dem Nazi-Staat treiben würden. Diese Antwort wurde am 14. Dezember 1944 in der *New York Times* abgedruckt, zusammen mit der Reaktion der deutschen Seite, die für unsere Betrachtungen hier nicht weiter von Interesse ist.*

Um die Bevölkerung New Yorks zu beruhigen – man nahm die deutsche Drohung sehr ernst, sonst hätte sich der Bürgermeister niemals dazu geäußert –, hatte La Guardia bereits am 10. Dezember, dem Tag seiner Radioansprache, einen amerikanischen Raketenexperten zu Wort kommen lassen. Diese angebliche Autorität behauptete, solch weitreichende Raketen seien nicht möglich. Es handelte sich dabei um Alfred Africano, den Präsidenten der *American Rocket Society*, der vom bekannten Wissenschaftsredakteur der *New York Times*, Waldemar Kaempffert, zu den Möglichkeiten der Raketentechnik befragt wurde.

Ob die Mitteilung des wissenschaftlichen Experten die New Yorker wirklich beruhigte, sei dahingestellt. Aber sie ist insofern interessant, als sie zeigt, dass die Amerikaner derartige Technologien im Dezember des Jahres 1944 für *unmöglich* hielten, hinkten sie doch mit ihrer eigenen Raketenforschung um Jahre hinter den deutschen Entwicklungen hinterher.

Wie ist es dann aber zu erklären, dass Luftwaffenchef Arnold nicht einmal ein Jahr später, im November 1945, seine Landsleute über die neuen Möglichkeiten der Kriegsführung informierte und in diesem Zusammenhang von interkontinentalen, atomwaffenbestückten Raketen sprach, deren Möglichkeiten durch bildliche Darstellungen in *Life* bestens illustriert wurden? War ein Wunder unerhörten Ausmaßes geschehen?

Noch deutlicher war General Arnold in einer wenige Tage

---

* Für weitere Informationen siehe: Edgar Mayer & Thomas Mehner: *Das Geheimnis der deutschen Atombombe. Gewannen Hitlers Wissenschaftler den nuklearen Wettlauf doch?*, Kopp Verlag, Rottenburg 2001, S. 54 ff.

zuvor in New York herausgegebenen Meldung geworden, auf die sich die britische *The Daily Mail* am 20. Oktober 1945 bezog und die den Titel »V Bombs to go 3000 miles« trug. Hierin wurde behauptet, dass man in den Vereinigten Staaten nunmehr »V-Bomben« perfektioniert habe, die eine Reichweite von 3000 Meilen erzielen könnten. (Die Meldung beruhte auf einer Aussage Arnolds, die vom *United States Senate Military Committee* veröffentlicht worden war.)

Da die USA keine weitreichenden Raketen aus eigener Entwicklung und Herstellung besaßen (weil sie diese für technisch unmöglich hielten), ja nicht einmal etwas Ähnliches wie die V-2 im Bestand hatten, musste es sich bei einem Waffensystem, das 3000 Meilen zurücklegen konnte, logischerweise um Beutegut handeln. Man kann zudem nur etwas »perfektionieren«, was in weiten Teilen fertigentwickelt bzw. als Prototyp vorhanden war. Demzufolge ist davon auszugehen, dass die V-3 physisch existierte und die spätere Behauptung, dieses System sei nur auf den Reißbrettern der deutschen Ingenieure existent gewesen, eine der größten technologischen Unwahrheiten des 20. Jahrhunderts ist.

Und dass die amerikanischen Streitkräfte seit dem Dezember 1944 in Blitzesschnelle eine eigene 3000-Meilen-Raketen einsatzbereit entwickeln konnten, ist absolut auszuschließen. Dazu hätte es eines göttlichen Wunders bedurft.

Zurück zum *Life*-Artikel. Dieser machte den Amerikanern nicht nur auf dramatische Weise klar, welche Vernichtungskapazität die neue Technologie bot – Luftwaffenchef Arnold sprach in diesem Zusammenhang von 10 000 000 Menschen, die augenblicklich auf seiten der US-Bevölkerung bei einem überraschenden Angriff getötet werden könnten –, sondern zeigte auch Möglichkeiten auf, wie man sich vor einer solchen gegnerischen Attacke schützen könne. Unter anderem wurde dabei auf die Einrichtung großer unterirdischer Militärbasen zur Raketenproduktion und für den Raketenabschuss verwiesen, die Krönung des Ganzen war aber die Einrichtung eines weltraumgestützten Raketenabwehrsystems, das im Ernstfall anfliegende feindliche Interkontinentalraketen mit ihren Atomsprengköpfen abfangen sollte. Man muss sich das Ganze einmal »auf der Zunge zergehen lassen«: Ende 1944 besaßen die Amerikaner nicht einmal vage Vorstellungen von diesen Technologien, Ende 1945 dachten sie aber schon darüber nach, ein erstes SDI-Projekt in Angriff nehmen! Wer es jetzt noch nicht begriffen hat, wird es nimmermehr begreifen: Dieses Knowhow hatten die Amerikaner aus dem besiegten Deutschland herausgeholt, und es bedeutete für sie einen technologischen Riesensprung sowie die Möglichkeit, zu einer Großmacht aufzusteigen! Deshalb die Geheimhaltung: Es ist nämlich nicht von Vorteil, wenn die Grundlagen der Weltmacht auf der erbeuteten Nazi-Technologie fußen!

Die Frage, die sich angesichts derartiger Sachverhalte beinahe zwangsläufig stellt, lautet: Wenn die Alliierten – und hier vor allem die USA – weitreichende Technologieentwicklungen später als eigene Erfindungen ausgaben (die nur noch zu perfektionieren waren), wie weit waren diese bis zum Kriegsende in Deutschland tatsächlich gediehen?

Wir gehen davon aus – und für uns gibt es diesbezüglich kaum mehr offene Fragen –, dass die deutsche Atombombe als Prototyp fertig war. Das Trägersystem, das sie in die USA bringen sollte, dürfte als Prototyp ebenso verfügbar gewesen sein, wobei wir hiermit die interkontinentale Raketen meinen, die für den Einsatz gegen die Ostküstenstädte vorgesehen war. Dessen ungeachtet wurden auch spezielle Langstreckenbomber, U-Boote und noch zwei andere, etwas unkonventionelle Fluggerät ins Auge gefasst – einer davon war der Sängerbomber –, um die deutsche Nuklearwaffe nach New York zu transportieren. Man verließ sich deutscherseits nicht nur auf ein Transportmittel, schon gar nicht, wenn das betreffende System noch über gewisse »Kinderkrankheiten« verfügte.

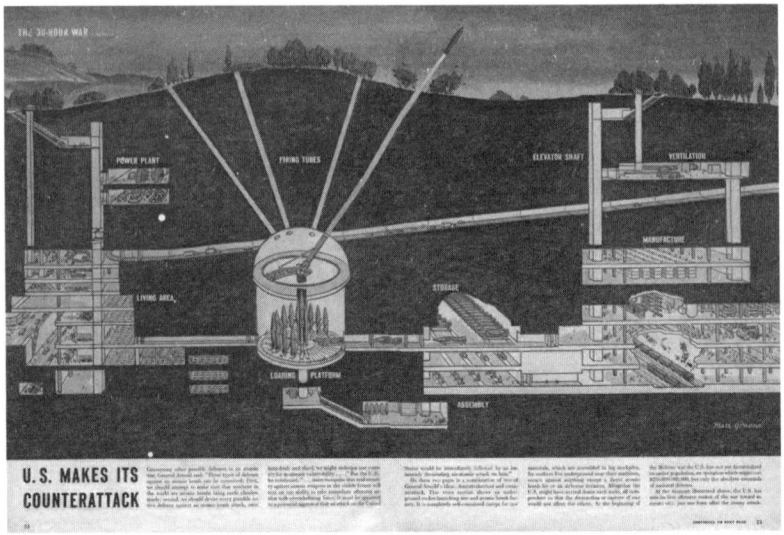

Vorschlag für eine Untergrundanlage, in der die Raketenproduktion und von der aus der Verschuss von Raketen mit
kernwaffenbestückten Sprengköpfen erfolgen sollte. (Life)

Die Öffentlichkeit glaubt,
dass die ursprüngliche Idee
für ein weltraumgestütztes
Raketenabwehrsystem auf
die 1970er-Jahre zurück-
gehe. Dies entspricht nicht
den Tatsachen. Schon 1945
wurde seitens der USA ein
solches System erwogen, das
in seinen Grundlagen auf
deutschen Planungen fußte.
(Life)

Ein an der Interkontinentalraketen-Entwicklung direkt beteiligter Augenzeuge ließ uns wissen, dass der mengenmäßige Einsatz der A-9/A-10 ab *Oktober* 1945 gegen die Vereinigten Staaten vorgesehen war – ein anderer Beteiligter informierte uns, dass die *Produktions*linie für die »Amerikarakete« in Thüringen seit Anfang April 1945 stand. Die Angabe »Oktober 1945« ist beinahe das Datum, das die Amerikaner selbst in einem Beitrag der populärwissenschaftlichen Zeitschrift *Popular Science* erwähnten, der im Jahre 1947 unter dem Titel »Transatlantic Roller Coaster Designed To Bomb U. S. A.« publiziert wurde. Hierin wurde erwähnt, dass die A-9/A-10 »Anfang 1946« mit ihren Einsätzen gegen die amerikanische Ostküste starten sollte!

Derlei Informationen waren in den ersten Jahren nach dem Ende des Zweiten Weltkrieges recht häufig zu vernehmen, wie bereits in früheren Büchern aus unserer Feder ausführlich gezeigt werden konnte. Nach dem Beginn des Kalten Krieges mit der Sowjetunion wurden derartige Berichterstattungen allerdings selten, bis sie fast völlig verschwanden. Und heute findet man diese erstaunliche Offenheit so gut wie überhaupt nicht mehr, stattdessen wird unisono betont, dass alles ganz anders gewesen sei und die fortschrittlichen deutschen (Waffen-)Projekte allesamt nicht über das Reißbrettstadium hinausgekommen seien. Welch eine Verdrehung der Tatsachen!

An dieser Stelle ließen sich zahlreiche weitere Beispiele aufführen, die zeigen, dass die Wahrheit eine andere ist. Während des Krieges gab es selbst in allerhöchsten alliierten Regierungsstellen massivste Befürchtungen in Hinblick auf die technologischen Möglichkeiten der Deutschen. Und danach merkwürdige Vorgänge. Wir wollen uns hier auf einige wenige Beispiele beschränken, die dokumentieren, dass die offiziell gültige Lehrmeinung falsch ist.

Beispiel Nr. 1: Kennen Sie Michael Beschloss? Nein? Sollten Sie aber! Er gilt als einer der renommiertesten US-ameri-

136

kanischen Historiker (laut *Newsweek)*. Beschloss verfasste im
Jahre 2002 ein Buch über die beiden Präsidenten Roosevelt
und Truman sowie ihre Rolle bei der Niederwerfung Hitler-
Deutschlands. Sein Titel: *The Conquerors. Roosevelt, Truman
and the Destruction of Hitler's Germany 1941–1945.* In ihm
sind einige merkwürdige Informationen enthalten, die nicht
ins Bild der etablierten Geschichtsschreibung passen, nach der
Deutschland zu keiner Zeit über eine Atombombe verfügte:
»Roosevelt was privately Meditating an the race against the
German to build an atomic bomb. On Saturday, December 9,
he confided to Margaret Suckley over dinner, as she recorded
in her diary, that he had just gotten ›a secret report from a
German source‹ that the Germany had developed a ›bomb
which will kill by concussion everything within a mile. They
are planning to use it on New York [to breake American]
morale ... not seeming to realize that it will have the exact
opposite effect. ... He said that in the next war, the side which
First uses these new explosives will undoubtely win.‹

The President inaccurately told his friend that ›the Germans
are qay ahead of us in that direction, through we are doing a lot
of research trying to catch [up] to them‹.*

In freier Übersetzung: Präsident Roosevelt vertraute am
9. Dezember 1944 Margaret Suckley, mit der er eine Mahlzeit
einnahm, einige Informationen an, die sie in ihrem Tagebuch
festhielt. Roosevelt hatte gerade ein geheimes Dokument aus
einer deutschen Quelle bekommen, das wissen ließ, dass die
Deutschen eine Bombe entwickelt hatten, die in einem Umkreis von einer Meile (ca. 1,6 Kilometer, Anm. d. Autoren)
jegliches Leben vernichten könne. Die deutsche Planung sehe
vor, diese Waffe gegen New York einzusetzen, um die amerikanische Moral zu brechen; Roosevelt meinte aber, dass das

* Michael Beschloss: *The Conquerors. Roosevelt, Truman and the
Destruction of Hitler's Germany 1941–1945,* Simon & Schuster, New York/
London/Toronto/Sydney/Singapore 2002, S. 171.

wohl den genau gegenteiligen Effekt verursachen würde. Suckley notierte weiter, dass ihr der Präsident erklärte, dass die Deutschen in dieser Beziehung (der Bombe) *vor* den Amerikanern lägen, dass Letztere aber eine Vielzahl von Forschungen realisieren würden, um den deutschen Vorsprung aufzuholen ...

Wir waren zunächst skeptisch – trotz der für uns interessant klingenden und passenden Nachricht! Immerhin hatte Frau Suckley in ihrem Tagebuch festgehalten – und diese Information stammte aus allererster Quelle –, dass das Dritte Reich bei der Entwicklung der von den Amerikanern gefürchteten neuen Waffe einen Vorsprung hatte. Bedenken Sie: Der Tagebucheintrag datierte vom 9. Dezember 1944!

Wenn also Deutschland im Wettrennen um die ultimative Waffe im Dezember 1944 noch vor den Amerikanern lag, wie hatten dann Letztere das Wunder (nichts anderes ist das Ganze) fertiggebracht, den Vorsprung innerhalb weniger Monate aufzuholen?! Behauptet nicht die ganze vermaledeite offiziöse Geschichtsschreibung das Gegenteil?! Waren die amerikanischen Geheimdienste samt ihrer für sie arbeitenden deutschen Agenten komplett verrückt geworden, wenn sie behaupteten, Deutschland habe eine neue Wunderwaffe (die V-3, die hier als Kombination aus Interkontinentalrakete oder weitreichendem Marschflugkörper und einem atomaren Sprengkopf verstanden wurde) – und sogar noch einen Vorsprung bei ihrer Entwicklung?!

Nun, wir können Sie beruhigen: Die Amerikaner befanden sich keineswegs im Zustand der Paranoia. Ganz im Gegenteil: Es war durchaus bekannt, worum es ging, sogar in der alliierten Presse tauchten entsprechende Meldungen auf, wie wir belegen können. So erschien am 30. September 1944 in der *New York Times* auf Seite 3 ein Bericht mit dem Titel: »Americans get hint of new german bomb«. Die Zeitung bezog sich auf aus London stammende Informationen der Nachrichtenagentur *Associated Press* (AP), die diese von der *3rd US Army* erhalten hatte, ausgerechnet also von jener Armee, die später Thüringen erobern sollte. Demzufolge wussten amerikanische Soldaten und Offiziere also in etwa, was sie beim weiteren Vormarsch erwarten konnte. In dem Artikel der *New York Times* war die Rede davon, dass eine neue deutsche Geheimwaffe, die V-3, die bisher nicht eingesetzt wurde, ein Gebiet mit einem Durchmesser von zwei Meilen (etwas über drei Kilometer) zerstören könne. Es handle sich dabei um den Nachfolger der V-1 und der V-2, der ca. 14 Tonnen schwer sei und über eine Radiosteuerung verfüge.*

Im Original heißt es wie folgt:»LONDON, Sept. 29 (AP) – The existence of another – and still unused – German secret weapon, the V-3 rocket with a blast area of about two miles – was reported today among American Third Army troops advancing upon Germany.

The source of the reports was not clear, and details were scanty, but the soldiers picked up information that Hitler's vengeance weapon No. 3 was a fourteen-ton projectile, shot vertically into the air, propelled by a mixture of liquid air and alcohol, and guided by radio.

That was as far as the information went, but it was believed the Germans have not yet got to the actual operation stage with this latest successor to the V-1 robot bomb and the V-2 longrange rocket, the latter also evident thus far only in words. ...«

---

* Wir wie bereits in früheren Darstellungen betonten, ist bis heute nicht klar, welche Entwicklungen sich alles hinter dem Begriff der »V-3-« verbargen. Nach derzeitigen Kenntnisstand rangierten darunter die Weiterentwicklungen der V-1 und der V-2 ebenso wie separate Entwicklungen in Form von Pulvergroßraketen (z. B. die V-101 der Firma Skoda). Nach vorliegenden Zeugenaussagen waren Begriffe wie V-3 oder V-4 lediglich dazu gedacht, die eigentlichen Projekte und ihre Bezeichnungen zu schützen. Bei Kriegsende soll SS-Obergruppenführer Dr.-Ing. Hans Kammler einer der wenigen gewesen sein, dem die genaue Hierarchie und Struktur der neuen Raketen- und Flugkörperentwicklungen bekannt war.

Nun ist diese Zeitungsmeldung kein Beweis, wohl aber ein starkes Indiz, dass das Thema der neuen deutschen Geheimwaffen offensichtlich als Bedrohung aufgefasst und weitaus häufiger in öffentlichen US-Medien diskutiert wurde, als man bisher glauben wollte. Wir könnten an dieser Stelle viele weitere ähnliche Informationen präsentieren, möchten aber darauf verzichten. Eine komplette Darstellung all dessen, was uns vorliegt, würde ohne weiteres ein 1000 Seiten umfassendes Buch füllen können, sodass wir hier gezwungen sind, uns auf das Wesentliche zu konzentrieren und den »Rest« irgendwann einmal detailliert nachfolgen zu lassen.

Damit zurück zu dem Hinweis des US-Historikers Michael Beschloss auf das Gespräch zwischen Franklin D. Roosevelt und Margaret Suckley* Anfang Dezember 1944. Hatte dieses Gespräch wirklich stattgefunden, oder war Beschloss einer Fehlinformation aufgesessen?

Es gab keine Fehlinformation. Das Dokument, auf das sich Beschloss bei seiner Darstellung bezog, wurde von einem Mitrechercheur ausfindig gemacht und liegt uns vor, selbstverständlich mit der genauen Archivsignatur.

In ihm schildert Margaret Suckley, die eine enge Vertraute des US-Präsidenten war, (in sinngemäßer Übersetzung) das Folgende:

»... Er [Roosevelt] sprach beim Abendessen sehr ernsthaft über die deutsche Bedrohung. Er hatte gerade einen geheimen Bericht aus einer deutschen Quelle, die in der Vergangenheit stets sehr zuverlässig war, erhalten, aus dem hervorging, dass

---

* Bei Margaret L. Suckley (»Daisy«) handelte es sich um eine enge Vertraute und weitläufige Verwandte des amerikanischen Präsidenten Franklin D. Roosevelts während der Zeit des Zweiten Weltkriegs. Während des Krieges diente sie ihm, der auf medizinische Hilfe angewesen war, als Krankenschwester. Nach dem Krieg arbeitete Suckley als Archivarin (!) in der ersten Präsidentenbibliothek der Vereinigten Staaten von Amerika (Hyde Park, New York), bis sie 1963 in den Ruhestand versetzt wurde. Sie starb im gesegneten Alter von 99 Jahren. (Vgl. Archiv der *New York Times*)

die Deutschen eine V-3-Bombe haben, die bei ihrem Einschlag alles in einem Umkreis von einer Meile tötet. Sie beabsichtigen, diese Waffe gegen New York einzusetzen, um die [amerikanische] Moral zu untergraben, scheinen aber nicht zu merken, dass es die genau entgegengesetzte Wirkung auf das hat, was sie vorhaben. Das gesamte *Atlantic Seaboard* hatte alle Verdunklungs- und Luftangriffsvorsichtsmaßnahmen abgeschwächt usw. ..., aber nun schickte der Präsident eine [entsprechende] Information an den Generalstab. Alle vorherigen Vorbereitungen dieser Art sollte man erneut aufleben lassen für den Fall, dass der Bericht über die V-3 wahr sein würde. Er [Roosevelt] sagte, dass im nächsten Krieg die Seite, die diese neuen Sprengstoffe zuerst verwendet, in jedem Falle gewinnen wird. Die Deutschen sind uns in dieser Beziehung voraus, obwohl wir viele Forschungsanstrengungen unternehmen, die schwierig sind, um sie einzuholen ...«*

Die Tagebuchaufzeichnungen von Frau Suckley sind bemerkenswert – und authentisch. Sie hielt den Moment großer Besorgnis fest, der unseres Erachtens kaum auf Propaganda beruhte, sondern auf Tatsachen. Der US-Präsident hatte gegenüber der ihn betreuenden Krankenschwester schließlich keinerlei Grund, die Unwahrheit zu sagen, herrschte zwischen beiden doch ein Vertrauensverhältnis. Dass führende Vertreter der Vereinigten Staaten von Ängsten geplagt wurden, lässt sich auch daran erkennen, dass Roosevelt diese Information mit Admiral Leahy, zu dem er ebenfalls ein enges Verhältnis hatte, diskutierte, wie ein erhalten gebliebenes Dokument, das wir auf der übernächsten Seite abgedruckt haben, beweist. Dieses Papier datiert auf den 9. Dezember 1944, nimmt aber Bezug auf eine am Vortag stattgefundene Besprechung zum

* Das Dokument stammt aus der FDRL (*Franklin Delano Roosevelt Library*), Hyde Park, New York, The Margaret Suckley Papers, Journal Group »E«, 06/30/1944–12/29/1944, JE 1–253.

He spoke very seriously at dinner about The
German menace. He has just had a secret report
from a German source which has been
quite reliable in the past, to the effect. That
The germans have a V3 bomb which will
kill by concussion everything written a mile.
They are planning to use it on New York,
for morale purposes — again, not seeing
affect B that which they expect. The entire
Atlantic seaboard has released all its
dim-outs and air-raid precautions, etc.
& The Pres. sent word to the Gen. staff That
all previous preparations of that sort should
be revived, on the chance that the report about
the V3 may be true. He said that in the next
war, the side which first uses these new explosives
will undoubtedly win. The germans are way
ahead of us in that direction, though we are doing
a lot of research trying to catch to them. We found
one of their V1 robots, unexploded + are ...
on it. How unbelievably horrible it all is.
those mysterious books & report; about "Shangri
-La" in The Himalaya huts, it is all prophesied.
I keep wondering if They may not be entirely
true, those reports, and that the human race is
out to destroy itself. Only the few is live in
isolated places may survive.
Dec. 10 Saturday, A beautiful day, and
Polly has to leave tomorrow. She is such

Auszug aus dem Tagebuch von Margaret Suckley, der Roosevelt-Vertrauten. Am 9. Dezember 1944 berichtet sie über die Besorgnisse des US-Präsidenten in Bezug auf die deutsche V-3, die weiträumige Zerstörungen anrichten kann. (Quelle: FDRL, Hyde Park, New York)

V-3-Problem, an der auch US-Generalstabschef Marshall teilnahm. Offenbar hatten die verantwortlichen Militärs schon vorher aus anderen Quellen von einer möglichen V-3-Attacke erfahren. Aus uns vorliegenden Dokumenten geht hervor, dass man allerlei Möglichkeiten zur Abwehr der V-3-Bedrohung diskutierte, letztlich aber erkannte, dass man einem derartigen deutschen Angriff nichts entgegenzusetzen hatte. Das Pro-

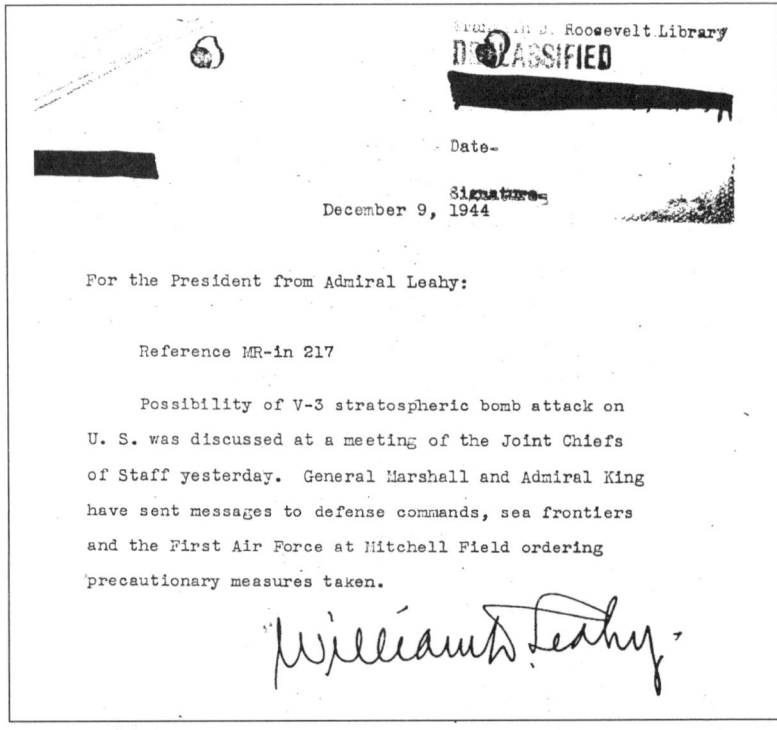

Information an den US-Präsidenten: Admiral William Leahy*
und US-Generalstabschef George C. Marshall diskutierten am
8. Dezember 1944 im Rahmen eines Treffens der Joint Chiefs
of Staff *die Möglichkeit einer deutschen V-3-Attacke.***

---

* William Daniel Leahy war der erste Flotten-Admiral der *US Navy* und
gilt als bedeutende Person der US-Militärgeschichte. Er befehligte im Jahre 1915 das Kanonenboot *U. S. S. Dolphin*. Während dieser Zeit bildete sich
eine Freundschaft zu Franklin D. Roosevelt heraus, der sich als sogenannter Navy-Assistance-Secretary ebenfalls an Bord befand. Während des
Zweiten Weltkrieges diente Leahy ab Juli 1942 als persönlicher militärischer Berater des Präsidenten. Er fungierte als Vorsitzender der *Joint
Chiefs of Staff* und kurz danach auch als Chef der westalliierten *Combined
Chiefs of Staff*. Im Dezember 1944 erfolgte seine Beförderung in den Rang
eines Fleet Admiral. Leahy starb 1959.
** Franklin Delano Roosevelt Library (FDRL), Hyde Park, New York. Map
Room Files, Box 20, Folder: Warm Springs, Dec. 9–18, 1944.

blem bei der V-3-Bedrohung war nämlich, dass diese neue Waffe, wäre sie denn eingesetzt worden, von amerikanischer Seite hätte nicht abgewehrt werden können, wobei egal ist, ob man unter der V-3 eine interkontinentale Rakete oder eine Art Marschflugkörper (»robot bomb« im westalliierten Sprachgebrauch) zu verstehen hat. Gegen diese Waffen war kein Kraut gewachsen: Sie konnten nicht mit Flugzeugen und Sperrballonen abgefangen werden, Schiffspatrouillen waren völlig ungeeignet, um sie zu identifizieren und zu bekämpfen, und selbst die Methode der Verdunklung war untauglich angesichts der Tatsache, dass sich die Rakete auf einen von deutschen Spionen vorher heimlich installierten Sender zubewegte oder sich ihr Ziel auf dem letzten Abschnitt des Fluges quasi selbst suchte, weil sie eine Kamera an Bord hatte.

Wir müssen an dieser Stelle noch etwas erwähnen, das im Zusammenhang mit den radiogesteuerten Raketen und Marschflugkörpern steht, wie sie beispielsweise die V-3 bzw. die sich dahinter verbergenden Projekte darstellte. In dem Buch *Atomziel New York** wurde schon vor Jahren aufgezeigt, dass nach dem Abschuss der Rakete diese durch eine Radioleitung ins Ziel geführt werden sollte. Wir ersparen uns hierzu die Einzelheiten, zumal dieses Verfahren einige Jahre nach dem Krieg auch von Russen und Amerikanern angewendet wurde. Eine Möglichkeit, die Rakete ins Ziel zu bringen (was ja der entscheidende Punkt beim Einsatz einer solchen Waffe war), bestand in folgender Methode: Deutsche Agenten wurden beispielsweise in die Vereinigten Staaten gebracht, um dort kleine, unauffällige Sender zu installieren (in New York z. B. am Empire State Building). Diese Sender gingen nach ihrer Montage sofort in einen Stand-by-Modus und waren daher nicht identifizierbar. Im Falle, eine Rakete wäre nun von Europa aus

---

* Friedrich Georg & Thomas Mehner: *Atomziel New York – Geheime Großraketen- und Raumfahrtprojekte des Dritten Reiches*, Kopp Verlag, Rottenburg 2004.

gestartet worden, so wäre die Leitung dieser Waffe über Bodenstationen und U-Boot-gestützte Systeme erfolgt. Etwa zehn bis 15 Minuten vor Erreichen des Ziels wurde dann im Raketenkopf ein zusätzlicher Sender aktiviert, der ein starkes Signal in Richtung des ungefähren Zielpunktes abstrahlte. Dieses Signal sollte den im Stand-by-Betrieb befindlichen Sender am Zielpunkt in Gang setzen, der dann seinerseits jene Signale emittierte, die vom Annäherungssystem des Raketenkopfes sozusagen als Zieleinweisung empfangen wurden. Die damit erzielbare Treffergenauigkeit war sehr hoch, die Abweichung betrug 150 Meter im Maximum – bei einem nuklear bestückten Trägersystem eine völlig unerhebliche Größenordnung. Logischerweise konnten zufällig auch geringere Abweichungen erzielt werden.*

Kommen wir damit zum Beispiel 2, das sich geradezu ideal an das eben Geschriebene anschließt, geht es bei ihm doch um einen gefangengenommenen deutschen Spion, der allerdings eine etwas andere Aufgabe hatte. Das betreffende Dokument stammt ebenfalls aus der *Franklin Delanon Roosevelt Library* und datiert vom 16. November 1944 (es wurde 1973 freigegeben). Unterschrieben wurde es von FBI-Chef Edgar Hoover höchstpersönlich, was seine Wichtigkeit unterstreicht. Hoover richtete es an den engsten Vertrauten des amerikanischen Präsidenten – an Harry L. Hopkins, der einer der wichtigsten Präsidentenberater war. In dem Papier, das leider den Namen des deutschen Agenten nicht nennt, heißt es:

---

* Wir erhielten diese Hinweise von einem Zeitzeugen, der darauf verwies, dass mehrere dieser Stand-by-Sender heute in deutschen Technikmuseen liegen, dort aber in ihrer Funktion als solche nicht erkannt und deshalb falsch beschriftet bzw. zugeordnet worden seien. Wir bitten unsere Leserinnen und Leser in diesem Zusammenhang um Unterstützung: Vielleicht gibt es interessierte Fachleute und/oder gut informierte Laien auf diesem Gebiet, die bei der Suche und Identifizierung eines solchen Senders behilflich sein können.

»Dear Harry:

A German esionage agent presently in the United States under the control of this Bureau advised that he was instructed to obtain, among other subjects, information concerning (1) the progress made by the United States since 1941 with respect to the development of atomic explosives, (2) whether ›heavy water‹ is used instead of helium in their manufacture, (3) the type of container in which the atom of uranium is split, and (4) the probable reaction of the people of the United States if Germany used the explosive power obtained through the splitting of the uranium atom. ...«*

Hoover berichtet an Hopkins sinngemäß, dass die Bundespolizei FBI einen deutschen Agenten festgesetzt habe, dessen Aufgabe es gewesen sei festzustellen, 1) welche Fortschritte die USA seit 1941 auf dem Gebiet der Entwicklung atomarer Waffen erreicht hätten, 2) ob Schweres Wasser oder Helium bei deren Herstellung verwendet werde, 3) wie der (Bomben-)Körper aussehe, in dem das Uranatom gespalten werden solle, und 4) die Reaktion des amerikanischen Volkes zu beobachten, wenn Deutschland die Kraft einer aus der Spaltung des Uranatoms entstehenden Explosion gegen die USA zur Anwendung bringe.

Es ist mehr als merkwürdig, dass sich die Informationen bezüglich des möglichen Einsatzes einer deutschen Atomwaffe im Zeitraum November/Dezember 1944 konzentrierten, also wenige Wochen nach dem Test einer völlig neuen, zerstörerischen Waffe auf Rügen im Oktober des gleichen Jahres.

Auffällig ist auch, dass stets vom Uranatom die Rede ist. Offensichtlich hatte Deutschland als Erstes eine Uranatombombe perfektioniert, eine Waffe jenes Typs also, die die Amerikaner als erste auf Japan abwarfen, vorher seltsamerweise

---

* *Franklin Delano Roosevelt Library* (FDRL), Small Collections, Atomic Bomb File, Box 1, Folder 3.

146

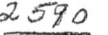 2590

JOHN EDGAR HOOVER
DIRECTOR

Federal Bureau of Investigation
United States Department of Justice
Washington, D. C.
November 1 6 1944

PERSONAL
BY SPECIAL MESSENGER

10-B

Honorable Harry L. Hopkins
The White House
Washington, D. C.

Dear Harry:

A German espionage agent presently in the United States
under the control of this Bureau advised that he was instructed to
obtain, among other subjects, information concerning (1) the progress
made by the United States since 1941 with respect to the development
of atomic explosives, (2) whether "heavy water" is used instead of
helium in their manufacture, (3) the type of container in which the
atom of urenium is split, and (4) the probable reaction of the people
of the United States if Germany used the explosive power obtained
through the splitting the uranium atom.

This information is being made available to you as possibly
indicating the degree to which the Germans have progressed in the
development of atomic explosives. There are two other recent developments of possible interest in this connection. The first of these is
that the Germans have recently made numerous inquiries of other espionage agents controlled by this Bureau concerning the exact size,
number of employees, and location of various armament plants in the
United States. For example, the following inquiry was received from
Germany by a double agent controlled by this Bureau:

"OF GREAT INTEREST IS SIZE, FLOOR AREA, TOTAL EMPLOYEES
OF BELL, BOEING, BREWSTER, BRIGGS, BUDD, CHRYSLER, CON-
SOLIDATED VULTEE, CURTISS WRIGHT AIRPLANE DIVISION,
DOUGLAS, EASTERN, FISHER BODY, FORD, GOODYEAR, GRUMMAN,
HIGGINS, HUDSON, KAISER FACTORIES. CONTINUATION FOLLOWS."

The continuation of the above message has not as yet been received.

The second recent development of interest is the receipt
of an inquiry from the Germans through a controlled double agent
channel indicating that the Germans are desirous of determining the
extent of off-shore coastal protection on the Atlantic seaboard of
the United States and particularly as to any areas where this protection may have been curtailed.

With expressions of my highest esteem,

Sincerely yours,

Gegenüberliegende und diese Seite: Die beiden Blätter des Hoovers-Schreibens.

aber nicht erprobten. Das nährt zusätzlich den von uns bereits geäußerten Verdacht, dass zumindest die Hiroshima-Waffe eine Beutebombe war.

Natürlich werden Kritiker jetzt einzuwenden versuchen, dass der gefangengenommene deutsche Spion den Amerikanern einfach irgendwelche Propagandageschichten erzählt habe. Dagegen spricht, dass der Transport eines deutschen Agenten in die USA zu jener Phase des Krieges ein kompliziertes und nicht ungefährliches Unterfangen war. Derartige Operationen wurden nur gestartet, wenn das Ganze einen tieferen, praktischen Sinn hatte, der im konkreten Fall a) in der Ausspionierung des US-Atombombenprogramms und b) darin lag, zu beobachten, was im Falle eines deutschen A-Waffen-Einsatzes an Reaktionen der US-Bevölkerung zu erwarten sei. Man wollte die Wirkungen dieser verheerenden Waffe aus unmittelbarer Nähe studieren – und dazu bedurfte es der Berichte von Agenten, die sich quasi »unmittelbar« am Ort des Geschehens befanden.

Gegen das Propaganda-Argument spricht auch, dass Edgar J. Hoover den Vorgang persönlich an den US-Präsidentenberater Harry L. Hopkins meldete. Das weist auf seine Wichtigkeit und Dringlichkeit hin, wenn »der Chef persönlich« sich um diese Angelegenheit kümmerte.

Nicht zu vergessen ist, dass ähnliche deutsche Spionagebzw. Sabotageunternehmungen parallel liefen. Im Dezember 1944 wurden nochmals Agenten festgenommen:

»Nachdem die oberste amerikanische Führung Anfang Dezember 1944 nervös darüber beratschlagt hatte, was gegen die drohende Gefahr eines deutschen Raketen- und Flugkörperbeschusses auf das amerikanische Mutterland mit nuklearen Sprengköpfen getan werden sollte, geschah am 26. und 30. Dezember 1944 etwas, das ihre schlimmsten Befürchtungen scheinbar Wahrheit werden ließ: An diesen beiden Tagen hatten Beamte der Bundespolizei FBI die deutschen Agenten Colepaugh und Gimpel in New York City verhaftet.

Die zwei Agenten waren als Teil des ›Unternehmens Elster‹ in der Nacht vom 29. zum 30. November 1944 von U-1230 an der Ostküste der Vereinigten Staaten abgesetzt worden.

Was das ›Unternehmen Elster‹ anbetraf, war schon lange allgemein bekannt, dass es zwei Ziele verfolgte:

1. Spionage gegen die amerikanische Atombombenproduktion.

2. Einsatz von Sabotagetrupps zur Zerstörung dieses Programms und der amerikanischen Rüstungsindustrie.

Was aber so gut wie nie erwähnt wird, ist die Tatsache, dass das ›Unternehmen Elster‹ eine weitere wichtige Aufgabe zu realisieren hatte: das funktechnische Heranleiten von Großraketen in den Stadtkern von New York!

Dazu wurde federführend vom Reichssicherheitshauptamt der Agent Nr. 146 ausgewählt. Bei ihm handelte es sich um Erich Gimpel, einen Rundfunkingenieur. Sein Kompagnon war William Curtis Colepaugh (Agentennummer 146/II), der als

Unfassbar: das »Wissen« der Historiker

Mitunter findet man in zeitgeschichtlichen Darstellungen Beweise dafür, dass Historiker Standpunkte vertreten, die bereits seit Jahrzehnten unhaltbar, weil völlig falsch sind. Dies scheint sie jedoch nicht zu irritieren. Der hoch gelobte und mehrfach für seine Arbeiten ausgezeichnete Historiker und Schriftsteller John Cornwell schreibt in seinem Buch *Forschen für den Führer* beispielsweise:

»... Zur Separation des U-235 vom U-238 durch Gasdiffusion und elektromagnetische Techniken wurde in Oak Ridge, Tennessee, eine riesige Fabrik errichtet, die angeblich damals das längste Gebäude der Welt war. In Hanford am Fluss Columbia entstand eine dritte Anlage, die Plutonium produzieren sollte. Unter dem britischen Wissenschaftler J. D. Cockroft wurde außerdem am Chalk River, Ottawa, eine anglokanadisch-französische Anlage zur Herstellung von schwerem Wasser hochgezogen.

All diese gigantischen Bauvorhaben und Betriebe, an denen 150 000 Arbeiter beteiligt waren, wurden vor der Welt geheim gehalten. *Die deutschen Nachrichtendienste und Wissenschaftler hatten keine Ahnung, was die Amerikaner vorhatten, bis die erste Atombombe explodierte.* ...«* (Hervorhebung durch die Autoren)

Wenn den Verantwortlichen in Deutschland das Manhattan Project unbekannt war, wieso schickten sie dann Agenten, um es auszuspionieren?

---

* John Cornwell: *Forschen für den Führer. Deutsche Naturwissenschaftler und der Zweite Weltkrieg.* Lübbe Verlag, Bergisch Gladbach 2004, S. 380.

gebürtiger Deutschamerikaner lange am amerikanischen *Massachusetts Institute of Technology* studiert und einst vor dem Krieg zu den besten Studenten von Prof. Ralf Hudson, einem Elektrotechniker, gehört hatte.

Vor seinem Einsatz hatte die SS Erich Gimpel monatelang in Den Haag, Peenemünde und Nordhausen mit der Raketenwaffe vertraut gemacht und ihn von speziell zum Schweigen verpflichteten (vergatterten) Funkfachleuten des AEG- und des Siemens-Konzerns in ein neues Verfahren zur Raketenlenkung einweihen lassen. Alle Schwierigkeiten, die dabei auftraten, beseitigte SS-Obersturmbannführer Otto Skorzeny, der von Hitler mit der Beschleunigung dieses Einsatzes beauftragt war.

Auch der Agent Colepaugh beherrschte die erforderliche Agententechnik.

Da die Deutschen 1944/45 nicht in der Lage waren, die USA mit einem Massenbeschuss von Raketen oder Flugkörpern zu überziehen, konnte man bestenfalls nur hoffen, Einzelschüsse auf den amerikanischen Kontinent vorzunehmen. Falls diese jedoch kilometerweit entfernt vom vorgesehenen Ziel eingeschlagen wären, hätte ihre Wirkung auf die amerikanische Öffentlichkeit höchstens das Gegenteil dessen bewirkt, was die Deutschen eigentlich damit bezwecken wollten. Dies galt es zu verhindern.

Die beabsichtigte Treffergenauigkeit und damit die (psychologische) Wirkung auf die amerikanische Öffentlichkeit wäre möglich gewesen, wenn ein Leitsender einen präzisen Einschlag der V-Waffen auf ein vorher angekündigtes Ziel ermöglicht hätte.

Nach dem Krieg bekam der Brite Newman Einblick in dieses deutsche Projekt, das er folgendermaßen beschrieb: ›Die Deutschen wollten beispielsweise voraussagen, dass das Empire State Building in New York an einem bestimmten Tage zu einer bestimmten Zeit getroffen werden würde. Der moralische Effekt würde dann viel größer sein als bei den bisherigen unsicheren Treff- oder Zielmethoden. Dies war ein überzeugendes Argument: Diese Methode, dramatisch aufgezogen, würde sicher Panik hervorrufen.

Aber dies setzte die Verwendung von genauen Waffen voraus. Wenn das Empire State Building als Ziel angekündigt wurde und die Rakete oder Flugbombe es verfehlte, würde der beabsichtigte Effekt durch diese Panne ruiniert werden. Skorzeny erwähnte Himmler gegenüber dazu zwei Möglichkeiten, die bereits erprobt wurden. Die erste davon hat nach dem Krieg praktische Bedeutung erlangt: Fernlenkung durch Funk.

Die andere war sensationeller. Die Deutschen experimentierten mit einem neuen Funkgerät, um das Geschoss nicht von der Abschussbasis, sondern von seinem Ziele aus zu lenken. Ein Spion sollte dieses Gerät im Empire State Building genau zum richtigen Zeitpunkt deponieren. Der Peilsender konnte auch schon vorher auf dem Zielgebäude installiert und später per Funksignal abgerufen werden. Das Versuchsgerät sollte nur wenige Minuten arbeiten und als eine Art Magnet die Rakete anziehen! Himmler gefiel diese Idee.‹

›Unternehmen Elster‹ sollte dieses Vorhaben von Skorzeny und Himmler verwirklichen.

Dies bedeutet aber im Umkehrschluss, dass, wenn man den Aufwand mit dem Agentensender trieb, auch bereits passende einsatzfähige Fernwaffen existierten, die die Sendersignale empfangen und sich auf den Sender zubewegen konnten. Die Agenten hätten niemandem genützt, wenn nicht auch die entsprechenden Systeme, die den lebensgefährlichen Einsatz rechtfertigten, vorhanden gewesen wären.

Unklar ist nur, ob der Leitsender von ›Unternehmen Elster‹ zur Heranleitung von U-Boot-V-1, V-2 oder von Interkontinentalraketen des Typs A-9/A-10 dienen sollte. Alle drei Waffen waren für dieses Verfahren geeignet.

Die Verhaftung des Geheimagenten Erich Gimpel verhinderte dieses Unternehmen vorerst. Das heißt jedoch nicht, dass die Deutschen bis Kriegsende auf nordamerikanischem Boden über keine weiteren Funkleitagenten und Peilsender mehr verfügten. Das ›Unternehmen Elster‹ war schließlich nur das letzte bekannte U-Boot-Unternehmen gegen die USA, und es ist keinesfalls ausgeschlossen, dass es noch frühere und/oder spätere Unternehmungen dieser Art gab, die bis heute entweder verschwiegen werden oder nie entdeckt wurden.

So stellte Jak Mallmann-Showell bei seinen Nachforschungen zu dem Buch *Deutsche U-Boote an feindlichen Küsten 1939–45* beispielsweise fest, dass aus dem Kriegstagebuch der U-Boot-Führung in mindestens zwei Fällen Daten von Küstenlandungen verloren gegangener U-Boote durch plumpes Herausreißen der entsprechenden Seiten vernichtet wurden. Die Anzeichen, so Mallmann-Showell, sprächen dafür, dass dies erst in der Nachkriegszeit erfolgt sei. Demzufolge musste es also um etwas Wichtiges gegangen sein, das nie an die Öffentlichkeit gelangen sollte!

Der bekanntermaßen gut informierte italienische Journalist Luigi Romersa berichtete jedenfalls, dass insgesamt ein Dutzend Agenten in die Vereinigten Staaten geschickt wurde, um kleine UKW-Sender auf einigen Wolkenkratzern zu installieren, die so den Flug von Raketen leiten sollten.«*

Die Gesamtheit der Agentenunternehmungen ergibt nur dann einen Sinn, wenn davon auszugehen ist, dass man seitens der Deutschen tatsächlich beabsichtigte, etwas Neues, Schlagkräftiges gegen die USA zum Einsatz zu bringen. Und dass die Amerikaner daraufhin auf das Höchste beunruhigt waren, beweist das Schreiben von FBI-Chef Hoover an den Präsidenten-

---

* Friedrich Georg & Thomas Mehner: *Atomziel New York – Geheime Großraketen- und Raumfahrtprojekte des Dritten Reiches*, Kopp Verlag, Rottenburg 2004, S. 180 ff.

berater Hopkins. Wäre das Ganze ein alltäglicher Vorgang gewesen, hätten sich weitaus niedrigere Chargen mit dem Thema befassen müssen.

Wir werden bei Beispiel 4 aufzeigen, dass die Ängste, die die politisch und militärisch Verantwortlichen plagten, durchaus ihre Berechtigung hatten. Zuvor soll aber noch kurz Beispiel 3 – das Papier, das Senator James F. Byrnes an Roosevelt schrieb und das ganz allgemein die Schwierigkeiten des Manhattan Projects zum Inhalt hatte – einer Betrachtung unterzogen werden.

Wie bereits Dr. Karlsch in seinem Buch *Hitlers Bombe* vermerkte, gab es beim US-Atomwaffenprojekt ein besonderes Problem: Selbst im April 1945 existierte noch kein zuverlässiger Zünder für die US-Bombe. Doch das war nicht alles: Einen Monat sah sich Senator Byrnes gezwungen, seinen Präsidenten in einem Memorandum darauf hinzuweisen, dass es insgesamt gesehen nicht so recht vorwärtsging – ohne allerdings konkret zu werden. Byrnes schrieb, dass, wenn das Manhattan Project einen Fehlschlag produziere, anschließend »mit erbarmungslosen Untersuchungen und Kritik zu rechnen« sei. Offensichtlich schien also einiges im Argen zu liegen, sodass sich Byrnes vom *Office of War Mobilization and Reconversion* in Washington, D.C., veranlasst sah, den höchsten Politiker der Vereinigten Staaten zu unterrichten.

Wir haben übrigens das Memorandum gleich zweimal vorliegen: einmal in der Entwurfsform, die vom 2. März 1945 datiert, und dann in der Endversion, die einen Tag später geschrieben wurde.* Byrnes' Schriftstück erscheint für sich allein betrachtet vielleicht unwichtig zu sein, wenn man es aber im Zusammenhang mit den anderen hier vorgestellten Dokumenten betrachtet, gewinnt es erheblich an Bedeutung.

---

* *Franklin Delano Roosevelt Library* (FDRL, Hyde Park, New York), Small Collections. Atomic Bomb File. Box 1, Folder 3.

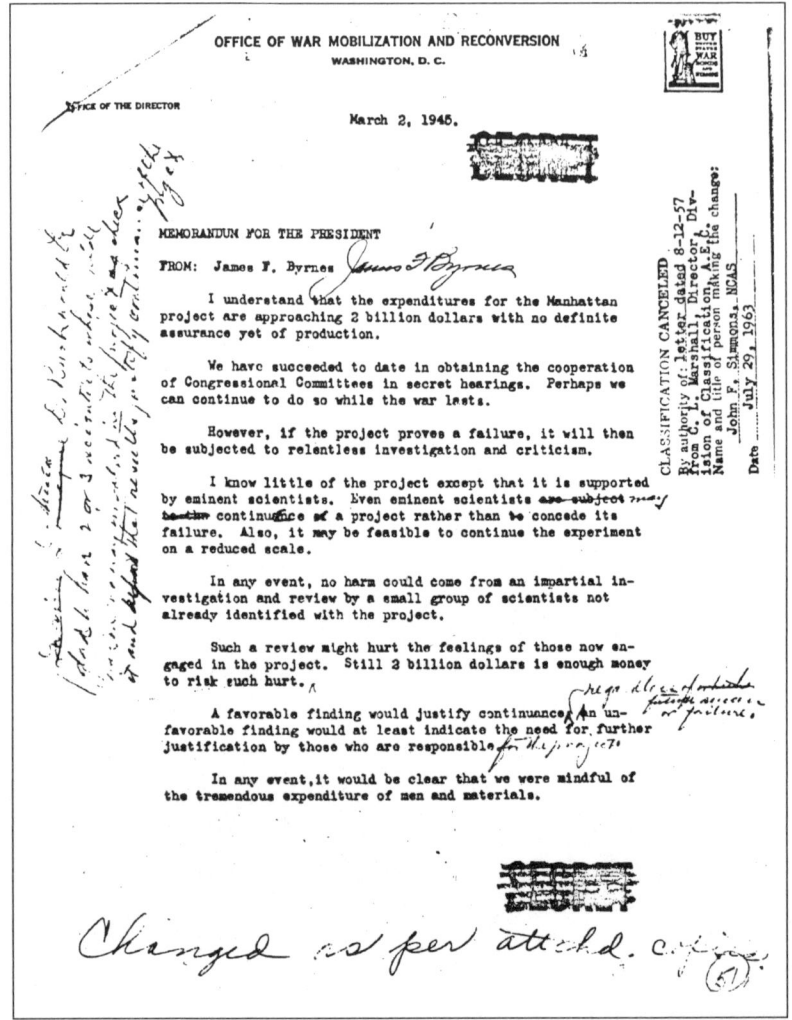

Das Byrnes-Memorandum an den US-Präsidenten Roosevelt. Hierbei handelt es sich um den vom 2. März 1945 stammenden Entwurf, der einige handschriftliche Ergänzungen enthält. Die überarbeitete Endversion wurde am 3. März 1945 verfasst (Quelle: FDRL, Hyde Park, New York).

Es wird in der Gesamtschau nämlich offensichtlich, dass einerseits seit dem Herbst 1944 eine sehr ernst zu nehmende Bedrohung durch neue deutsche Wunderwaffen bestand, der man durch die Normandie-Invasion zu begegnen gedachte, andererseits aber das eigene Geheimwaffenprojekt in Gestalt der Atombombe Probleme bereitete, die sich dann innerhalb weniger Wochen nach dem Kriegsende in Europa in Luft auflösen sollten. Ein bemerkenswerter Vorgang.

Und nun zum Beispiel 4: dem sogenannten Zinsser-Dokument. Insidern der Diskussion um das Pro und Kontra des Vorhandenseins einer deutschen Atombombe ist der Fall bekannt: Dieses Dokument beschreibt etwas, was es gar nicht geben durfte – eine versuchsweise deutsche Atomwaffendetonation mit ihren Primär- und Sekundäreffekten. Wie wir bereits im Vorwort schrieben, gab es nach der Veröffentlichung des Papiers einige Versuche, das Dokument zu finden, was bestimmte Schwierigkeiten verursachte, was uns ehrlich gesagt verwunderte, schließlich waren (und sind) wir im Besitz aller dazugehörigen Unterlagen und des Mikrofilms. Wir wollen der besseren Nachvollziehbarkeit wegen nochmals detailliert auf das Zinsser-Papier eingehen und anschließend auch die genaue Quelle, unter der es kürzlich nochmals gefunden wurde, wissen lassen. Der Einfachheit halber werden wir nachfolgend die wichtigsten Informationen aus dem Buch *Hitler und die Bombe* zitieren, in dem wir uns schon vor Jahren mit dem Problem auseinandersetzten:

»Ein weiterer Test [einer Atomwaffe] wurde Anfang Oktober (das Datum ist leider nicht genau bestimmbar) durch einen Augenzeugen namens Zinsser beschrieben, der von den ihnen später vernehmenden Amerikanern als Flieger und Flak-Raketen-Spezialist bezeichnet wurde. Zinsser war für seinen Einsatz, der ihm für immer im Gedächtnis haften bleiben sollte, von Ludwigslust aus gestartet, um in östliche Richtung zu fliegen. Dabei kam er an einem — von ihm so bezeichneten —

Atombombentestgelände (!) vorbei, das er in einer Entfernung von zwölf bis 15 Kilometern passierte. Während des Vorbeifluges registrierte er einen gewaltigen hellen Lichtblitz, der für etwa zwei Sekunden den Himmel erhellte. Der Augenzeuge sprach von einer deutlich sicht- und spürbaren Druckwelle und von einer großen Explosionswolke, die sich daraufhin bildete. Die Ausdehnung der sichtbaren Druckwelle, wie sie nur bei schweren Explosionen optisch nachweisbar ist, belief sich zuerst auf einen Kilometer. Die entstandene Explosionswolke veränderte in der folgenden Phase ständig ihre Farbe, es gab zahlreiche Lichteffekte, und schließlich wurde sie blau. Zehn Sekunden nach dem Auftauchen der Explosionswolke wurden deren Ränder unscharf, wobei Zinsser vermerkte, dass die Druckwelle einen Teil der Wolke mit sich gerissen hatte. Die Ausdehnung der Druckwelle erfasste nach etwa 15 Sekunden ein Gebiet mit einem Durchmesser von nunmehr 9000 Metern. Die Explosionswolke veränderte ihre Färbung in Richtung Blau-Violett und dehnte sich nun auch sehr schnell aus. Als die Druckwelle das Flugzeug Zinssers erreichte (er befand sich ja nach seiner eigenen Schätzung in einem Abstand von zwölf bis 15 Kilometern), gab es entsprechende Turbulenzen, die ungefähr zehn Sekunden andauerten.

Zinsser kehrte daraufhin zurück nach Ludwigslust. Eine Stunde später startete er dort nochmals mit einer He-111, um wiederum in östliche Richtung zu fliegen. Kurz nach dem Start passierte er erneut die Zone seines seltsamen Erlebnisses, wobei er sich in einer Höhe von 3000 bis 4000 Metern befand. In dem betreffenden Gebiet stand nun eine große, pilzförmige Wolke (der amerikanische Bericht bezeichnet sie als »mushroom«, also Pilz), die in eine Höhe von etwa 7000 Metern reichte und sich genau über dem Areal befand, auf dem sich die eine Stunde zuvor beobachtete Explosion ereignet hatte. Beim Durchfliegen dieser Zone registrierte der Pilot starke elektrische Störungen. Während dieser Zeit brach auch die

Funkverbindung zusammen, so, als habe ein Blitz in die Kommunikationseinrichtung eingeschlagen. Zinsser gelangte unbeschadet aus dem Gebiet heraus und landete später im Raum Merseburg.

Alle Anzeichen deuten darauf hin, dass sich in dem von Zinsser beschriebenen Gebiet eine kleine Atomexplosion ereignet hatte. Lichtblitz — Druckwelle — Explosionswolke, die sich ausdehnt und eine Pilzform bildet — elektromagnetische Störungen: Das alles sind mehr als deutliche Hinweise auf etwas, was nach amerikanischer Experten-Einschätzung gar nicht existierte.

Die Zinsser-Aussage ist übrigens in einem Dokument mit der Bezeichnung ›Investigations, Developments, and Practical Use of the German Atomic Bomb‹ enthalten, das vom Hauptquartier der *United States Strategic Air Force* in Europa am 19. August 1945, also nach Kriegsende, für eine größere Lageeinschätzung verfasst wurde und hier eine Zusammenstellung verschiedener Auffassungen deutscher Fachleute (Physiker, Chemiker, Raketenspezialisten) zum Thema ›Forschungsarbeiten an der deutschen Atombombe‹ darstellt.

Dr. Edse, ein bekannter Chemiker, meinte, dass seiner Meinung nach das Projekt der Atombombenentwicklung nicht für diesen Krieg interessant gewesen wäre. Auch der befragte Dr. Harris behauptete, dass die deutsche Atomforschung nicht in der Lage gewesen sei, eine Atombombe fertigzustellen. Seines Wissens seien aber einige Fortschritte bei Zyklotronen erreicht worden. Dr. Lieb, Leiter des Patentamtes im Rüstungsministerium Speers, vertrat ebenfalls die Auffassung, Deutschlands Möglichkeiten seien damals nicht ausreichend gewesen, um eine A-Waffe zu bauen. Allen drei Experten waren aber, was ihre Aussagen erkennen lassen, lediglich die Forschungen des Heereswaffenamtes und des Kaiser-Wilhelm-Instituts bekannt, also genau das, was sich auch heute in der offiziellen Geschichtsschreibung wiederfindet.

Der für den Bericht verantwortliche amerikanische Offizier, Captain H. T. Freiberger, schien dieser theoretischen Einschätzung allerdings nicht zu trauen, denn wie sonst lässt es sich erklären, dass er zum Schluss noch den Zinsser-Augenzeugenbericht einfließen ließ, der das im Bericht Gesagte von den Füßen auf den Kopf stellte?!

Wir wissen nicht, ob der Bericht Zinssers zu weiteren Reaktionen des US-Militärs führte, halten das aber für sehr wahrscheinlich angesichts des langen Verteilerschlüssels. Allein 32 Kopien des Berichts gingen an G-2-Abteilungen im amerikanischen Militär, also an Spionageteams. Und dort dürfte man den Bericht von Zinsser nicht nur zur Kenntnis genommen haben, sondern es ist davon auszugehen, dass sofort entsprechende Nachforschungen eingeleitet wurden, da die Effekte, die der Flieger und Raketenspezialist beschrieb, sich einfach niemand ›aus den Fingern saugen‹ konnte. (Da der Bericht vom 19. August 1945 datiert, konnte Zinsser einfach noch nichts über die Effekte, vor allem die Sekundäreffekte, einer Atombombenexplosion wissen, es sei denn, er hatte sie selbst erlebt. Das US-Militär hielt die Einzelheiten des Atombombenabwurfes auf Hiroshima einige Zeit geheim.)«*

Im Anschluss gingen wir auf die von Zinsser genannten Primär- und Sekundäreffekte genauer ein und verglichen seine Schilderungen mit dem, was ein US-Amerikaner beim Abwurf der Nagasaki-Bombe als Augenzeuge erlebt und später beschrieben hatte:

»Der bekannte *New York Times*-Korrespondent W. L. Laurence, schon lange vor dem amerikanischen Manhattan Project mit führenden Atomphysikern befreundet, und zweimaliger Pulitzer-Preisträger (in den Jahren 1937 und 1946), hatte Gelegenheit, in einer der drei B-29-Bomber zu fliegen, die für

---

* Edgar Mayer & Thomas Mehner: *Hitler und die Bombe – Welchen Stand erreichte die deutsche Atomforschung und Geheimwaffenentwicklung wirklich?*, Kopp Verlag, Rottenburg 2002, S. 66–68.

den US-Atomeinsatz über Nagasaki vorgesehen waren. Sein Augenzeugenbericht wurde erst am 9. September 1945 veröffentlicht.

Schon einige Tage nach dem Abwurf der Hiroshima-Bombe konnte man relativ kurze Beschreibungen von der Erprobung der Plutoniumbombe auf dem Testfeld von Alamorgordo, der im Juli 1945 stattgefunden hatte, in der Presse lesen. Doch der Artikel von William L. Laurence in der *New York Times* am 9. September 1945 war eine Sensation, denn erstmals erfuhr die Leserschaft von den Begleiterscheinungen und den Wirkungen einer Atombombe.

Zinsser wurde noch vor dem 19. August 1945 vernommen und konnte also in gar keinem Fall die Angaben und Informationen in Laurences Artikel für seinen eigenen Augenzeugenbericht benutzt haben. Vergleicht man die beiden Beschreibungen der Augenzeugen einer A-Waffen-Explosion miteinander, wird man feststellen, dass Zinsser die Explosion detaillierter wiedergibt, als das Laurence tat. Der spanische Forscher Norbert Lahuerta hat die folgende Gegenüberstellung erarbeitet:

Zinsser	Laurence
..., when I noticed a strong bright illumination of the whole atmosphere, lasting about 2 seconds.	(...) all of us became aware of a giant flash that broke through the dark barrier of our ARC welder's lenses and flooded our cabin with an intensive light.
... and the colour of the cloud changed frequently. It became dotted after a short period of darkness with all sorts of light spots, which were, in contrast to normal explosions, of pale blue color.	We removed our glasses after the first flash but the light still lingered on, a bluish-green light that illuminated the entire sky all around.

The combustion was lightly felt from my observation plane in the form of pulling and pushing

The clearly visible pressure wave escaped the approaching and following cloud formed by the explosion.

Personal observation of the colours of the explosion cloud found an almost blue-violet shade.

During this manifestation reddish-coloured rims were to be seen, changing to a dirty-like shade in very rapid succession.

A cloud shaped like a mushroom with turbulent, billowing sections (at about 7000 metre altitude) stood, (...)

About one hour later (...). A cloud shaped like a mushroom (...) stood, (...), over the spot where the explosion took place.

Strong elektrical disturbances and the impossibilty to continue radio communications as by lightning, turned up.

A tremendous blast wave struck our ship and made it tremble from nose to tail.

Observers in the tail of our ship saw a giant ball of fire rise.

By the time our ship had made another turn in the direction of the atomic explosion. The pillar of purple fire had reached the level of our altitude.

Mr. Laurence hat nicht darüber berichtet, aber die rote Färbung wurde auch in der Nagasaki-Explosion beobachtet. Verantwortlich dafür ist das Stickstoffoxid.

The mushroom top was even more alive than the pillar, seething and boiling in a white fury of creamy foam, (...).

It (the mushroom) retained that shape when we last gazed at it from a distance of about 200 miles.

Mr. Laurence hat diese sehr typische Wirkung der Atombombe nicht beschrieben, auch wenn die Nagasaki-Bombe höchstwahrscheinlich auch diese Art von Störungen verursachte.

Der Deutsche Zinsser beschreibt die Färbung der Wolke genauer, gibt Zahlenwerte über die Ausdehnung und Dauer der
Explosion an und sagt außerdem, dass die Bombe Radiostö-
rungen verursachte (eine unmögliche Erscheinung bei konventionellen Explosionen, die aber bei Kernwaffendetonatio-
nen so gut wie nie fehlt). Nur einige ganz wenige Spezialisten
kannten dieses Phänomen im August 1945; nur eine Person,
die ein Radio- oder Funkgerät in der Nähe einer solchen Explosion benutzen musste (wie z. B. ein Pilot), hätte diese Se-
kundärerscheinung beobachten können.
Der einzige Unterschied zwischen diesen beiden Explosionen ist die Stärke. Laurence hat die Wirkung einer 20- bis
25-Kilotonnen-Bombe beschrieben, während Zinsser wahrscheinlich den Test einer vier bis fünf Kilotonnen starken Waffe beobachtet hat.
Sein Bericht allein ist schon praktisch der Beweis, dass
Deutschland die Atomwaffe hatte!«
So weit die bereits bekannten Fakten, die schon vor Jahren
durch uns publiziert wurden. Alle Rechercheure und Forscher,
die die genaue Signatur des Zinsser-Dokuments, unter der es
im Jahre 2005 *erneut* aufgefunden werden konnte, interessiert, finden sie in der zweiten Fußnote auf dieser Seite.**

---

* Edgar Mayer & Thomas Mehner: *Hitler und die Bombe – Welchen Stand
erreichte die deutsche Atomforschung und Geheimwaffenentwicklung
wirklich?*, Kopp Verlag, Rottenburg 2002, S. 76–78.
** Die Referenz des Dokuments »Investigations, Research, Developments,
and Pratical Use of the German Atomic Bomb« lautet wie folgt: *National
Archives and Records Administration* (NARA, College Park, Maryland)
unter Record-Group 38 (RG-38; Chief of Naval Operations, CNO),
Intelligence Division, Top Secret Reports of Naval Attaches 1944–1947
(Formerly Entry 98C), Box 9. Es besteht aus den sechs Seiten des eigentlichen Berichts »Investigations, Research, Developments, and Pratical Use
of the German Atomic Bomb« (datierend vom 19. August 1945, eingestuft
als »Secret«) und aus dem hinzugefügten »Intelligence Report« mit einem
»Upgrade« vom 24. Januar 1946 bzw. 9. Oktober 1945 (drei Seiten Um-
fang; Hochstufung auf »Top Secret«).

Unser Mittelsmann, der die Vor-Ort-US-Archivrecherche durchführte, informierte uns über weitergehende Details zum Zinsser-Dokument in einem ausführlichen Schreiben vom 30. September 2005. Dabei ist vorauszuschicken, dass seine eigentliche Arbeit nicht der Auffindung des Zinsser-Papiers diente, sondern er diese wichtige Unterlage bei anderen Recherchen zum Stand der deutschen Technologie eher zufällig fand. Er bemerkte dazu Folgendes: »Alle diese Leute, die sagen, dass dieses Dokument nicht echt sei und man es in keinem amerikanischen Archiv finden könne usw. usf. haben einfach keine Ahnung. Das Dokument ist *definitiv echt*, und wer es haben will, kann es dort, in College Park, ohne Probleme einsehen und kopieren.

Die gesamte [Dokumenten-]Gruppe von ›Top Secret Reports on Naval Attaches, 1944–1947‹ findet man in 17 Kisten. In Kiste 1 gibt es sogar ein Inhaltsverzeichnis, in dem man alle Dokumente der Sammlung aufgeschrieben hat. Ich habe natürlich auch diese Liste kopiert. ...

Der [gesamte neunseitige] Zinsser-Bericht trägt die ›Top Secret Control‹-Nummer 2644, wie man leicht feststellen kann (Stempel oben links oder unten rechts. ... [siehe Abbildung auf Seite 164, Anm. d. Autoren]) Die Dokumente der Kiste 9 werden im [hier intern so bezeichneten, Anm. d. Autoren] Dokument 19 auf den Seiten 44 bis 53 gelistet; das Zinsser-Dokument findet man ganz unten auf der Seite 51 [2644. (Enclosure). German Atomic Bomb. COMNAVEAU. London, 24. Jan. 46].

Wir können also nicht nur lückenlos beweisen, dass das Dokument existiert und echt ist, sondern auch, zu welcher Sammlung es gehört und in welcher Kiste es genau liegt.

Und schauen Sie sich nun bitte die erste Seite an [Abbildung auf Seite 164, Punkt »Evaluation«]; hier kann man feststellen ..., dass das Dokument als ›B-1‹ eingestuft wurde und von einer *offiziellen* britisch/amerikanischen Quelle stammt (Seite 1: ›SOURCE OFFICIAL – BRITISH/U.S.; Evaluation:

B-1‹). Diese Bewertung bedeutet, dass die *Quelle* und die *Information* **gut** bzw. **sehr gut** waren.* Der Inhalt [des Dokuments] stimmte also mit ALLER Wahrscheinlichkeit; unabhängige Berichte müssen die Richtigkeit von Zinssers Aussage bestätigt haben (*Credibility 1: Confirmed by other sources.*). Das originale Dokument wurde am 19. August 1945 niedergeschrieben ... und Kopien an verschiedene amerikanische und britische Stellen geschickt, die ... auf den Seiten 9 und 2–3 [des Gesamtdokuments] gelistet werden.. Merken ... Sie, dass auf der Seite 9 auch eine britische Organisation genannt wird – die A. D. I. (K) –, an die man die erhebliche Menge von 80 Kopien gesandt hat (*Seite 9: ›80 copies A. D. I. (K), Air Ministry‹*). Das war ... nötig, weil die A. D. I. (K) sich um die Verteilung in

---

* Für die Bewertung von Berichten wurde bei den US-Geheimdiensten ein sogenannter »Intelligence Code« verwendet, mit dem man die Zuverlässigkeit der Quelle und die Glaubwürdigkeit der berichteten Information festlegte:

Source ([Zuverlässigkeit der] Quelle)
A – Completely reliable (völlig zuverlässig)
B – Usually reliable (normalerweise zuverlässig)
C – Fairly reliable (ziemlich zuverlässig)
D – Not usually reliable (normalerweise nicht zuverlässig)
E – Unreliable (unzuverlässig)
F – Reliability cannot by judged (Zuverlässigkeit nicht beurteilbar)

Credibility (Glaubwürdigkeit [der Information])
1 – Confirmed by other sources (von anderen Quellen bestätigt)
2 – Probaly true (wahrscheinlich wahr)
3 – Possibly true (möglicherweise wahr)
4 – Doubtfully true (zweifelhaft)
5 – Improbable report (unwahrscheinlicher Bericht)
6 – Truth cannot be judged (Wahrheit kann nicht beurteilt werden)

Im konkreten Fall bedeutet die Angabe »B-1« also, dass die Quelle normalerweise als zuverlässig gilt und die von ihr gegebene Information durch andere Quellen bestätigt werden konnte.
Der »Intelligence Code« findet sich unter: *National Archives and Records Administration* (NARA, College Park, Maryland) unter Record Group 39 (RG 39; Records of Army Staff), Air Technical Intelligence Report, November 1948, »P«-File, Entry 82, Box 54.

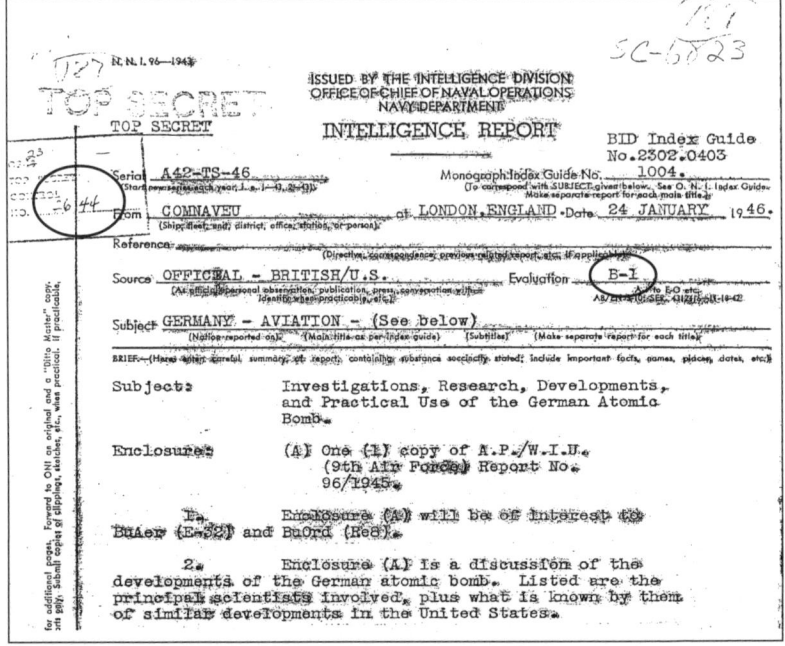

Das Deckblatt (Seite 1 des Gesamtdokuments) des Intelligence Reports »Investigation, Research, Development and Practical Use of the German Atomic Bomb« – versehen mit der Top-Secret-Control-Nummer 2644 und der Zuverlässigkeits-/Glaubwürdigkeitseinstufung »B-1«.

Großbritannien kümmerte. ... Die Geheimhaltungsstufe der britischen Kopien wurde am 9. Oktober 1945 von ›geheim‹ auf ›streng geheim‹ erhöht (Seite 3 des Gesamtdokuments): *›A. P./W. I. U. (9th. AIR FORCE) REPORT NO. 96/1945.*

Will all recipients of the above report please not that it has now been upgraded to TOP SECRET.

A. D. I. (K)　　　　　　*S. D. Franklin*
9th October, 1945　　　*Group Captain.‹*

... Es ist in jedem Fall interessant zu sehen, wie die beiden westlichen Alliierten gemeinsame Sache machen und die geheimen Berichte über die deutsche Atomforschung teilen. Die Briten allerdings gingen (und gehen noch heute) viel vorsichtiger mit diesen Berichten um als die Amerikaner. Ich habe natürlich versucht, Informationen über die A. D. I. (K) zu finden:

›*A. D. I. (K): Air Ministry's Assistant Directorate of Intelligence (K) – Known as A. D. I. (K).*

A. D. I. (K) was the Air Ministry intelligence organization which collected the captured documents and distributed these to other British and Allied intelligence organizations, even before the end of the war.‹«

Bei der A.D.I. (K) handelte es sich also um eine geheimdienstliche Organisation des britischen Luftfahrtministeriums, die erbeutete deutsche Dokumente sammelte und diese an andere britische und alliierte Geheimdienstorganisationen bis zum Ende des Krieges weiterleitete. Unser Mitrechercheur fand noch detailliertere Informationen zur A. D. I. (K), die aber hier nicht Gegenstand unserer Betrachtungen sein sollen, weil die Funktion dieser Institution bereits klar wurde. In seinem Schreiben hieß es weiter:

»Viele der ›A. D. I. (K)‹-Berichte wurden vor einigen Jahren freigegeben und sind nun im P. R. O. [*Public Record Office*, heute *National Archives* in Kew/London; Anm. d. Autoren] in der Sammlung AIR-40 zugänglich.

Aber kommen wir zurück zum Zinsser-Dokument. Die Kopie, die wir in unseren Händen haben, fand irgendwie ihren Weg zum Büro vom COMNAVEU (Commandeur, US Naval Forces in Europe) in London. Dort prüfte man das Dokument und gab ihm die oben erwähnte B-1-Bewertung; da es wertvolle Informationen für das ›BuAer‹ (*Bureau of Aeronautics*) und das ›BuOrd‹ (*Bureau of Ordnance*) enthielt, wurde nochmals eine Kopie nach Amerika geschickt. ...

S E C R E T

46. The problem of harnessing the released energy in the sense of using it as power for engines, factory machines, transportation (ground, water, air), has not been practically solved as yet. This side of uranium research is clearly a post war problem.

47. A man named ZINSSER, a Flak rocket expert, mentioned what he noticed one day: In the beginning of Oct. 1944 I flew from Ludwigslust (South of Luebeck), about 12 to 15 km from an atomic bomb test station, when I noticed a strong, bright illumination of the whole atmosphere, lasting about 2 seconds.

48. The clearly visible pressure wave escaped the approaching and following cloud formed by the explosion. This wave had a diameter of about 1 km when it became visible and the color of the cloud changed frequently. It became dotted after a short period of darkness with all sorts of light spots, which were, in contrast to normal explosions, of a pale blue color.

49. After about 10 seconds the sharp outlines of the explosion cloud disappeared, then the cloud began to take on a lighter color against the sky covered with a gray overcast. The diameter of the s still visible pressure wave was at least 9000 meters while remaining visible for at least 15 seconds.

50. Personal observations of the colors of the explosion cloud found an almost blue-violet shade. During this manifestation reddish-colored rims were to be seen, changing to a dirty-like shade in very rapid succession.

51. The combustion was lightly felt from my observation plane in the form of pulling and pushing. The appearance of atmospheric disturbance lasted about 10 seconds without noticeable climax.

52. About one hour later I started with an He 111 from the A/D at Ludwigslust and flew in an easterly direction. Shortly after the start I passed through the almost complete overcast (between 3000 and 4000 meter altitude). A cloud shaped like a mushroom with turbulent, billowing sections (at about 7000 meter altitude) stood, without any seeming connections, over the spot where the explosion took place. Strong electrical disturbances and the impossibility to continue radio communication as by lightning, turned up.

53. Because of the P-38s operating in the area Wittenberg-Merseburg I had to turn to the north but observed a better visibility at the bottom of the cloud where the explosion occured.
Note: It does not seem very clear to me why these experiments took place in such crowded areas.

FOR THE COMMANDING OFFICER:

Helenes T. Freiberger
HELENES T. FREIBERGER
Captain . AC

DISTRIBUTION:

-6-

S E C R E T

Die Tatsache, dass das Dokument richtige Informationen enthält, kann eigentlich kaum eine Überraschung sein, wenn man etwas von Kernphysik versteht und die Aussage Zinssers vorsichtig gelesen hat. Seine Beschreibung der Atomexplosion ist so genau und detailliert, dass man völlig ausschließen kann, dass er sie erfunden hat. ...«

Darüber hinaus erreichte uns im Zusammenhang mit dem Zinsser-Dokument noch eine Kurzinformation von Norbert Lahuerta, der sich schon vor mehreren Jahren mit dem Zinsser-Papier beschäftigt hatte, die wir unserer Leserschaft nicht vorenthalten wollen: »Ich schrieb Ihnen damals, dass Zinsser eine ca. vier oder fünf Kilotonnen starke Explosion gesehen hatte ... Um diese Schätzung vorzunehmen, benutzte ich die Angabe von Zinsser, wonach die Wolke ca. sieben Kilometer nach oben stieg ([Zinsser-Dokument,] Seite 9, Absatz 52). Zinsser sagte außerdem noch, dass die Leuchterscheinung ungefähr zwei Sekunden andauerte (Seite 9, Absatz 47). Diese Angabe habe ich damals übersehen. Aber in dem *Handbuch für Schirrmeister und Instrukteure* (Militärverlag der Deutschen Demokratischen Republik, Berlin 1986) kann man feststellen, dass eine Leuchtdauer von etwa zwei Sekunden einem Energieauswurf von ca. fünf Kilotonnen entspricht. (Das gilt für Tagesexplosionen, für Nachtexplosionen gelten etwas andere Werte.)

Und beachten Sie bitte auch, was Zinsser ganz am Ende [seiner Aussage, Zinsser-Dokument,] (Seite 9, Absatz 53) gesagt hat: ›Note: Is does not seem very clear to me why these

Gegenüberliegende Abbildung: Seite 9 des (Gesamt-)Dokuments »Investigation, Research, Development and Practical Use of the German Atomic Bomb« mit der Aussage des Flak-Raketen-Experten Zinsser. Man beachte den umfangreichen Verteilerschlüssel und die teils hohe Zahl der Kopien.

```
2597 (enclosure)
German acoustic homing torpedoes
COMNAVEU London, 14 Dec 45

2598 (enclosure)
German acoustic homing torpedoes
COMNAVEU London, 14 Dec 45

2599 (enclosure)
British torpedo research report
COMNAVEU London, 20 Dec 45

2611 (enclosure)
British production of vessels and naval munitions 1942-1946
CAMNAVEU London, 2 Jan 46

2612 (enclosure)
British electronics development status
COMNAVUE London, 3 Jan 46

2615
Political infighting among Jugosler officers
- USN Attache Cairo 3 Jan 46

2621 (enclosure)
British torpedo development reporte
CAMNAVEU London, 10 Jan 46

2625 (enclosure)
British supersonic mine firing device
COMNAVEU London, 15 Jan 46

2627 (enclosure)
British production  of ships and munitions 1942-1946
COMNAVEU London, 17 Jan 46

2635 (enclosure)
International zone of Morocco
US Naval Attache Tangier, 26 Jan 46

2640
US-Argentine relations
CNO Washington, 1 March 45

2644 (enclosure)
German atomic bomb
COMNAVEU London, 24 Jan 46
```

3

Auszug aus der Auflistung jener Dokumente, unter denen sich auch der Zinsser-Bericht (German atomic bomb, Top-Secret-Control-Nummer 2644) befindet. (Quelle: National Archives and Record Administration *[NARA], Record Group [RG] 38. Intelligence Division. Top Secret Reports of Naval Attaches 1944–1947 [Formerly Entry 98C], Box 1.)*

experiments took place in such crowded areas.‹ Diese Anmerkung bedeutet ..., dass er ein relativ dicht besiedeltes Gebiet überflog, als er die Explosion beobachten konnte!«

Wir wollen diese Anmerkung Zinssers an dieser Stelle nicht weiter diskutieren, aber offensichtlich waren die für den Test Verantwortlichen der Meinung, dass die Erprobung der neuen Waffe in bewohnten Regionen machbar sei, wie im Übrigen auch die Versuche auf Rügen und in Thüringen eindrucksvoll demonstrieren. Möglicherweise wurde sogar darauf spekuliert, dass die Gegner Deutschlands, die mit ihren Agenten zahlreiche Strukturen unterwandert hatten, die Erprobung derartiger Waffen in besiedelten Gebieten niemals erwarten würden.

Zum Schluss möchten wir uns auch noch der Person zuwenden, die den gerade eben diskutierten Report unterschrieb: Captain Helenes T. Freiberger – ein Mann, mit dem wir zunächst, was seine Funktion im amerikanischen Militär betraf, wenig anfangen konnten.

Interessanterweise fand sich aber im Laufe der Zeit dann doch eine heiße Spur: Captain Helenes T. Freiberger tauchte in dem Buch des bereits erwähnten britischen Autors Tom Bower *The Paperclip Conspiracy** auf, das später ins Deutsche übersetzt wurde.** Für die nachfolgenden Betrachtungen ist allerdings lediglich die US-Ausgabe von Relevanz.

Captain Freiberger wird in Bowers Buch als »American technical investigator« beschrieben, der die Fabriken und Forschungsanlagen des deutschen Technikers und Unternehmers Albert Patin auf- und untersuchte. Er verfasste im Ergebnis seiner Recherchen einen sogenannten (JIOA-)Sicherheits-

---

* Tom Bower: *The Paperclip Conspiracy*. Michael Joseph Ltd., London 1987. Wir zitieren im Weiteren allerdings aus dem gleichnamigen Werk, das als erste US-Version bei Little, Brown and Company, Boston/Toronto 1987, erschien.
** Tom Bower: *Verschwörung Paperclip. NS-Wissenschaftler im Dienst der Siegermächte*, Paul List Verlag in der Südwest Verlag GmbH & Co. KG, München 1988.

bericht.* Bei der JIOA handelte es sich um die *Joint Intelligence Objectives Agency,* eine wichtige Alliierten-Organisation, die so bezeichnete »security reports« von allen deutschen Wissenschaftlern, die nach Amerika gehen sollten bzw. sich schon dort befanden, besaß. Die meisten dieser Berichte, die heute zugänglich sind, befinden sich in den »Record Groups« 319 und 330 in den amerikanischen *National Archives* und in Fort Meade (Maryland).

Patin ist heute so gut wie unbekannt, er war aber ein sehr wichtiger Mann, der bis zum Kriegsende immerhin 6000 Mitarbeiter in seinen Fabriken und Forschungsanlagen beschäftigte. Er entwickelte und produzierte automatische Flugleit- und Fernlenksysteme für Flugzeuge und Flugbomben, die die Amerikaner sehr beeindruckten. Er wurde unmittelbar nach dem Krieg (im November 1945) unter Befehl von Oberst Donald Putt** in die Vereinigten Staaten gebracht, was auf seine Bedeutung schließen lässt.

Patin stellte sich nach dem Krieg geschickt als unpolitisch oder gar als Nazi-Gegner dar, was natürlich nicht stimmte, hatte er doch von der deutschen Regierung zahlreiche Ehrungen und von der Rüstungsindustrie eine Vielzahl von bedeutenden Aufträgen erhalten – manche seiner Geschäfte reali-

---

* Der Bericht Freibergers über Patin und seine Ambitionen wurde unter Record Group (RG) 319 JIOA, *Nationales Archives,* erfasst.

** Oberst Donald Putt, einstiger Testpilot, leitete bei Kriegsende das Unternehmen *Lusty* (Such- und Beuteeinssatz der US-Luftwaffe in Deutschland). Er spielte eine wichtige Rolle bei den Projekten *Overcast* und *Paperclip* (Verwendung besonders geeigneter deutscher Wissenschaftler in den USA) und war einer der wenigen amerikanischen Offiziere, die von Anfang an die Bedeutung des wissenschaftlich-technischen Potenzials, das die Deutschen besaßen, für die USA erkannten. Putt setzte sich massiv für eine Eingliederung der deutschen Experten ein und sah die baldige Konfrontation mit der UdSSR voraus, sodass er selbst gegenüber seinen Vorgesetzten oft in großer Deutlichkeit auf die Notwendigkeit der Sicherung des deutschen Know-hows hinwies. Putt gehörte zum *Air Material Command* der US-Luftwaffe.

sierte er sogar direkt mit Hermann Göring! –, die ihn zu einem reichen Mann machten. Patin war ohne Zweifel eine wichtige Person für die Deutschen und dann ebenso ein wichtiger technischer Fachmann für die Amerikaner, was umgekehrt auch bedeutet, dass Captain Freiberger eine wichtige Figur im Rahmen der Arbeit des JIOA gewesen sein muss (wir halten ihn für einen engen Vertrauten von Oberst Donald Putt, möglicherweise sogar für seine »rechte Hand«). Freiberger war also weitaus mehr als ein Bürokrat und sein Gespräch mit Zinsser daher sicherlich kein Zufall. Es bleibt abzuwarten, ob weitere Recherchen zusätzliche Informationen zu Freiberger und Zinsser erbringen werden.*

In dem Buch von Bower findet man noch weitere interessante Hinweise. Wir wollen uns an dieser Stelle auf einen einzigen beschränken – einen Bericht des *Joint Intelligence Committee* (JIC), der auf Seite 161 erwähnt wird und zeigt, dass die Amerikaner auch nach dem Krieg Ängste ausstanden, wenn es um die deutschen Experten ging. In dem Bericht heißt es wörtlich:

»Unless the migration of important German scientists and technicians into the Soviet zone is immediality stopped, we believe that the Soviet Union within a relatively short time may equal United States developments in the fields of atomic research and guided missiles and may be ahead of U.S. development in other fields of great military importance, including infra red, television and jet propulsion. In the field of atomic research for example, we estimate that German assistance already has cut substantially, probably by several years, the time needes for the USSFR to achieve practical results.«**

---

* Wie wir gerüchteweise erfuhren, soll es Dr. Rainer Karlsch gelungen sein, Zinsser zu identifizieren und sein Nachkriegsschicksal aufzuklären.
** Tom Bower: *The Paperclip Conspiracy*. Little, Brown and Company Boston/Toronto 1987, S. 161. Die Referenz des Berichtes lautet: JIC 317/10 RG 218. JCS CCS 471-9 (1/5/45), Sect. 3 1/5/45.

Man muss sich das eben Zitierte langsam auf der Zunge zergehen lassen: Das JIC meint, dass, wenn die Abwanderung von wichtigen deutschen Wissenschaftlern und Technikern in die sowjetische Zone nicht unverzüglich beendet werde, die Gefahr bestehe, dass die Sowjetunion innerhalb einer relativ kurzen Zeit sich dem Stand der Vereinigten Staaten annähern könne, also in der Lage sei, mit Entwicklungen auf den Gebieten atomarer Forschung und ferngelenkter Geschosse sowie in anderen Feldern großer militärischer Wichtigkeit einschließlich der Infrarottechnologie, des Fernsehens und der Düsenflugzeugantriebe gleichzuziehen. Auf dem Sektor der atomaren Forschung, so das JIC weiter, könne die deutsche Hilfe die UdSSR in die Lage versetzen, binnen weniger Jahre praktische Erfolge zu erzielen.

In diesem konkreten Falle haben wir ein Dokument einer hohen Alliierten-Regierungsstelle vorliegen, das es – wie viele andere – niemals geben dürfte, wenn die offizielle Geschichtsschreibung in Bezug auf die deutsche Atomforschung während des Zweiten Weltkrieges richtig wäre. Wenn nämlich die besten deutschen Kernforscher (wie Heisenberg, Hahn, Gerlach, Diebner, von Weizsäcker etc.) allesamt Versager waren – wie die gesamte Geschichtsschreibung der Alliierten behauptet – und nur den lächerlichen Reaktor in Haigerloch bauen konnten, warum kümmerte sich dann, um Himmels willen, die wichtigste angloamerikanische Geheimdienstorganisation um die Frage, ob einige zweitrangige deutsche Kernphysiker bzw. mit der Materie verbundene Spezialisten (wie von Ardenne, Riehl, Barwich, Hertz, Thiessen u. a.) in die UdSSR gingen oder nicht?! Weshalb waren einige unwichtige Figuren so gefährlich, wenn schon die großen Professoren nichts erreicht hatten? Hatte das JIC wirklich nichts Besseres zu tun, als sich um eine derart lächerliche Angelegenheit zu kümmern?

Es wird immer behauptet, dass die Amerikaner kein Interesse an den deutschen Atomwissenschaftlern zeigten und dass die anderen Atomexperten, die in die Sowjetunion gingen, dort keinen wichtigen Beitrag leisteten. Es ist einfach unglaublich, wie die Tatsachen bisher verdreht wurden, denn das genaue Gegenteil ist richtig: Schon General Groves, der für das amerikanische Manhattan Project – das, wie bereits mehrfach erwähnt, der Schaffung der US-Atomwaffe diente – von militärischer Seite her verantwortlich war, wollte im Jahre 1946 die großen Namen der deutschen Kernphysik schnellstens in die Vereinigten Staaten bringen lassen. Nun haben wir auch noch den *unbestreitbaren Beweis,* dass sogar die zweitrangigen deutschen Spezialisten, die 1945 in die UdSSR gingen, den westlichen Alliierten große Sorgen bereiteten, weil man glaubte, dass der vermeintliche amerikanische Vorsprung auf dem Gebiet der Atomwaffen innerhalb kurzer Zeit aufgeholt werden könne, ja, dass die Russen auf einigen Gebieten den amerikanischen Stand der Technik sogar überrunden könnten! Aber wie sollte jemand den Russen beispielsweise beim Bau eines nuklearen Waffensystems helfen, der selbst überhaupt keine Erfahrung in dieser Hinsicht hatte?

Nun, die deutschen Atomforscher waren, wie wir immer wieder betont haben, keineswegs so harmlos, wie es uns die Geschichtsschreibung weiszumachen versucht. Im Gegenteil: Die Ängste der westlichen Alliierten bestanden zu Recht. Die angloamerikanischen Technologieaufspürorganisationen wussten bereits kurz nach Kriegsende in einigen Fällen bestens Bescheid, wer ihnen da ins Netz gegangen war. Erinnert sei in diesem Zusammenhang an den von uns bereits ebenfalls diskutierten Standort Celle. Das britische Hauptquartier der *21. Army Group* in Deutschland informierte am 7. August 1945, dass man im Norden Hannovers in einer kleinen Fallschirmseidefabrik Pläne für eine deutsche Atombombe gefunden habe, die einen Sechs-Meilen-Vernichtungsradius habe. Ein deutscher Wissenschaftler, der gefangen genommen werden konnte, erklärte, dass seine Arbeit an der Waffe bei erfolgreichem

Verlauf im Oktober (1945) abgeschlossen werden sollte. Die Erklärung der Briten wurde am 8. August 1945 auch in der *Washington Post* auf Seite 3 am Ende des dortigen Artikels »Allies Seized German Atom Experts, Data« abgedruckt. Wie wir heute wissen, arbeiteten in Celle die beiden deutschen Atomforscher Wilhelm Groth und Paul Harteck, wobei bis jetzt noch eine gewisse Konfusion in der Beurteilung der Frage herrscht, wie weit die Forschungen der beiden Experten im Falle von Celle tatsächlich fortgeschritten waren.* Aus *offizieller* Sicht konnten die beiden Deutschen natürlich nichts Wichtiges erreicht haben, weil es kein deutsches Atombombenprogramm gab, denn dieses war ja im Jahre 1942 gestoppt worden. Merkwürdig ist in diesem Zusammenhang nur, dass einer der alliierten Fachleute, die mit der Auswertung des in Celle Gefundenen befasst waren, dabei einen regelrechten Schock erlitten haben musste. Bei der Person handelte es sich um Kenneth Goudge, einen Fachmann auf dem Gebiet der Kernphysik, der im Krieg bei der britischen Marine gedient hatte und von dieser für die Untersuchungen in Celle abgestellt worden war. Er verfasste nach dem erlittenen Schock unmittelbar und ohne viel Federlesens einen handschriftlichen Brief an seinen Vorgesetzten, Prof. Blackett. In diesem Brief warnte Goudge – dabei bewusst auf seine berufliche Qualifikation hinweisend – die britischen Verantwortlichen ausdrücklich davor, Groth und Harteck ins Land zu bringen und dort ohne Kontrolle arbeiten zu lassen – man würde dies eines Tages bitter bereuen.** Der Brief von Goudge wurde von Prof. Blackett an die verantwortlichen Dienststellen der Admi-

---

* Siehe Details dazu in: Edgar Mayer & Thomas Mehner: *Das Geheimnis der deutschen Atombombe. Gewannen Hitlers Wissenschaftler den nuklearen Wettlauf doch?*, Kopp Verlag, Rottenburg 2001, S. 57–64.
** Letter from Kenneth Goudge to Prof. Blackett, *21 Army Group*, 14.08.1945; »Investigations of nuclear physics developments in Germany«, AB 1/110, *National Archives* (früher *Public Record Office*, P. R. O.), Kew/ London.

Die erste Seite des Briefes, den Kenneth Goudge an Professor Blackett schrieb. In ihm warnte er vor den Gefahren, die sich ergeben würden, kämen die in Celle tätigen deutschen Wissenschaftler Wilhelm Groth und Paul Harteck nach Großbritannien. (Quelle: National Archives, Kew/London) ralität weitergeleitet, die sich dann untereinander diesbezüglich abstimmten. Ihr Fazit: Die Kontrollmethoden in Bezug auf die deutschen Wissenschaftler seien ausreichend, und man habe alles im Griff, meinte ein Vertreter der britischen Admiralität – ein gewisser W. A. Akers.* Die Frage ist nur, was Goudge so erschreckt haben mochte, dass er sich gezwungen sah, unmittelbar zu reagieren? Die deutschen Atomforscher mussten wohl doch an etwas gearbeitet haben, das den Presseberichten der Alliierten sehr nahe kam – und bei seiner Anwendung erschreckende Konsequenzen gehabt hätte. Wir können im Moment nur darüber spekulieren, dass es vielleicht eine herkömmliche Kernspaltungswaffe oder eine höherwertige Fusionsbombe war. Groth und Harteck hatten Anfang der 1940er Jahre an einem Verfahren zur Trennung der Uranisotope U-235 und U-238 gearbeitet, wie heute im Deutschen Museum in München befindliche Dokumente zeigen. Paul Harteck befasste sich später aber auch mit grundlegenden Problemen der Fusion, wie wir schon in einer früheren Publikation darstellten. Genaueres wird wohl erst zu erfahren sein, wenn eines Tages die Alliierten-Archive die bis dato klassifizierten Dokumente freigeben werden.

Lassen Sie uns zusammenfassen: Die Angst der Amerikaner und ihrer Verbündeten, der Briten, vor dem Einsatz neuer deutscher Geheimwaffen – hier besonders der Atombombe und der nicht abfangbaren Interkontinentalrakete oder ebenso in Entwicklung befindlicher weit reichender Marschflugkörper – beruhte weder auf Paranoia noch auf deutscher Propanda. Führende Repräsentanten insbesondere der USA betonten nach dem Krieg, dass das, was in Deutschland an Tech-

---

** Letter from W. A. Akers to W. H. Hulme, Esq., D. N. O. R., Admirality, 12.09.1945; »Investigations of nuclear physics developments in Germany«, AB 1/110, *National Archives* (früher *Public Record Office*, P. R. O.), Kew/London.

nologien gefunden wurde, in einem nächsten großen bewaffneten Konflikt »Amerika auslöschen« würde. Damit konnten kaum jene Waffensysteme gemeint sein, die sich bei Kriegsende bereits im Truppendienst befanden, also die V-1 oder die V-2. Nein, es musste etwas anderes gegeben haben, das bis heute nicht das Licht der Öffentlichkeit erblickt hat. Ob wir weitere 60 Jahre darauf warten müssen, die Wahrheit zu erfahren?

»Wir wollten nicht ihr Land, wir wollten nicht ihre Bodenschätze oder sonst irgendwas. Wir wollten diese Technologie. Und wir hatten Leute, die dafür zuständig waren, diese zu holen, die sogenannten Ausbeutungsteams.«

Wolf E. Samuel, US-Luftwaffe, im Film *Hitlers Geheimwaffen – Raketen für die Sieger*

Der größte Raubzug aller Zeiten?

Bevor wir uns der Frage zuwenden wollen, was die amerikanischen Beuteteams in Deutschland noch alles in Labors, Entwicklungsstätten und Forschungseinrichtungen der Wissenschaft und Industrie fanden, müssen wir uns in diesem Kapitel mit einem besonderen Problem auseinandersetzen, das zum Gesamtverständnis einen wichtigen Beitrag leisten wird: der Wegnahme von Patenten, Erfindungen, Technologien und damit in Zusammenhang stehenden Aufzeichnungen jeglicher Art durch die Sieger. Dabei konzentrieren wir uns absichtlich auf das, was die Amerikaner »evakuierten«, da sie wohl den Löwenanteil all dessen mit sich nahmen, was verfügbar war.

Wir vertreten die Auffassung, dass man die Vorgänge um die Geheimwaffen der zweiten Generation nur dann begreifen kann, wenn man weiß, welche enormen Mengen an Wissen und Technologien quasi als Reparationszahlungen von den ehemaligen Alliierten beschlagnahmt wurden. Dabei ist zu berücksichtigen, dass vieles, was in Deutschland nach dem Zusammenbruch erbeutet wurde, nie aufgezeigt wurde, sondern dass die bis Kriegsende andauernde deutsche höchste Geheimhaltung einfach durch die amerikanische, britische, französische und russische Klassifizierung von Informationen abgelöst wurde. Vor allem Amerikaner und Russen verstanden die einmalige Chance, die sich ihnen bot, sofort, denn sie ließ jeweils den Traum von einer alles beherrschenden Macht in greifbare Nähe rücken.

Wenn wir uns nachfolgend mit den erbeuteten Patenten, Informationen, Dokumenten und Technologien auseinandersetzen, so tun wir das in dem Bewusstsein, an dieser Stelle nur einen Bruchteil dessen aufzeigen zu können, was eigentlich erläutert werden müsste. Ziel soll es nicht sein, bis ins Detail gehende Betrachtungen anzustellen, sondern Zusammenhänge aufzuzeigen. Das heißt, wir werden uns auf Wesentliches beschränken, um den Rahmen der vorliegenden Arbeit nicht zu sprengen. Möglicherweise wird in Zukunft die Möglichkeit bestehen, auf Einzelaspekte dessen, was wir vorstellen werden, genauer einzugehen.

Wir wollen, bevor wir auf den von manchen spitzfindigen Zeitgenossen als »Patenteklau« bezeichneten Wissens- und Technologietransfer eingehen, noch darauf hinweisen, dass die Motivationen der alliierten Politiker und Militärs in Bezug auf die Niederwerfung Deutschlands (und auch Japans) keineswegs immer so klar erscheinen, wie das heute in den Geschichtsbüchern steht oder gern vollmundig in Sonntagsreden behauptet wird. Fakt ist: Es herrschte Krieg, und jede Seite war bemüht, diesen für sich zu entscheiden. Die Alliierten wollten das nationalsozialistische Deutschland um jeden Preis vernichten, da von ihm eine Gefahr für die freie Welt bzw. – bezogen auf die damalige Sowjetunion – für die bolschewistische Revolution ausging. Nach dem Beginn des Zweiten Weltkriegs am 1. September 1945 hatte Deutschland schnell militärische Erfolge erzielt und war dabei übermütig geworden. Nach dem Überfall auf die Sowjetunion und der Niederlage der deutschen Wehrmacht bei Stalingrad zeichnete sich ab, dass sich das Kriegsglück gewendet hatte und somit für die Alliierten die Chance bestand, Deutschland zu besiegen. Es wäre kindlich-naiv, würde man annehmen, dass die Briten, Franzosen, Russen und Amerikaner angesichts der sich abzeichnenden deutschen Niederlage nur darauf aus waren, das nationalsozialistische deutsche System auszumerzen. Nein, es ging um viel mehr: um die Neuaufteilung von Einflusssphären und Märkten, um Machtentfaltung und um Möglichkeiten, diese Macht zu stabilisieren – von der Ausschaltung Deutschlands als mächtiger industriell-technisch-wissenschaftlicher Nation ganz zu schweigen. Immerhin war der Zweite Weltkrieg nicht nur ein

Krieg der Weltanschauungen, sondern auch ein Krieg von Mächten, die mehr oder weniger imperiale Ambitionen hatten bzw. ihre globalen Netzwerke auszubauen oder zumindest zu erhalten gedachten. Von den Gewinnen, die durch die Kriegsfinanzierungen entstanden, ganz zu schweigen. Bezahlt wurde der ganze Wahnsinn mit Millionen von Toten und Verletzten. Es hat nicht an Versuchen gefehlt, den Sieg der Alliierten als den Sieg der moralisch Überlegenen darzustellen. Im Großen und Ganzen mag das korrekt sein, es darf allerdings nicht vergessen werden, dass die Niederwerfung Deutschlands mit teils unmenschlichen, barbarischen und terroristischen Mitteln herbeigeführt wurde, wie die angloamerikanischen Flächenbombardements in Bezug auf Deutschland deutlich zeigen, die vor allem die Zivilbevölkerung trafen. Offenbar verfuhren die politisch und militärisch Verantwortlichen auf alliierter Seite nach dem Bibel-Motto »Auge um Auge, Zahn um Zahn« und nach den Methoden, die die Deutschen vorher gegen Polen, Großbritannien oder Russland angewendet hatten. Dieses »Auge um Auge, Zahn um Zahn«-Prinzip, das vor allem in den letzten Monaten des Krieges offensichtlich wurde, war für viele Zeitzeugen wie auch manche Historiker nie recht verständlich, lag doch Deutschland schon halb in Trümmern – ohne Chance, den vielpropagierten »Endsieg« zu erringen. Manche Zeitgenossen behaupteten daher, die angloamerikanischen Bombenangriffe seien ein Zeichen der Rache gewesen. Doch halt: Mit derlei Vorwürfen sollte man vorsichtig sein angesichts dessen, was bisher ausgeblendet wurde: der Drohung der deutschen Atombombe. Sie ist unseres Erachtens das fehlende Element, um das Bild der damaligen Zeit zu komplettieren und die Aktivitäten der Briten und Amerikaner in ihrer Gesamtheit zu verstehen. Wir betonten bereits, dass dieses Element auch verständlich werden lässt, warum Städte wie Plauen, Würzburg oder Dresden – die teilweise als Lazarettstädte ausgewiesen waren – der Vernichtung anheimfielen.

Den Alliierten blieb wohl keine andere Möglichkeit, als mit allem, was ihre Waffentechnik und wirtschaftliche Leistungsfähigkeit hergab, Deutschland zu attackieren. Man wusste, dass deutsche Wissenschaftlicher, Techniker und Ingenieure an unheimlichen neuen Waffensystemen mit erschreckender Vernichtungskraft arbeiteten; man war aber wahrscheinlich nicht darüber informiert, wo genau diese Waffen entstanden. Demzufolge schien das einzige probate Mittel eine flächenmäßige Totalbombardierung Deutschlands zu sein, hoffte man doch, durch Zufall die entscheidenden Entwicklungseinrichtungen und auch die Grundlagenindustrie zu zerstören. Ob diese Taktik erfolgreich war, erscheint ungewiss. Sicherlich wurden viele Industriebetriebe und Forschungseinrichtungen bombardiert und damit die dortige Arbeit empfindlich gestört. Wir gehen aber davon aus, dass die entscheidende Forschung, Entwicklung und Produktion in unterirdischen Einrichtungen betrieben wurden, die für die Luftstreitkräfte der Alliierten nicht zu erreichen waren. Aus diesen Installationen konnten die Alliierten nach dem Krieg vieles abtransportieren, das nie das Licht der Öffentlichkeit erblickte.

Bevor wir auf die Menge der in Deutschland erbeuteten Informationen, Dokumente, Patente und Technologien eingehen, sei ein Blick nach Japan gestattet. Auch dort ist bis heute vieles im Dunkel geblieben, was mit der amerikanischen Invasion zusammenhängt. Wir wurden erst vor etwas mehr als einem Jahr auf ein besonderes Rätsel aufmerksam, das den US-Atombombeneinsatz und ein besonderes Beutegut – Gold – zu umgeben scheint. In einer Publikation des Autors Günter Hannich, die ein ganz anderes Thema zum Inhalt hatte, war folgendes zu lesen:

»*Atombomben für die Goldwährung?*

Die Internet-Zeitung *Saar-Echo* publizierte im Jahre 2005 einen interessanten Artikel, den der Journalist Frank Krüger verfasst hatte. Krüger war innerhalb einer drei Jahre andauernden Recherche der Frage nachgegangen, warum die Atombomben in Japan eingesetzt wurden, wo sich das japanische Raubgold befand und wie das Ganze mit der Nachkriegsfinanzordnung zusammenhing.

Dabei fand er heraus, dass die Atombombe, die am 6. August 1945 auf Hiroshima fiel, in größter Eile eingesetzt worden war. Auch die Bombe auf Nagasaki, die drei Tage später folgte, wurde abgeworfen, ohne die Reaktion Japans auf den ersten Atomschlag abzuwarten. Schon am 16. Juli 1945 habe der amerikanische Präsident Truman ungeduldig bei der Konferenz in Potsdam auf die Meldung aus Amerika über den ersten gelungenen Test mit einer Atombombe gewartet. Er wollte unbedingt den sowjetischen Diktator Stalin mit einer Erfolgsmeldung überraschen, weswegen auch die Konferenz auf die zweite Juli-Hälfte verschoben worden war, wie Krüger meinte. Dabei sei bis heute vieles in Bezug auf die Atombomben unklar, und der amerikanische Historiker [Gar] Alperovitz bemerkte, dass viele Dokumente offensichtlich unterschlagen oder merkwürdig manipuliert bzw. neu geschrieben worden seien. Deshalb fragte der Wissenschaftler, was es zu verbergen gebe. Noch 60 Jahre später unterlägen die Umstände, die zum Atomwaffeneinsatz führten, der strengsten Geheimhaltungsstufe.«*

Dass viele der Unterlagen zum Einsatz der US-Atomwaffen gegen Japan immer noch der Klassifizierung unterliegen, war uns wohlbekannt. Schon vor Jahren hatten wir von US-Rechercheuren, die sich diesem Thema gewidmet hatten, erfahren, dass es in dieser Hinsicht eine schwer verständliche Geheimhaltung gab. Warum hier Informationen zurückgehalten wurden, konnte von unseren Partnern nur vermutet werden: Die einen meinten, die Gesamtheit aller Dokumente würde – wenn

---

* Günter Hannich, *Staatsbankrott – Wann kommt die nächste Währungsreform?*, Kopp Verlag, Rottenburg, 1. Auflage 2006, S. 80 f.

sie denn zugänglich wären – beweisen, dass die Bomben oder Teile davon nicht aus amerikanischer Produktion stammten.

Andere spekulierten, dass die US-Atomwaffen aus eigener Kraft fertiggestellt wurden, dass die *Einsatzumstände* aber besondere waren und aus welchen Gründen auch immer nicht offensichtlich werden durften. Dass die letztere Variante durchaus einiges für sich haben konnte, erfuhren wir bei Autor Hannich: »Dabei habe, so Krüger weiter, Truman damals auch noch einen zweiten Trumpf gegenüber Stalin besessen: Die Amerikaner hatten deutsche Nachrichtenspezialisten und deren Entschlüsselungsmaschinen in den eigenen Dienst übernommen, welche die sowjetischen Codes entschlüsseln konnten. Die Amerikaner seien deshalb über alle sowjetischen Pläne unterrichtet gewesen. Dabei wurde bekannt, dass Stalin bereits im Februar 1945 den Befehl zur Besetzung Japans durch die Rote Armee gegeben habe. Truman befürchtete, dass die Sowjetunion vor den USA Japan einnehmen könnte – vor allem, da die amerikanische Landungsoperation erst für November 1945 geplant gewesen wäre. Die Rote Armee hingegen hatte ihre Vorbereitungen für eine Invasion Japans bereits im Juni 1945 abgeschlossen. Brisant wäre die Angelegenheit deshalb gewesen, weil es in Japan um eine Kriegsbeute von einigen hundert Milliarden Dollar gegangen sei. Dagegen habe man in Deutschland gerade 20 Milliarden Dollar als Siegerbeute vereinnahmt. In Japan habe die Armee seit 1937 systematisch im ganzen südostasiatischen Raum große Mengen Gold erbeutet. Für die USA sei das japanische Raubgold mit sofortige Liquidität für das Bretton-Woods-System verbunden gewesen. Im Abkommen von Bretton Woods sei dann auch vereinbart worden, dass im Mittelpunkt des internationalen Finanz- und Währungssystems der Nachkriegszeit wieder das Gold stehen solle, und zwar in Form eines Gold-Dollar-Standards.

Um jedoch den Dollar als Weltleitwährung zu etablieren, sei das Gold als Vertrauensbringer nötig gewesen. Roosevelt habe bereits ab 1934 mit einer geschickten und konsequenten Politik große Teile des europäischen Goldes angezogen und akkumuliert. Aufgrund der sowjetischen Invasionspläne drohte Truman nun das japanische Raubgold verloren zu gehen, bevor es in den Besitz der Vereinigten Staaten gelangen würde. Truman habe handeln müssen, ohne die Hintergründe seiner Aktionen offenlegen zu können.

Die eiligst durchgeführten Atomschläge gegen das faktisch bereits geschlagene Japan hatten nach dieser Hypothese zum Ziel, den Krieg *sofort* zu beenden, um damit einer sowjetischen Invasion zuvorzukommen. Daraufhin habe Stalin noch in letzter Minute die bereits anlaufende Invasion Japans zurückgezogen.«*

Sollte hier der größte Goldraub aller Zeiten vertuscht werden? Waren die amerikanischen Atomwaffen deshalb so schnell zum Einsatz gelangt, um den Russen bei der Invasion Japans zuvorzukommen? Das Ganze, so unsere Überlegung, wäre wohl die größte Kriminalgeschichte des 20. Jahrhunderts – vorausgesetzt, das hier Zitierte entspräche den Tatsachen.

Günter Hannich erwähnte dann im weiteren Verlauf seiner Darstellung, dass Japan nach dem Krieg als treuer Vasall der Vereinigten Staaten die Unterschlagung des Raubgoldes mit verschleiert habe und dass alle Versuche, diesen Vorgang aufzuklären, gescheitert seien. So habe beispielsweise die niederländische Regierung versucht, durch eine Untersuchung Licht in diesen ungeheuerlichen Vorgang zu bringen, doch in den vier zum Japan-Raubgold-Thema verfassten Untersuchungsberichten sei deutlich zu erkennen gewesen, dass es eine massive amerikanisch-japanische Mauer des Schweigens gab, die nicht durchbrochen werden konnte.** Autor Hannich weiter:

---

* Günter Hannich, *Staatsbankrott – Wann kommt die nächste Währungsreform?*, Kopp Verlag, Rottenburg, 1. Auflage 2006, S. 81 f. Wir danken dem Kopp Verlag für die Genehmigung zum ausführlichen Zitat.
** Ebenda, S. 82.

»Nordkorea verlangt noch heute offiziell 363 Tonnen Gold von Japan zurück, das während des Zweiten Weltkrieges gestohlen und geplündert wurde. Südkorea beklagt die Plünderung unter anderem der koreanischen Königsgräber und unersetzlicher Schätze aus Edelmetallen, die überall im Lande geraubt worden seien.

Dabei habe auch George Marshall (amerikanischer Generalstabschef des Heeres im Zweiten Weltkrieg, danach US-Außenminister) zwei Jahre vor seinem Tod auf die Frage eines Historikers, warum die Bomben über Japan abgeworfen wurden, geantwortet, dass es neben dem Leben von vielen Amerikanern auch um viele Hunderte Milliarden Dollar gegangen sei, die bei grober Hochrechnung der bereits bis jetzt vorliegenden Belege über den Raub von Gold, Platin, Silber und Diamanten durch Japan während des Zweiten Weltkriegs in Südostasien leicht zusammenkämen.«*

Selbstverständlich elektrisierte uns das Thema. Wir kontaktierten zunächst den Chefredakteur der Internetzeitung *Saar-Echo*, Walter Kronenberger, und baten ihn, einen Kontakt zu dem Journalisten Frank Krüger herzustellen. Herr Kronenberger war allerdings nicht bereit, uns eine Kontakt-Telefonnnumer zu geben, und meinte nur, dass Herr Krüger krank sei und aufgrund seiner Recherchen auch schon bedroht worden sei, wir also Verständnis haben sollten, wenn er uns nicht einfach so weitervermitteln könne. Nach nochmaliger Bitte erhielten wir eine Kontaktpostadresse – der an Herrn Krüger gerichtete Brief wurde allerdings nie beantwortet. Wäh-

---

* Günter Hannich, *Staatsbankrott – Wann kommt die nächste Währungsreform?*, Kopp Verlag, Rottenburg, 1. Auflage 2006, S. 82.
** Die Internetzeitung *Saar-Echo* (ehemals *www.saar-echo.de*) existiert heute nicht mehr, die Internetpräsenz ist abgeschaltet. Chefredakteur Kronenberger starb im Oktober 2006. Die Zeitung publizierte viele kritische und umstrittene Artikel, die Hintergrundinformationen zu Vorgängen in Politik, Wirtschaft und Gesellschaft lieferten, die sonst kaum zu finden sind, was zu zahlreichen Angriffen gegen sie führte.

Cover des Buches Gold Warriors*, das die Vorgänge um die Erbeutung des japanischen Raubgoldes durch die Amerikaner beleuchtet.*

rend unserer erfolglosen Bemühungen erhielten wir von einem Mitrechercheur den Hinweis, dass Herr Krüger möglicherweise für uns gar nicht so wichtig sei, vielmehr sollten wir das Buch der US-Amerikaner Sterling und Peggy Seagrave *Gold Warriors – America's Secret Recovery of Yamashita's Gold* * lesen. Dort würden wir die Antworten auf einige der uns interessierenden Fragen finden.

Nach dem Studium des Buches wurde offensichtlich, dass die von Günter Hannich publizierten Informationen einen Hintergrund hatten, der äußerst brisant war: Die Amerikaner hatten tatsächlich japanisches Raubgold, das in zahlreichen Verstecken (u. a. auf den Philippinen) lag, gesucht, geborgen und mit sich genommen, um anschließend einen Mantel des Schweigens über den Vorgang auszubreiten. Selbst die Autoren meinten, ein hochbrisantes Thema angerührt zu haben, das Folgen haben könnte: »Many people told us this book was historically important and must be published – then warned us that if it published, we would be murdered. An Australian economist who read it said, ›I hope they let you live.‹ He did not have to explain who ›they‹ were.«**

---

* Sterling und Peggy Seagrave: *Gold Warriors – America's Secret Recovery of Yamashita's Gold*, new edition, Verso, London/New York 2005.
** Ebenda, S. X.

In freier Übersetzung: Nachdem die Autoren ihr Manuskript fertiggestellt und es zahlreichen Personen zum Lesen gegeben hatten, meinten diese, dass es historisch bedeutsam sei und publiziert werden müsse – geschehe das aber, würden die Verfasser wohl ermordet werden. Ein australischer Ökonom meinte, er hoffe, man lasse sie (die Autoren) am Leben; er erwähnte aber nicht, wen er mit »man« meinte.

Wir können an dieser Stelle nicht auf Details eingehen und müssen stattdessen auf das oben genannte Buch, das unseres Wissens bisher nur im Englischen vorliegt, verweisen. Fakt ist aber – und hier haben die Seagraves eine hervorragende Arbeit geleistet, indem sie eines der größten Geheimnisse des 20. Jahrhunderts enthüllten –, dass die Vereinigten Staaten unmittelbar nach dem Ende des Zweiten Weltkrieges japanisches Raubgold in einer Größenordnung in die eigenen Tresore wandern ließen, dass jedem normalen Menschen Hören und Sehen vergehen würde, könnte er das Edelmetall aufgestapelt sehen. Die US-Geheimdienste hatten von diesem Gold, das sich Japan widerrechtlich im Krieg durch Mord und Erpressung angeeignet hatte, rechtzeitig erfahren, und die verantwortlichen Kreise in Washington beschlossen, dieses unter allen Umständen unter ihre Kontrolle zu bekommen. Die Atombomben – und hier kann man den Faden, den die Seagraves gesponnen haben, aufnehmen –, versetzten die Amerikaner in die Lage, die Invasion in Japan vorzuziehen und damit die Russen auszubooten. Die gesamte Vorgehensweise macht deutlich, worum es ging: um Gold im Wert von Abermilliarden Dollar und die damit verbundene Macht. Diesen Zielen wurden die Einwohner von Hiroshima und Nagasaki geopfert. Sind sie schockiert? Dann bedenken Sie bitte: Menschenleben spielen bekanntermaßen innerhalb imperial(istisch)er Politik keine Rolle – Hauptsache, der Profit stimmt.

Das Szenario, das sich aus den Einzelbausteinen ergibt, ist alles andere als ein Ruhmesblatt für die Vereinigten Staaten von Amerika, stattdessen vielmehr der Beweis, dass der Einsatz der Atombomben wohl ganz andere Gründe hatte als die (bisher) behaupteten. Unabhängig davon muss nochmals deutlich betont werden, dass die Japaner ihrerseits das Gold Chinesen, Koreanern und anderen geraubt hatten, die einen Anspruch auf Rückgabe hatten. Auch dieser wurde ignoriert – ein Skandal, der unsererseits nicht kommentiert werden muss, sondern diejenigen demaskiert, die gern von »Recht und Ordnung« sprechen. 60 Jahre nach dem Krieg haben sich die Verantwortlichen in den USA immer noch nicht dazu durchringen können, den Bestohlenen Gerechtigkeit widerfahren zu lassen.

Angesichts dieses Beispiels, das einen weiteren, nicht ganz unwichtigen Puzzlestein in unseren Betrachtungen darstellt, wird für jedermann klar ersichtlich, dass es aus der Zeit des Zweiten Weltkrieges stammende Geheimnisse gibt, die bis vor Kurzem kaum öffentlich als solche bekannt waren. Wir gehen davon aus, dass das japanische Raubgold nur eine der »Leichen« ist, die die USA in ihrem Keller liegen haben.

Kommen wir damit zurück zum eigentlichen Thema – dem Abfluss deutschen Wissens in Form von Dokumenten, Patenten und Technologien in Richtung USA. Es hat in der Vergangenheit immer wieder einmal Versuche gegeben, beispielsweise die Zahl der »evakuierten« Patente zu bestimmen, die nach dem Ende des Zweiten Weltkrieges aus Deutschland herausgeholt wurden. Wir erinnern uns dunkel daran, dass meist Zahlen zwischen 300 000 und 450 000 genannt wurden. Diese Zahlen sind allerdings, wie wir seit dem Jahre 2005 wissen, geschönt, um nicht zu sagen falsch. Die tatsächlichen Werte lagen weitaus höher und sollen von uns im Folgenden anhand amerikanischer Dokumente aufgezeigt werden, die einst vom *Office of Technical Services* (OTS) als dafür zuständiger Behörde verfasst wurden.

Bei einem solch komplexen und unübersichtlichen Thema

wie den von den Alliierten erbeuteten Informationen ist es schwierig, einen Anfang zu finden. Beginnen wir daher am besten mit dem Bericht »The Publication Board« eines gewissen Ralph R. Shaw, der in der Zeit unmittelbar nach dem Krieg höchstpersönlich mit jenen Problemen konfrontiert wurde, die sich aus der enormen Menge erbeuteter, insbesondere wissenschaftlich-technischer Unterlagen ergaben. Shaw wies in dem Artikel zunächst einmal darauf hin, dass der amerikanische Präsident Truman am 25. August 1945 die »Executive Order 9604« herausgegeben hatte, in der bestimmt wurde, wie mit den Dokumenten zu verfahren sei; insbesondere ging es darum, möglichst rasch einen Überblick zu gewinnen und die vorliegenden Informationen zügig auszuwerten.*

Shaw gestand allerdings ein, dass es gegenwärtig (April 1946) unmöglich sei, die Zahl der vorliegenden Dokumente abzuschätzen. Man müsse aber davon ausgehen, dass es sich um mehrere zehntausend Tonnen Papier handle. Er offenbarte weiter, dass schon bald die Frage aufkam, ob man sämtliche Dokumente nicht mikroverfilmen solle. Allerdings, so Shaw weiter, sei dieses Verfahren bei der Menge des vorliegenden Materials uneffektiv: Um 10 000 Tonnen Dokumente zu verfilmen, würde die Kapazität von 100 Verfilmungs- und Filmentwicklungsteams für die kommenden 50 Jahre gebunden werden.** Ganz zu schweigen von der immensen Zahl der neu entstehenden Filmrollen und deren notwendiger Indexierung und Einordnung in die Archive.

Shaw meinte daher, dass die einzige Lösung darin bestehe, nicht nur die Archiveinrichtungen der USA für die Umsetzung

---

* *National Archives and Record Administration* (NARA), College Park, Maryland. Record Group (RG) 40 (General Records of *Department of Commerce*), *Office of Technical Services* (OTS). Policy and Program Files of the *Technical Industrial Intelligence Division* (TIID) or *Committee* (TIIC), 1944–1948. Entry 75, Box 12, File: »Publicity«, Dokument »The Publication Board« by Ralph R. Shaw (S. 106).
** Ebenda.

dieser Aufgabe einzusetzen, sondern alle in Frage kommenden Regierungsbehörden um Unterstützung zu bitten. Das sei auch deshalb notwendig, weil die Archivare in der Bewertung der Dokumente auf ihre Wichtigkeit hin überfordert seien und weil nur Spezialisten auf wissenschaftlich-technischem Gebiet darüber urteilen könnten, welche vorliegenden Dokumentenbestände besonders bedeutsam seien und daher schnellstmöglich verfilmt werden müssten.

Dass Shaws Angaben noch untertrieben waren, was die Menge der aus Deutschland herangeschafften Unterlagen anbetraf, sollte später deutlich werden: Im Januar 1947 verfasste Dr. Lowell B. Kilgore vom OTS ein Memorandum mit dem Titel »Vorschlag zu einem Handbuch deutscher Kriegstechnologie«. In dem betreffenden Papier stellte er fest, dass die technischen Informationen, die man in den vergangenen zwei Jahren in Deutschland gesammelt habe, ein derart enormes Ausmaß erreicht hätten, dass es wirklich schwer sei, die amerikanische Öffentlichkeit über den Gesamtumfang zu unterrichten. Kilgore gab unumwunden zu, dass es sich bei dieser Sammlung um den größten Intelligenztransfer handle, den es je von einer Nation zu einer anderen gegeben habe, dass diese Sammlung aber auch das Wertvollste sei, das Amerika je erworben habe.*

Das *Publication Board*, so Dr. Kilgore weiter, habe natürlich nur einen winzigen Teil dieser Technologien in einigen Presseartikeln bekannt gemacht, und daher verstehe der normale Bürger kaum, dass dieses Wissenskompendium auch Informationen enthalte, die für ihn selbst sehr wichtig sein könn-

---

* *National Archives and Record Administration* (NARA), College Park, Maryland. Record Group (RG) 40 (General Records of *Department of Commerce*), *Office of Technical Services* (OTS). Policy and Program Files of the *Technical Industrial Intelligence Division* (TIID) or *Committee* (TIIC), 1944–1948. Entry 75, Box 3, File: »Inter-Office Memoranda: To and From Robert Reiss«, Seite 1 des Papiers: »Proposal for a Compendium of German War Time Technology«.

ten. Er selbst sehe allerdings keinen Weg, die gewaltige Flut an Informationen zu veröffentlichen.

Auf Seite 3 des Kilgoreschen Memorandums findet sich dann unter dem Punkt »German Patents« der Hinweis, dass sich die Zahl der erbeuteten deutschen Patente, die im Berliner Patentamt in gedruckter Form vorlagen und sich nunmehr in den USA befänden, auf 751 000 belaufen.* Diese Zahl wird in einem weiteren Dokument** aus dem Bestand des *Office of Technical Services* (OTS) sogar noch weiter präzisiert. Eine amerikanische Firma – *Hammill & Gillespie, Inc.* – interessierte sich in einem Brief vom 2. April 1947 für die Erzeugnisse eines deutschen Unternehmens (Binsstein). Ein Technologiespezialist der *Technical Industrial Intelligence Division* (TIID) namens Joseph T. Mayer konnte allerdings nichts über diese deutsche Firma in seinem Archiv finden, er versprach aber, sich anderweitig zu erkundigen. Das Interessante an dem aktenmäßig festgehaltenen Vorgang ist nun, dass der TIID-Mitarbeiter in seinem Antwortschreiben vom 21. April 1947 nicht vergaß zu erwähnen, dass nun 750 986 deutsche Patente aus den Kriegsjahren für die amerikanischen Bürger bei Zahlung von nur 20 Cent pro Kopie zur Verfügung stünden.*** Vielen Dank, Mr. Mayer, für diese akkurate Zahlenangabe!

---

* *National Archives and Record Administration* (NARA), College Park, Maryland. Record Group (RG) 40 (General Records of *Department of Commerce*), *Office of Technical Services* (OTS). Policy and Program Files of the *Technical Industrial Intelligence Division* (TIID) or *Committee* (TIIC), 1944–1948. Entry 75, Box 3, File: »Inter-Office Memoranda: To and From Robert Reiss«, Seite 3 des Papiers: »Proposal for a Compendium of German War Time Technology«.
** *National Archives and Record Administration* (NARA), College Park, Maryland. Record Group (RG) 40 (General Records of *Department of Commerce*), *Office of Technical Services* (OTS). Policy and Program Files of the *Technical Industrial Intelligence Division* (TIID) or *Committee* (TIIC), 1944–1948. Entry 75, Box 12, File: »Technical Inquiries«.
*** Ebenda, Antwortbrief an Mr. R. P. Isaac von *Hammill & Gillespie, Inc.*, New York.

You will probably be interested in knowing that single copies of
almost all German patents issued during the war years up to V-E
Day are on numerical file in the Patent Office Library in the
Commerce Building. These files of German patents were seized at the
Berlin Patent Office and evacuated to the United States in the
spring of 1946. The German Patent No. 750986 is the latest one
available. Photostatic copies of these patents may be ordered at
20 cents per page from the U.S. Patent Office, Washington 25, D.C.
Orders for copies should be accompanied by check or money order,
made payable to the Treasurer of the United States. For further

Auszug aus dem Brief der TIID an die Firma Hammill &
Gillespie, Inc., *New York, in dem die Zahl von über 750 000
zur Verfügung stehenden, ehemals deutschen Patenten genannt wird.*

Wer nun glaubt, das sei alles – und die Zahl der deutschen
Patente liegt hier schon unerwarteterweise doppelt so hoch
wie sonst in der Literatur genannt –, der muss sich eines
Besseren belehren lassen.

In einem weiteren uns vorliegenden Dokument, das sich
mit dem Thema der Mikroverfilmung der Patente des deutschen Patentamtes Berlin beschäftigt, wird unter Punkt e
»Statistics« erwähnt, dass auch noch 146 271 Patentansprüche
(»Patent Applications«) kopiert wurden. Bei dem ganzen Unternehmen, das einige Zeit in Anspruch nahm, waren insgesamt 89 Personen beschäftigt.*

Aus dem Anhang »A« (»Patent Classifications«) ist zu erse-
hen, welcher Natur die von der US-Behörde aufbereiteten
Patentunterlagen waren, aus welchem Technik- oder For-
schungsbereich (Maschinenbau, Bergbau, Kleidungsindustrie,
chemische Prozesse, Treibstoffe etc. pp.) sie stammten und

---

* *National Archives and Record Administration* (NARA), College Park,
Maryland. Record Group (RG) 40 (General Records of *Department of
Commerce*), *Office of Technical Services* (OTS). Policy and Program Files
of the *Technical Industrial Intelligence Division* (TIID) or *Committee*
(TIIC), 1944–1948. Entry 75, Box 12, File: »Document Research«.

wie hoch ihre Zahl war. Das Ganze mag bei oberflächlicher Betrachtung interessant erscheinen, es ist allerdings zu bemerken, dass sich unter den aufbereiteten Informationen offensichtlich nur solche befanden, die ohne Schwierigkeiten an die amerikanische Wirtschaft herausgegeben werden konnten. Uns interessierte deshalb für weitere Recherchen, ob die Amerikaner auch sogenannte »Geheimpatente« fanden bzw. ob diese möglicherweise gar nicht in die Betrachtungen der TIID aufgenommen wurden und stattdessen zur Auswertung an andere US-amerikanische Behörden gingen. Bei all den Erwägungen darf zudem nicht vergessen werden, dass wir hier nur die Zahlen jener Patente vorliegen haben, deren Erbeutung die US-Institutionen zugegeben haben; was sonst in deutschen Entwicklungseinrichtungen, Industrieunternehmen und vor allem (hoch)geheimen Forschungsanlagen an Papier gefunden wurde und aus Sicherheitsgründen nicht patentiert werden durfte, entzieht sich bis heute weitestgehend unserer Kenntnis und dürfte jenem Bereich zuzuordnen sein, der in den USA immer noch der Geheimhaltung unterliegt. Dass es ihn geben muss, steht außer Frage angesichts dessen, was beispielsweise eingeweihte Personen wie US-Generalstabschef George C. Marshall und andere wissen ließen. Offenbar haben die vergangenen 60 Jahre nicht ausgereicht, um den Druck von diesen Dokumenten nehmen und sie freigeben zu können. Das fördert einerseits Spekulationen, die aber andererseits wohl nicht fantastisch genug sein können, um der Wahrheit nahezukommen.

Im Oktober 1945 fand in den Vereinigten Staaten eine Konferenz zum Problem der deutschen Dokumente statt. Der Auftrag dieser »German Document Conference« bestand darin, Empfehlungen und Formulierungen der wirksamsten Standardbetriebsverfahren für die Handhabung von Dokumenten, Archiven und Aufzeichnungen in den Besatzungszonen unter

Kontrolle der Vereinigten Staaten von Amerika bzw. ihrer Streitkräfte zu entwickeln.« In einem der vorliegenden Dokumente
heißt es in einem entlarvenden Satz sogar:»Die Konferenz ist
auch dazu gedacht, sich mit Vorschlägen zu beschäftigen, die
Überlegungen zur Zerstörung von Dokumenten, Archiven und
Aufzeichnungen, die von keinem Wert für die Alliierten sind,
und die den Deutschen versagt werden müssen, betreffen.«**
(Unterstreichung im Original; Anm. d. Autoren)

Hier wurde die Katze aus dem Sack gelassen: Es gab also
nicht nur erbeutete Dokumente, die für die Alliierten unwichtig waren und daher vernichtet werden konnten, sondern es
existierten augenscheinlich auch Papiere und Unterlagen, die
einer Beseitigung anheimfallen konnten, weil sie (wahrscheinlich) brisant waren und damit keinesfalls wieder in deutsche
Hände gelangen sollten.

Man kann angesichts dieser Formulierung natürlich heftig
zu spekulieren beginnen, was diese Dokumente, die den Deutschen versagt werden mussten, beinhalteten. Wir wollen hier
Spekulationen jedweder Art jedoch unterlassen, denn es gibt
nicht viele Möglichkeiten für eine Erklärung. Bemerkenswerter-
weise zeigen derlei Formulierungen, dass die geschichtliche
Wahrheit bei einer solchen Behandlung von Unterlagen wohl
auf der Strecke geblieben ist. Es gab Dinge, die nach dem Krieg
für die Deutschen nicht mehr zugänglich bzw.»geeignet« waren! So entstehen»eingeengte Blickwinkel« in der historischen Forschung, wenn nicht gar große schwarze Löcher!

---

* *National Archives and Record Administration* (NARA), College Park,
Maryland. Record Group (RG) 40 (General Records of *Department of
Commerce*), *Office of Technical Services* (OTS). Policy and Program Files
of the *Technical Industrial Intelligence Division* (TIID) or *Committee*
(TIIC), 1944–1948. Entry 75, Box 3, File:»Report on German Documents
Conference U. S. Forces, European Theatre« und Entry 75, Box 62, Report:
»German Documents Conference«, S. 3. Die Zerstörung von Dokumenten
wird auf S. 5 nochmals angesprochen.
** Ebenda, Entry 75, Box 62, Report:»German Documents Conference«,
S. 3.

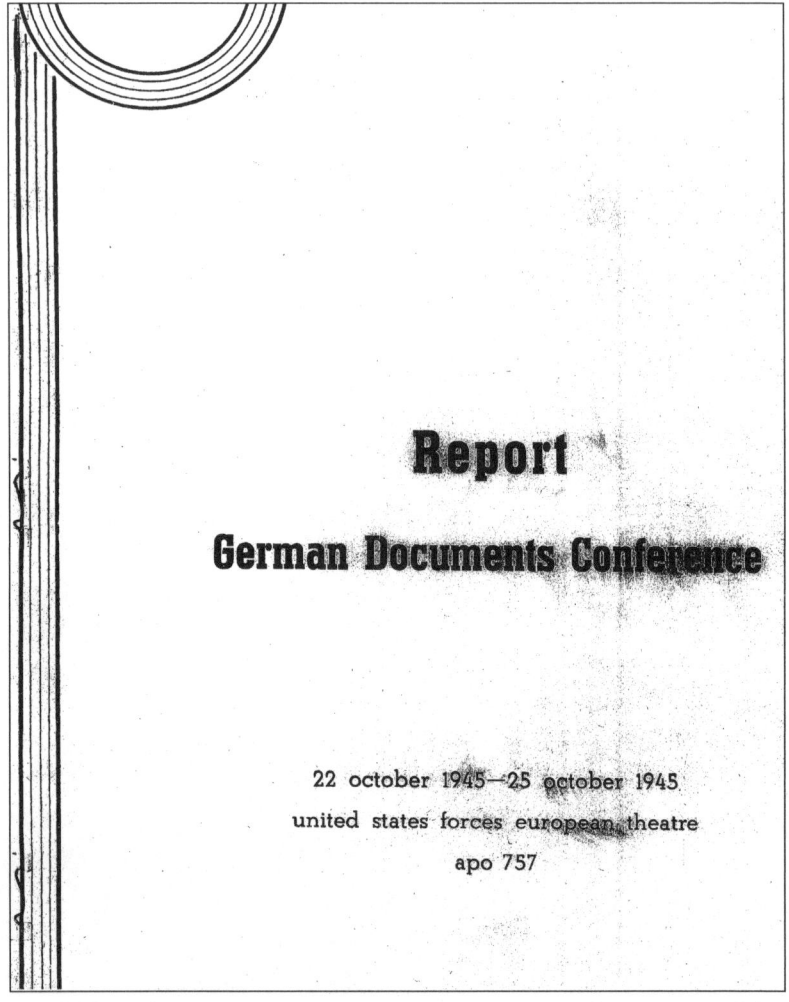

Deckblatt des Reports German Document Conference. *Auf der vom 22. bis 25. Oktober 1945 stattfindenden Tagung wurden die Richtlinien für die Behandlung der in Deutschland erbeuteten Unterlagen festgelegt.*

Abbildung gegenüberliegende Seite oben (Ausschnitt): Die Konferenz sollte auch über die Zerstörung deutscher Dokumente beraten.

```
CONFIDENTIAL

                    HEADQUARTERS
            U.S. FORCES, EUROPEAN THEATER
            Office of the A.C. of S., G-2


            OPENING STATEMENT OF THE CHAIRMAN

Mission of the Document Conference.

    The mission of the Document Conference is the recommendation and
formulation of the most effective standard operating procedures for the
handling of documents, archives, and records captured and seized in the
occupation zones under control of United States Forces, European Theater
and United States Forces, Austria. The conference is also to deal with
proposals to be formulated for quadrupartite consideration on the des-
truction of documents, archives, and records which are of no value to
the Allies, and which must be denied to the Germans.
```

Die Dokumentenkonferenz war hochkarätig besetzt, was ihre Bedeutung unterstreicht. Als Teilnehmer waren Vertreter u. a. folgender Organisationen anwesend:

- des *War Department General Staff*
- der *United States Forces*, European Theater
- des *London Military Document Center*
- des *Office of Military Government for Germany* (U. S.), Director of Intelligence
- der *Third U. S. Army* (Eastern Military District)
- der *United States Forces*, Austria
- der *United States Naval Forces*, Europe.*

Darüber hinaus wurden Vertreter weiterer britischer und amerikanischer Behörden als Beobachter zugelassen.

---

* *National Archives and Record Administration* (NARA), College Park, Maryland. Record Group (RG) 40 (General Records of *Department of Commerce*), *Office of Technical Services* (OTS). Policy and Program Files of the *Technical Industrial Intelligence Division* (TIID) or *Committee* (TIIC), 1944–1948. Entry 75, Box 62, File: »German Document Conference«, S. 3.

Neben dem bereits erwähnten allgemeinen Auftrag hatte die Dokumentenkonferenz aber auch schon ganz konkrete Fragestellungen abzuklären. So informierte der *Report on German Documents* darüber, dass bereits 1600 Tonnen deutscher Unterlagen vorhanden seien, die schnell an die zuständigen (US-)Behörden übergeben werden sollten. Um diese Aufgabe zu realisieren, wurde eigens eine Gruppe mit der Bezeichnung »Committee C« ins Leben gerufen, die die Verteilung an im Dokument genannte Strukturen zu realisieren hatte.*

Der Report beinhaltet im Übrigen auch die Organisationsstrukturen, die hierarchisch gegliedert waren.** Das Ganze lässt sehr deutlich erkennen, dass die Amerikaner (wie auch die Briten) ein enormes Interesse daran hatten, wissenschaftlich-technische Unterlagen – und nicht nur diese – zusammenzutragen und zu analysieren. Es ging ihnen um die Technologie und das Wissen eines ganzen Volkes – und dafür war jeder Aufwand vertretbar!

Wir könnten an dieser Stelle auf viele Einzelbeispiele eingehen, was an Patenten durch die Alliierten erbeutet wurde, müssen uns aber auf die Nennung einiger weniger Entwicklungen beschränken. Aus dem vorliegenden Dokumentenkonvolut geht hervor, dass Quartzuhren, Mikrowellenkommunikation und Halbleiter Themen waren, für die sich die Amerikaner interessierten. Insbesondere Quartzuhren werden heutzutage von vielen als Erfindungen der 1970er-Jahre angesehen; in Wirklichkeit wurden solche präzisen Zeitmesser aber

---

* *National Archives and Record Administration* (NARA), College Park, Maryland. Record Group (RG) 40 (General Records of *Department of Commerce*), *Office of Technical Services* (OTS). Policy and Program Files of the *Technical Industrial Intelligence Division* (TIID) or *Committee* (TIIC), 1944–1948. Entry 75, Box 3, File:»Report on German Document Copnference U.S. Forces, European Theatre«, S. 2, sowie Entry 75, Box 62, File:»German Document Conference«, S. 25.
** Ebenda, Entry 75, Box 62, File:»German Document Conference«, S. 16 und 17.

schon im Deutschland der 1940er-Jahre entwickelt. Zu den Quartzuhren heißt es:

»... 3. Quartz controlled Clocks. The Reichsforschungsanstalt people under Dr. Scheibe have set up a quartz controlled clock which we previously brought from the east to Heidelberg where they are now installed in a country school. They work from the quartz controlled clock with an accurcy of 10-8 right down to centimeter waves. In a few weeks time we plan to have a showing of their work at which representatives of the British and the U. S. Navy and Air Corps will join with us in summarizing the work to date. Incidentally, the salaries of these people are being paid by the local German Government as they will become the basis for the Bureau of Standards such as they previously were.«*

Es ist schon erstaunlich, wie weit gewisse Entwicklungen bereits in den 1940er-Jahren fortgeschritten waren. Und uns will man heute erzählen, dass das meiste, was oft erst Jahrzehnte später an Technologien in die Wirtschaft übernommen und dann in Form von Anwendungen und Produkten öffentlich wurde, »Erfindungen der Moderne« seien. Wir können darüber mittlerweile nur noch schmunzeln, zumal wir immer wieder feststellen müssen, dass auch sogenannte »Experten« oft die Ursprünge bestimmter Erfindungen, Verfahren und Entwicklungen nicht kennen. Egal, wohin man sieht, nichts ist wirklich neu: Düsenflugzeuge, Raketen, U-Boote, Atomwaffen, Computer, Quartzuhren, Solartechnik, Vakuumbomben – alles geht auf mehr als 60 Jahre alte Grundlagen zurück. Genau genommen benutzen wir heute Technologien und Techniken, die teilweise längst überholt und damit schrottreif sind.

---

* *National Archives and Record Administration* (NARA), College Park, Maryland. Record Group (RG) 40 (General Records of *Department of Commerce*), *Office of Technical Services* (OTS). Policy and Programm Files of the *Technical Industrial Intelligence Division* (TIID) or *Committee* (TIIC), 1944–1948. Entry 75, Box 12, File: »Technical Progress«, S. 2.

Eigentlich wäre bei einer konsequenten technisch-wissenschaftlichen Fortsetzung dessen, was in den 1940er-Jahren schon an Erfindungen und Verfahren greifbar war, zu erwarten gewesen, dass wir heute z. B. das Energieproblem längst gelöst haben müssten. Merkwürdigerweise existieren Hinweise, wonach die Nutzung der Gravitationsfeldenergie bei Kriegsende machbar erschien, und selbst die Amerikaner hatten in den 1950er-Jahren oft darüber berichtet, bald Fahrzeuge, Flugzeuge und Schiffe zu bauen, die sich mit einer neuen Energieform antreiben ließen. Dann wurde es still, verdächtig still – bis heute. Wir haben aufgrund unserer umfangreichen Recherchen mittlerweile den Eindruck gewonnen, dass die neuen Technologien und Verfahren nicht nur bekannt, sondern auch realisierbar sind. Die Erdöl-Lobby versucht jedoch mit allen Mitteln, ihr »schwarzes Gold« an den Mann zu bringen, um Macht und Profite zu sichern, wobei man über Leichen geht und ganze Nationen unterjocht, denen man unterstellt, »Terroristen« zu fördern. Wir haben dieses Spiel längst durchschaut.

Stellen Sie sich einmal vor, es gäbe eine saubere, ewig und beinahe unbegrenzt verfügbare Energieform, die – wie das Genie Nikola Tesla einst behauptete (und er musste es wissen) – für jedermann nutzbar sei. Was würde daraus resultieren? Wir geben Ihnen die Antwort: Wer sich energetisch unabhängig machen kann, wird, wenn er die Implikationen begreift, auch sonst nicht mehr bereit sein, seine Freiheit einschränken zu lassen. Das Ende aller auf Ausbeutung, Bevormundung und Unterdrückung beruhenden Gesellschaftssysteme wäre gekommen, und – um ein Beispiel zu geben – kein Energieversorger hätte auch nur den Hauch einer Chance, seine völlig überteuerten monopolisierten Produkte an den Mann und an die Frau zu bringen. Freilich: Eine solche Vision lässt alle Mächtigen der Erde zittern – schließlich fürchtet man nichts mehr als den wirklich *unabhängigen* Bürger.

Kommen wir damit zurück zum eigentlichen Thema. Es

wird Zeit, mit einer Legende aufzuräumen, die in Bezug auf die deutsche Atombombe immer wieder von »ernst zu nehmen-den« Geschichtsschreibern ins Feld geführt wurde, wenn es darum ging, das Nichtvorhandensein dieser Waffe zu begründen. So behauptet der US-Autor Michael J. Neufeld in seinem Buch *The Rocket and the Reich*, das hierzulande beim Henschel-Verlag unter dem Titel *Die Rakete und das Reich* erschien, sinngemäß, dass das deutsche V-2-Raketenprogramm etwa 500 Millionen Dollar gekostet habe, damit der größte Brocken im Etat gewesen sei und so weitere Entwicklungsgelder für ebensolche Großprojekte – wie es die Atombombe darstellen würde – nicht mehr vorhanden gewesen seien. Zugegeben, die Behauptung klingt erst einmal überzeugend – aber sie hat dennoch nichts mit der Wahrheit zu tun!

Hätte Neufeld in den *National Archives* der USA recher-chiert, wäre ihm vielleicht ein Dokument in die Hände gefallen, das zeigt, auf welch wackligen Füßen seine Behauptung steht. Dieses Papier stammt ebenfalls vom *Office of Technical Services* (OTS) und lässt wissen, dass die auf Basis deutscher Regierungsdokumente und Unterlagen der I.G.-Farbenindustrie vorgenommenen Analysen zeigen, dass für die Industrieforschung vom 1. Januar 1939 bis zum 30. Juni 1944 umgerechnet mehr als 1200 Millionen Dollar ausgegeben wurden – eine gewaltige Summe für die damalige Zeit.*

Wir gehen übrigens davon aus, dass das nur die offiziellen (und keineswegs vollständigen) Zahlen sind; die Kosten für

---

* *National Archives and Record Administration* (NARA), College Park, Maryland. Record Group (RG) 40 (General Records of *Department of Commerce*), *Office of Technical Services* (OTS). Policy and Program Files of the *Technical Industrial Intelligence Division* (TIID) or *Committee* (TIIC), 1944–1948. Entry 75, Box 58, File: »TIID Discards«, Dokument: »Review«, TIID vom 1. Januar 1947, S. 4. Der Wert von 1,2 Milliarden Dollar wird darüber hinaus noch in einem weiteren TIID-Dokument genannt, das vom OTS stammt, mit »Some Statistics on Technical Industrial Investigations in Germany« überschrieben ist und sich unter derselben Quelle findet.

Geheimprojekte, die die deutsche Atombombe realisieren sollten, sind hier nicht inbegriffen. Diese Gelder wurden im Rahmen (getarnter) SS- und Reichspostaktivitäten zur Verfügung gestellt und beliefen sich auf einen dreistelligen Millionenbetrag, wie Zeitzeugen schon vor Jahren uns gegenüber versicherten.

Bleiben wir bei den 1,2 Milliarden Dollar. Diese Summe beweist, dass finanzielle Mittel in ausreichendem Maße vorhanden waren und dass demzufolge das V-2-Raketenprojekt nicht die finanziellen Möglichkeiten des Dritten Reiches überforderte.

Das eben genannte Dokument ist noch in anderer Hinsicht interessant. Auf Seite 6 wird berichtet, wie die Alliierten Anfang des Jahres 1946 zu verstehen begannen, dass sie bisher offenbar nur die »ganz heißen Stellen« erforscht hatten und zudem oft noch weitere genaue technische Informationen benötigten, um die »evakuierten« Entwicklungen für ihre eigenen Zwecke kopieren zu können.* Was folgte daraus? Da der potenzielle Wert der deutschen Technik sehr hoch eingeschätzt wurde, entschied man im April 1946, die Ausbeutung im großen Stil weiter fortzusetzen (was bis Ende 1947 erfolgte). Der amerikanische Kongress unterstützte das daraufhin ins Leben gerufene Programm und stellte die notwendigen finanziellen Mittel bereit. Dass sich der Aufwand lohnte, steht außer Frage: Beispielsweise wurden in der ehemaligen I.G.-Farben-Fabrik in Oppau durch die Amerikaner mehr als 9000 Verfahren für die Herstellung von unterschiedlichsten organischen Stoffen sichergestellt.** Und das ist nur ein Beispiel von vielen!

---

* *National Archives and Record Administration* (NARA), College Park, Maryland. Record Group (RG) 40 (General Records of *Department of Commerce*), *Office of Technical Services* (OTS). Policy and Program Files of the *Technical Industrial Intelligence Division* (TIID) or *Committee* (TIIC), 1944–1948. Entry 75, Box 58, File:»TIID Discards«, Dokument: »Review«, TIID vom 1. Januar 1947, S. 6.
** Ebenda, S. 8.

In einem TIID-Memorandum, das vom 23. Januar 1947 datiert, wurden mehrere interessante deutsche Entwicklungen erwähnt, von denen nur eine hier kurz erwähnt sei: die Vakuumröhre. In dem Papier wird auf Seite XIII offen zugegeben, dass die deutsche Röhre den Entwicklungen der Alliierten um einiges voraus war.* Wir halten das für erwähnenswert, weil heute oft das – unrichtige – Gegenteil behauptet wird.

Aber das ist noch nicht alles: Auf den Seiten I und II** werden verschiedene Entwicklungen, die Kommunikationszwecken dienen, erwähnt. Als Erfinder wird ein Prof. Oskar Vierling*** angegeben, ein führender Elektroniker. Interessanterweise schienen die von Vierling realisierten Arbeiten so wichtig zu sein, dass sie sofort als ›Secret‹ eingestuft wurden, d. h. das OTS konnte diese Erfindungen nun gar nicht mehr normalen amerikanischen Unternehmen zur Verfügung stellen, was eigentlich die Aufgabe der Organisation war. Und genau das ist ein ganz entscheidender Punkt: Die wichtigen deutschen Erfindungen wurden am Ende mit hoher Wahrscheinlichkeit nur den ganz großen amerikanischen Unternehmen und Forschungsinstituten übergeben, denen also, die ohnehin mit der Regierung zusammenarbeiteten und später den Militärisch-Industriellen Komplex (MIK) bilden sollten.

---

* *National Archives and Record Administration* (NARA), College Park, Maryland. Record Group (RG) 40 (General Records of *Department of Commerce*), *Office of Technical Services* (OTS). Policy and Program Files of the *Technical Industrial Intelligence Division* (TIID) or *Committee* (TIIC), 1944–1948. Entry 75, Box 58, File:»TIID Discards«, Memorandum from Edwin Y. Webb, Jr. to Robert Reiß, S. XIII.
** Ebenda, S. I/II.
*** Prof. Vierling wird auch in einem Bericht einer alliierten Technologieaufspürgruppe, CIOS, genannt. Es handelt sich dabei um den CIOS-Bericht XXXI-83 [CIOS XXXI-83: German Research Institutes, S. 57–63: Physikalisch-Technische Reichsanstalt, Weida and Zeulenroda (Organisation. Radar Absorption). Seite 64–67: Laboratorium Feuerstein: Prof. Vierling, Ebermannstadt 71 (»Nachtfee«. Radar Absorbents. »Gleichlauf«. Speech Systems. Calculating Machines.)]

Wir hatten bereits weiter oben erwähnt, dass Ralph R. Shaw im Zusammenhang mit den deutschen Beutedokumenten von einer Menge sprach, die er auf mehrere zehntausend Tonnen bezifferte. Für viele mag das unglaublich erscheinen, aber es kommt noch besser: In einem Beitrag* zur *Operation Lusty*, die von der US-Luftwaffe zur Identifizierung, Bergung und Auswertung deutscher Luftfahrtentwicklungen betrieben wurde und deren prominteste Persönlichkeit der schon erwähnte Donald L. Putt war, wurde berichtet, dass die Alliierten in London ein Gebäude ihr Eigen nannten, in das alle aus Deutschland kommenden Dokumente eingelagert wurden, um dann

---

* *Air Force Historical Research Agency* (AFHRA), *Maxwell Air Force Base*, Alabama. AFHRA Reel # C5098,»U.S. Air Forces in Europe«. Intended to be a press release, but never released. This may be its first appearence. Researched and contributed by Bf-109 (T2-123 & 124) researcher, Richard Corey. Der Artikel, der im Original in der AFHRA liegt, findet sich im Internet unter: *www.indiana.military.org/FreemanAAF/ OperationLusty/OperationLusty.htm* im Anschluss an den vorausgehenden Bericht »Operation Lusty. The US Army Air Forces' Exploitation of the Luftwaffe's Secret Aeronautical Technology, 1944–45« von Dik Alan Daso (Stand September 2007). Daso nennt einen ähnlich hohen Wert: Er spricht von 100 000 Tonnen:»Perhaps of even greater significance were thousands of linear feet of data and documents that accompanied these projects – the teams shipped more than 100,000 tons to a London clearinghouse that spring. Upon close examination, many of these German studies confirmed the path that American science had already taken. Some, the jet-powered helicopter for instance (the fourth modification of the original autorotator design), came as a total surprise.« Daso beruft sich dabei auf folgende Quellen: »24. Stever interview. Dr. Stever was working with the British radiation laboratory as part of the MIT exchange team when LUSTY operations began. He was attached to Kármán's group in place of Dr. L. DuBridge, who was unavailable. Stever is a former chairman of the SAB from 1962 to 1964 and a former presidential science advisor. 25. Ibid.; Dr. Richard P. Hallion, interview for New World Vistas, videotape, Office of Air Force History, Bolling AFB, Washington, D.C.; summary of memo from Kármán to Arnold, 30 July 1945, which documented the group's travels to that point, MGC, roll 12; and ›History of Operation Lusty, 6 June 1944 – 1 February 1945‹, US Air Force Historical Research Agency, Maxwell AFB, Ala., file 570.650A.«

weiterverteilt zu werden. In nur drei Monaten – es wird nicht erwähnt, in welchen; wahrscheinlich war es in der ersten Hälfte des Jahres 1946, weil von Spring (Frühjahr) die Rede ist – gingen sage und schreibe 111 000 Tonnen Papier durch diese Zentrale an die zuständigen Alliierten-Behörden!

Diese Zahl wird zusätzlich durch den offiziellen Historiker der US Air Force, Dik Alan Daso, bestätigt. Er spricht in der unter * auf Seite 204 genannten Quelle von 100 000 Tonnen. Sein Artikel »Operation LUSTY – The US Army Air Forces' Exploitation of the Luftwaffe's Secret Aeronautical Technology, 1944–45«, der nun auch im Internet zu finden ist, liegt uns ebenfalls als Kopie vor. Daso hatte ihn im Frühjahr 2002 im *Aerospace Power Journal* (Volume XVI, No. 1, S. 28–40) publiziert. Auf Seite 32 ist schwarz auf weiß zu lesen, dass es wirklich um 100 000 Tonnen geht!

Die Zahl spricht für sich selbst und muss unseres Erachtens nicht kommentiert werden. Aber berücksichtigen Sie bitte: Die 100 000 bzw. 111 000 Tonnen an Papieren, Dokumenten und Unterlagen waren ja nur das Ergebnis der bis zum Frühjahr 1946 laufenden Sammelwut der Briten und Amerikaner. Welche Mengen fanden die Franzosen, welche Mengen die Russen? Und was wurde an zusätzlicher Tonnage erbeutet, wenn man doch berücksichtigen muss, dass die Technologieaufspürgruppen bis zum Ende des Jahres 1947 ihre Aktivitäten fortsetzten?

Wir können in dieser Sache nur spekulieren, halten aber eine Gesamtmasse von 150 000 bis 200 000 Tonnen für durchaus realistisch.

Angesichts dieser Mengen erbeuteter deutscher Dokumente sollte den Skeptikern und hoffentlich auch unseren Kritikern einmal klar werden, dass die Chance, in Deutschland irgendwelche verräterischen Dokumente in Bezug auf den Endstand der deutschen (Waffen-)Technologieentwicklungen bei Kriegsende zu finden, äußerst gering ist. Gelegentlich erhiel-

ten wir Briefe, in denen Personen, die von sich selbst behaupteten, Recherchen zu betreiben, meinten, sie hätten in Archiven nichts von dem finden können, was wir behaupten. Wir
haben aufgezeigt, warum dem so ist. Das Problem ist allerdings, und das wollen wir nicht verschweigen, dass auch diese-
nigen, die »nichts« gefunden haben, offenbar nicht gründlich
genug arbeiteten. Wir könnten derzeit mehr als ein Beispiel
präsentieren, wo doch Dinge identifiziert worden sind, die gar
nicht existieren dürften. Dabei ist zu berücksichtigen, dass
auch die Alliierten nicht immer perfekt arbeiteten, einige wenige Dinge von ihnen auch schlicht übersehen wurden und
zudem nach 1945 auch andere Institutionen nach Überbleib-
seln suchten, dabei Geld, Zeit und Verbindungen ohne Ende
hatten – und fündig wurden. Wenn also heute jemand behauptet, »da ist nichts«, dann muss das noch lange nicht stimmen.

Darüber hinaus sollte bedacht werden, dass Personen wie
der General der Waffen-SS und SS-Obergruppenführer Dr.-Ing.
Hans Kammler schon relativ früh dafür Sorge trugen, dass
insbesondere die geheimsten der geheimen Entwicklungen keine verräterischen Papierspuren hinterließen. Kammler – das
wurde uns aus seinem Umfeld mitgeteilt – wusste spätestens
ab 1944 sehr gut, dass das Dritte Reich im Falle des Nichteinsatzes der neuen Geheimwaffen untergehen würde. Demzufolge hieß es, Vorsorge zu treffen. Also wurden wichtige Dokumente durch die SS und den SD so verborgen, dass es mit
einem enormen Aufwand verbunden war, sie zu finden und zu
bergen. In wichtigen Fällen wurden Dokumentenkonvolute
mehrfach kopiert und versteckt. Nichts wurde dem Zufall überlassen. Vieles, was Beweiskraft hat, liegt höchstwahrscheinlich
gut gesichert tief unter der Erde – auch in Thüringen, mit dem
wir uns ja vorwiegend beschäftigen.

Zusätzlich muss berücksichtigt werden, dass die politisch,
militärisch und sicherheitstechnisch Verantwortlichen auch
wichtige Informationen nach Japan, zum Verbündeten, schick-

ten. Wie der Bericht »U.S. Air Forces in Europe« informiert, befanden sich bei Kriegsende zehn deutsche Unterseeboote auf dem Weg ins Land der aufgehenden Sonne:

»All vessels in ports and at sea were notified, and one of the biggest searches ever undertaken during the war for submarines was initiated. What route they had taken, whether they had gone alone or together, no one knew. But so extensive was the search and so carefully was it executed by warships of all Allied nations, that by the end of June, six of these ten submarines had been captured intact, some a relatively short distance away from their bases, others perilously close to Japan.«*

Die Alliierten organisierten eine groß angelegte Suche, auch hier schien es ums Ganze zu gehen. Sechs der deutschen U-Boote wurden bis Juni 1945 gestellt, manche von ihnen befanden sich bereits in gefährlicher Nähe zu Japan; vier kamen durch. Was hatten sie an Bord? Sicherlich etwas, wovon man in Japan noch hätte profitieren können. Erinnern wir uns in diesem Zusammenhang bitte an das Schicksal des Bootes U-234, das Infrarotbombenzünder, über 500 Kilogramm »Uranerz«, demontierte Düsenjäger und manch anderes mehr an Bord hatte. Die Japaner brauchten keinen »Schrott«, sie brauchten etwas, mit dem sie den Krieg im Pazifik gewinnen konnten – neueste Technologie also.

Es ist schon bemerkenswert, dass in Bezug auf das Kriegsende und den Stand der deutschen Technologie sowie den versuchten Transfer dieser Technologie nach Japan so viele weiße Flecken in der Geschichtsschreibung existieren. Es gibt nur wenige Historiker, die den damit verbundenen Fragen nachgegangen sind. Was tut eigentlich der Rest?

---

* *Air Force Historical Research Agency* (AFHRA), *Maxwell Air Force Base*, Alabama. AFHRA Reel # C5098, »U.S. Air Forces in Europe«. Intended to be a press release, but never released. This may be its first appearence. Researched and contributed by Bf-109 (T2-123 & 124) researcher, Richard Corey.

Da wir auf unsere Frage sicherlich keine vernünftige und uns überzeugende Antwort bekommen werden, möchten wir noch auf etwas anderes aufmerksam machen, was als wichtige Information in dem vorgenannten Artikel zu finden ist. Da heißt es nämlich, dass die amerikanischen Beuteteams eine ganze Reihe neuer Flugzeugentwicklungen in *mindestens* einem (fast) fertigen Exemplar fanden, die heute teilweise immer noch als reine Papierprojekte oder Reißbrettstudien ausgewiesen werden, wie beispielsweise die Messerschmitt-Maschinen der Typen Me-1106, Me-1110, Me-1111 und Me-1112. Wie es scheint, stimmt wenig bis nichts, was in Bezug auf den Stand der deutschen Waffentechnologie bei Kriegsende behauptet wurde. Fakt ist aber, dass das, was die Alliierten – und hier seien besonders die Amerikaner hervorgehoben – aus Deutschland an wissenschaftlich-technischem Know-how »evakuierten« (wie sie die Wegnahme des Wissens eines ganzen Volkes fälschlicherweiser in ihren Dokumenten oft bezeichneten), wohl zu Recht als größter Raubzug der Geschichte bezeichnet werden kann, der möglicherweise nur noch von der Inbesitznahme des japanischen Raubgoldes überboten wird. Es hat nach dem Krieg nicht an Versuchen gefehlt, den finanziellen Wert der gestohlenen Patente, Entwicklungen und Informationen zu beziffern. Die 20 Milliarden US-Dollar, die diesbezüglich hin und wieder zu vernehmen sind, stellen wohl eine völlige Untertreibung dar, die aus der Unkenntnis der Tatsachen resultiert. Wir wollen und können keine Schätzung abgeben, zumal wir diese laufend nach oben korrigieren müssten angesichts der Tatsache, dass ständig neue Rechercheinformationen eintreffen, die ganz klar zeigen, dass auch wir vieles noch nicht wissen und damit nicht bewerten können. Wir meinen zudem, dass das Ganze jetzt längst Geschichte ist – aber dennoch niemals vergessen werden sollte.

Freilich werden manche Zeitgenossen einwenden, dass die Wegnahme des deutschen Wissens und der deutschen Technologie nur die unabänderliche Folge des durch die Verantwortlichen des Dritten Reiches initiierten Krieges gewesen sei. Das ist richtig. Genauso richtig aber ist, dass Reparationszahlungen oder alles, was man dafür hält, ein untaugliches Mittel sind, um nach einem Krieg den Frieden zu sichern. Im Gegenteil: Sie sind der Stoff für neue Konflikte. Nicht umsonst gelangten die am Dreißigjährigen Krieg beteiligten Kriegsparteien im Großen und Ganzen zu der Auffassung, dass man unter das Vorgefallene einen Schlussstrich ziehen müsse, um künftig weiteres Blutvergießen zu verhindern. Das, was damals wie heute weise erschien, war aber offenbar im 20. Jahrhundert nicht machbar, hatten wir es doch seinerzeit (und haben wir es auch noch heute) mit einem hochaggressiven Imperialismus zu tun, der in Deutschland ein faschistisches System hervorbrachte, das dann von seinen – ebenfalls mehr oder weniger imperialen Eroberungsgelüsten nachgehenden – Gegnern, die erst eine Einheit bildeten, sich nach dem Krieg aber teilweise feindlich gegenüberstanden, vernichtet wurde. Richtig ist: Hitler begann am 1. September 1939 den Zweiten Weltkrieg durch den Einmarsch in Polen. Richtig ist aber auch: Roosevelt wollte den Eintritt der USA in diesen Krieg, weil er die Möglichkeit sah, das eurasische Kernland für seine globalen Machtbestrebungen zu gewinnen, weshalb er den japanischen Überfall auf Pearl Harbor einfach geschehen ließ. Millionen und Abermillionen Menschen fielen diesen aggressiven Imperialismusbestrebungen zum Opfer. Wann werden wir Heutigen etwas daraus lernen und begreifen, dass der Fehler im System liegt?

»Es gibt zwei Geschichten; einmal die offizielle, verlogene (...), sodann die geheime, wo die wahren Ursachen der Ereignisse verzeichnet sind, eine schändliche Geschichte.«

Honoré de Balzac

Geheimdienstdokumente geben Auskunft: Unglaubliches im Protektorat Böhmen/Mähren und anderswo

Wir hoffen, dass wir im vorangehenden Kapitel aufzeigen konnten, worum es uns in Bezug auf die deutsche Atomwaffe und andere ähnlich gelagerte Entwicklungen ging, wenn wir über das von den Alliierten erbeutete Wissen in Form von Patenten und anderen Informationen berichteten. Die Amerikaner und andere starteten solche Unternehmungen nur, wenn sichergestellt war, dass sie dadurch einen Wissenszuwachs und einen daraus resultierenden enormen Profit erwarten konnten. Die Menge des weggenommenen Materials dokumentiert, dass der Stand von Wissenschaft und Technik in Deutschland ganz offensichtlich über dem der Vereinigten Staaten lag; andernfalls wäre die gesamte »Evakuierung« von Wissen in solch einer Größenordnung sinnlos gewesen.

Wir wollen uns nun einigen wenigen und erst in den zurückliegenden Jahren freigegebenen Geheimdienstdokumenten zuwenden, die in erstaunlicher Offenheit über viele der Dinge berichten, die wir in unseren früheren Büchern diskutierten bzw. vermuteten. Manche dieser Papiere wurden erst im Jahre 2005 deklassifiziert, also 60 Jahre nach Kriegsende, was für sich selbst sprechen soll. Sechs Jahrzehnte fürchtete man die Wahrheit, zwei menschliche Generationen lang wurden Geschichtsinteressierte hinters Licht geführt, indem sich diese in Bezug auf die deutschen Wunderwaffen und die damit verbundenen Ereignisse bei Kriegsende mit den zugänglichen Dokumenten und den daraus resultierenden Interpretationen der Historikerschaft zufriedengeben mussten, die oft eine falsche Sicht der Dinge postulierten.

Wir sind im Zusammenhang mit unseren Thesen oft angegriffen worden – sachlich, unsachlich, persönlich und auch hin und wieder unter der Gürtellinie (wenn den Gegnern und Kritikern die Argumente ausgingen). Im Laufe der Jahre wuchs uns – bildlich gesprochen – ein dickes Fell, denn wir wussten ja aufgrund laufender Recherchen, über die wir natürlich Stillschweigen bewahrten, dass die alten Positionen der Geschichtsschreibung kaum mehr zu halten sein würden. Aus diesem Grund gingen wir auch nur selten auf irgendwelche Anfeindungen ein, diese liefen vielmehr an uns ab wie »Jauche an einer Marmorsäule«. Im Übrigen erinnerten wir uns immer wieder an das, was einst Napoleon I. über die Deutschen sagte, wunderten uns also eigentlich nur darüber, dass die Diffamierungen nicht noch ärger wurden.

Wir werden im Folgenden zu zeigen haben, dass der den Alliierten nach dem Krieg bekannt gewordene Stand der deutschen Waffentechnologie durchaus zu Ängsten Anlass bot und der Krieg nicht nur fünf Minuten vor zwölf zu Ende ging, wie einst der britische Premierminister Winston Churchill erklärte, sondern wohl eher fünf *Sekunden* vor zwölf.

Merkwürdig ist, dass diese Ängste bis heute nachzuwirken scheinen und dass man sich nicht sicher zu sein scheint, was die Öffentlichkeit wissen sollte und was nicht. Normalerweise ist davon auszugehen, dass einmal freigegebene Dokumente in US-Archiven auch zugänglich bleiben. Die Recherchen zu unserem Thema zeigen jedoch, dass das keineswegs so ist. Immer wieder fanden sich in Dokumentenkisten folgende Belege:

»ACCESS RESTRICTED

The item identified below has been withdraw from this file:

File Designation   _____

Date   _____

From   _____

In the review of this file this item was removed because access to it is restricted. Restrictions on records in the National

Archives are stated in general and specific record group restricition statements which are available for examination. The item identified above has been withdraw because it contains:

☐ Security-Classified Information

☐ Otherwise Restricted Information

———————————   ———————————
Authority   Date

GENERAL SERVICE ADMINISTRATION«*

Zu Deutsch: Wir haben es hier mit einer Zugangsbeschränkung zu tun. Freigegebene Informationen wurden also wieder zurückgezogen, nachdem eine nochmalige Aktenprüfung stattgefunden hatte und dabei festgestellt wurde, dass das Dokument oder die Dokumente gegen Sicherheitsklassifizierungen bzw. -bestimmungen verstießen oder Informationen enthielten, die weiterhin gesperrt sind. Diese ganze Geheimniskrämerei, die in den Vereinigten Staaten mitunter besondere Blüten treibt, ist für uns ein eindeutiges Zeichen, dass man etwas zu verbergen hat, dem andere und wir auf der Spur sind.

Uns interessiert natürlich seit jeher besonders, was die Geheimdienste an Informationen zusammengetragen haben, denn es war ihr »Job«, immer etwas mehr zu wissen als andere und für die Informationsbeschaffung Methoden anzuwenden, die nicht immer legal waren, von den Regierungen, für die sie arbeiteten, aber nach dem Motto »Der Zweck heiligt die Mit-

———————————

* Gefunden in einer Kiste zu Geheimdienstberichten des CNO. *National Archives and Record Administration* (NARA), College Park, Maryland. Record Group (RG) 38 (Chief of Naval Operations, CNO). Intelligence Division. Top Secret Reports of Naval Attaches 1944–1947. (Formerly Entry 98C), Box 9.

tel« geduldet wurden. Die Welt der Geheimdienste ist eine eigene, und Kenner der Materie meinen, sie arbeite mit Methoden, die das genaue Gegenteil von dem seien, was hochoffiziell als Recht und Ordnung propagiert werde. Wir wollen uns dazu kein Urteil erlauben, zumindest aber feststellen, dass es in den vergangenen Jahrzehnten genügend Literatur zum Thema gab und dabei offensichtlich wurde, dass kriminelle Methoden, unsaubere Geschäfte und Provokationen ein weites Betätigungsfeld für manche »Dienste« sind. Heimlichkeiten sind bekanntermaßen meist Schlechtigkeiten.

Kommt man auf das Thema geheimdienstlicher Dokumente zu sprechen, so ruft das mitunter auch jene Leute auf den Plan, die mit einem Einwand die Bedeutung solcher Unterlagen zu diskreditieren versuchen, indem sie erklären, die Geheimdienste hätten oft genug »Mist gebaut« und damit gezeigt, dass sie unfähig sind. Nun, auch in den »Diensten« arbeiten nur Menschen, und es gibt hier sicherlich genauso Flops zu verzeichnen wie im sonstigen menschlichen Leben auch. Letztlich besagt das aber rein gar nichts über das Funktionieren solcher Institutionen, denn in ihrer Gesamtheit sind sie für den Staat immer nützlich und erfolgreich, ansonsten hätte man sie längst abgeschafft. Der Ständige Unterstaatssekretär im britischen *Foreign Office*, Sir Alexander Cadogan, der dort in den Jahren 1938 bis 1946 diente, sah das genauso und beschwerte sich deshalb auch völlig zu Recht darüber, dass die Bedeutung der Geheimdienste in der etablierten Geschichtsschreibung völlig unterschätzt, ja teilweise sogar komplett ausgeblendet werde. Und genau das ist ein weiterer Knackpunkt in unseren Betrachtungen in Bezug auf die Gilde der Historiker: Wenn sie nicht erkennen, dass es die Geheimdienstunterlagen sind, die man bei einem Thema wie der deutschen Atombombe zuallererst auswerten sollte, um Klarheit über den Stand der Dinge zu erhalten, dann tun sie uns leid. Freilich besteht das Problem darin, dass sich a) mancher Etablierte nicht an die »Dienste« herantraut und diese b) ohnehin nicht zugeben würden, was in ihren Archiven liegt. Doch hin und wieder, wenn genug Zeit vergangen ist, gelingt es doch, einen Blick hinter die Kulissen zu werfen, wobei meist erkennbar ist, dass man die wichtigsten Dinge im Leben bisher verpasst hat. Die Unterlagen der »Intelligence Agencys«, wie sie neudeutsch heißen, schließen die Lücken bei vielen Themen – vorausgesetzt, man nimmt sie zur Kenntnis.

Extrem wichtige Informationen fanden sich in einem Bericht eines Leutnants der *US Navy*, der nach dem Krieg im Jahre 1946 verschiedene Fabriken und Unternehmen in der damaligen Tschechoslowakei besuchte. Wir wollen dieses Dokument mit dem Titel »Report on Visit to Czechoslovakia«* ausführlich beleuchten, weil es in konzentrierter Form über Dinge berichtet, die viele für unmöglich halten. Verfasst wurde dieser Reisebericht, der übrigens auch eine Top-Secret-Control-Nummer (2655) trägt, von Lieutenant V. L. Rychly (USNR). Das erklärt, warum das Dokument auch keine Quellenglaubwürdigkeitsbewertung trägt. Rychly war Geheimdienstoffizier, demzufolge also als Quelle völlig zuverlässig. Was die Zuverlässigkeit der von ihm schriftlich festgehaltenen Informationen anbetrifft, so muss man etwas differenzieren: Die Fabriken 1 bis 12 (auf den Seiten 1 bis 3 des Dokuments) durfte Rychly selbst besuchen, demzufolge dürfte die Qualität der Information 1 oder 2 betragen. Aber die im Dokument beschriebenen Anlagen 1 bis 5 unter Absatz B (Seite 3 unten und Seite 4) konnte er nicht alle direkt aufsuchen. Die Qualität der Information schwankt wahrscheinlich zwischen 1 und 3, also

---

* *National Archives and Record Administration* (NARA), College Park, Maryland. Record Group (RG) 38 (Chief of Naval Operations, CNO). Intelligence Division. Top Secret Reports of Naval Attaches 1944–1947. (Formerly Entry 98C), Box 9, »Report on Visit to Czechoslovakia« vom 11. Februar 1946.

von »von anderen Quellen bestätigt« über »wahrscheinlich wahr« bis »möglicherweise wahr«.

Die 17 Firmen, die in Rychlys Reiseplan standen, hatten bis zum Kriegsende allesamt für die deutsche Marine gearbeitet und die Amerikaner wollten in Erfahrung bringen, ob sie nun für die Russen tätig waren. Im Vorspann wird erwähnt, dass die zu besuchenden Unternehmen u. a. mit der Entwicklung und Produktion von Torpedo- und U-Boot-Teilen, Raketenstarteinrichtungen, 30-mm-Kanonen, Turbinen, Minen, Raketen, Düsenaggregaten usw. zu tun hätten, aber auch mit Zyklotronen und Radium befasst seien. Detailinformationen seien allerdings nicht verfügbar.

Man erfährt einiges über die Reisevorbereitungen, die zwischen dem 2. und 22. Januar 1946 realisiert wurden und bei denen zwischen britisch-amerikanischen Militäreinrichtungen und dem tschechischen Generalstab eine Terminvereinbarung für Rychlys Reise erfolgte. Er erfuhr dabei, dass er Begleitung erhalten sollte in Form von Mitarbeitern der tschechischen Geheimpolizei OBZ, die ihn später bei seinen Reisen ständig umgaben und mehr die Interessen der Russen als der Amerikaner vertraten.

Als Erstes besuche Lt. Rychly die Firma *C.S.R. Zbrojovka* (auch als *Ceskoslovenska Zbrojovka* oder *Zbrojovka Brno* bekannt), die während der deutschen Besetzung unter der Bezeichnung Brünner Waffenwerke geläufig war. Insgesamt acht Fabriken dieses großen, hochmodernen und wichtigen Rüstungskonzerns produzierten im Umkreis von bis zu 70 Kilometern um Brno während des Zweiten Weltkrieges für die deutsche Kriegsmarine. Hier wurden beispielsweise hergestellt:

– Torpedoteile,
– eine 30-mm-Maschinenkanone,
– eine Startvorrichtung für eine Tauchrakete,
– der Visierträger L.44 und
– das 28-cm-Düsenrohr.

Uns fiel sofort das 28-cm-Düsenrohr auf, das zum Projekt einer deutschen Atomkanone gehörte und bei den Brünner Waffenwerken bei Kriegsende also offenbar schon in Serie produziert wurde.

Wir möchten an dieser Stelle für all jene, die zum ersten Mal von diesem Düsenrohr hören, auf das Bezug nehmen, was wir bereits in unserem Buch *Hitler und die Bombe** dazu unter der Kapitelüberschrift »Amerikas Atomkanone – eine deutsche Entwicklung!« schrieben, da uns allein der Verweis auf diese Publikation in diesem Fall unangebracht erscheint:

»Wir hatten bereits darüber diskutiert, dass alle in Bezug auf deutsche Atomexplosionen verfügbaren Hinweise darauf schließen lassen, dass die getesteten Waffensysteme kleiner und kleinster Art waren (was natürlich nicht heißen soll, dass man nicht auch über größere verfügte). Das scheint im völligen Widerspruch zu den heutigen Angaben in Lehrbüchern zu stehen, wonach die ersten Kernwaffen groß und schwer waren, soll heißen, mehrere Tonnen wogen und teilweise das Doppelte und Dreifache an kritischer Ladungsmenge beinhalteten.

Da das Thema der deutschen Atombombe von zahlreichen Personen weltweit recherchiert und bearbeitet wird, wissen wir, dass eine Vielzahl dieser Forscher die Auffassung vertreten, dass Wissenschaftler und Techniker des Dritten Reiches im Zweiten Weltkrieg ein Verfahren für eine Atombombe entwickelten, das eine variable Dimensionierung der Explosionsstärke über die Menge des zum Einsatz kommenden Atom- »sprengstoffs« ermöglicht – und daher strengster Geheimhaltung unterliegt.

Insofern es deutschen Wissenschaftlern und Technikern tatsächlich gelungen ist, Atomwaffen in kleinen Dimensionen herzustellen, so verwundert es nicht, dass es auch dazugehöri-

---

* Edgar Mayer & Thomas Mehner: *Hitler und die Bombe. Welchen Stand erreichte die deutsche Atomforschung und Geheimwaffenentwicklung wirklich?*, Kopp Verlag, Rottenburg 2002, Seite 108 ff.

ge Artillerie gab, weil das Verschießen von Atommunition sicherlich die praktischte Art war, eine solche ›Wunderwaffe‹ einzusetzen.

Über ein solches Projekt berichtet der deutsche Autor Friedrich Georg in seinem im Jahre 2000 im Amun-Verlag erschienenen Buch *Hitlers Siegeswaffen, Band 1: Luftwaffe und Marine — Geheime Nuklearwaffen des Dritten Reiches und ihre Trägersysteme**. Er schreibt dazu:

›Anfang der fünfziger Jahre gelang es der *US Army*, die 28-cm-Atomkanone T-131 in Dienst zu stellen. Aus damaliger Sicht war ein solches Ferngeschütz genauer und weniger wetterempfindlich als luftgestützte Atombomben. Weiterhin sollte diese nukleare Artillerie im US-Arsenal eine Lücke füllen, bis die kleineren taktischen Atomwaffen einsatzbereit waren. Das große Kaliber war bei der damaligen Technologie gerade noch ausreichend, um eine verkleinerte Version der *Little-Boy*-Bombe als Granate verwenden zu können. Die T-131 wurde an beiden Enden von zwei unabhängigen Schleppereinheiten gezogen. 1952 war dieses größte – einst in den Vereinigten Staaten konstruierte – bewegliche Artilleriegeschütz fertig. [...] Die Entwicklung der Atomkanone galt damals als einer der Höhepunkte amerikanischer Waffentechnik.‹

Georg verweist darauf, dass erst vor wenigen Jahren bekanntgeworden sei, dass die Fa. Rheinmetall bereits im September 1943 ein ähnliches Ferngeschütz unter der Bezeichnung ›28 cm DüKa‹ (DüKa = Düsenkanone) vorgeschlagen hatte, das zum Transport zwischen zwei Panther-Fahrgestellen aufgehängt werden sollte. Autor Georg weiter:

›Ein Vergleich der DüKa-Zeichnung mit dem ameri-

---

* Friedrich Georg: *Hitler Siegeswaffen, Band 1: Luftwaffe und Marine – Geheime Nuklearwaffen des Dritten Reiches und ihre Trägersysteme*, 1. Auflage, Schleusingen 2000.

kanischen Muster zeigt verblüffende Gemeinsamkeiten, nur dass die Fa. Rheinmetall statt eines konventionellen Artilleriegeschützes eine leichtere, modernere Düsenkanone verwenden wollte. Es war vorgesehen, dass die Kanonenplattform zum Feuern auf den Boden abgesenkt und nach dem Schuss von den Panther-Fahrgestellen wieder davongefahren werden sollte.

Das System wurde als Panther-*Langholzprinzip* analog zu den Holztransportwagen bezeichnet. Das Geschütz mit der Rohrlänge L/52 sollte dem 315 kg schweren 28-cm-Geschoß eine V_0 von 750 Meter pro Sekunde geben. Jedes dieser mobilen Geschütze führte bereits zehn Schuss Munition mit und hatte inklusive Panzerung und Munition ein Gesamtgewicht von 115 Tonnen. Nach Angaben des englischen Autors sei dieser Vorschlag nicht weiter verfolgt worden und nur eine der vielen nicht verwirklichten Ideen gewesen. Neueste Veröffentlichungen zeigen jedoch, dass in Wirklichkeit die Realisierung dieser Waffe noch bis zum Kriegsende versucht wurde.‹

Der Autor fährt fort, dass die Fa. Rheinmetall Anfang 1945 Entwürfe von fahrbaren Geräten aufstellte und die Entwicklung der Innenballistik betrieb. Aufgrund von Kapazitätsproblemen wurde die Fa. Skoda für die Lösung einiger technischer Probleme hinzugezogen, die sich bekanntermaßen mit der Entwicklung von Geheimwaffen der zweiten Generation befasste.

Georg vermutet abschließend, dass bereits das deutsche Projekt der 28-cm-Düsenkanone für das Verschießen von atomarer Munition vorgesehen war, da sie aufgrund konstruktionsbedingter Eigenheiten nur über eine geringe Durchschlagskraft verfügte:

›Mit der DüKa hätte man feindliche Anlandemanöver durch den Beschuss mit atomarer oder subatomarer Munition aber bereits im Keime ersticken können.

Die von der Firma Skoda projektierte Atomkanone für die
deutsche Marine mit einem 28-cm-Düsenrohr (nach Georg).

Die US-Atomkanone mit einem Kaliber von 280 Millimetern
und einem Gewicht von etwas über 90 Tonnen.

Die amerikanische Atomkanone beim Transport auf einer deutschen Autobahn.

Die deutsche 280-mm-Granate und die amerikanische »Eigenerfindung« desselben Kalibers aus den 1950er-Jahren.

Für die Marine war wahrscheinlich die Wetterunempfindlichkeit der Atomartillerie beim Küsteneinsatz von besonderer Bedeutung.

Auf die Ähnlichkeit der amerikanischen 28-cm-Atommunition mit deutschen Entwicklungen wurde im Kapitel über die Stadtilmer Uranbomben hingewiesen. Bei Kriegsende war die Entwicklung dieser Siegeswaffe bereits abgeschlossen. Es gelang sogar, einen Prototypen der DKM 44 zu bauen, der bei Kriegsende noch erprobt wurde. Wie bei fast allen Waffen, die mit Hitlers Nuklearwaffenplänen in Verbindung stehen könnten, fehlen auch hier bis heute sämtliche Originalfotos der Waffe oder ihrer Transportpanzer.‹

Wir wissen, dass die Amerikaner später diese deutsche Entwicklung nicht nur übernahmen (was ja aufgrund der gegebenen Ähnlichkeiten außer Frage steht), sondern dass sie auch die dafür notwendige Munitionsart, die ebenfalls aufgefunden wurde, einfach kopierten.

Betrachtet man das Bild eines Projektils für die deutsche Düsenkanone näher, fallen sofort einige Merkwürdigkeiten auf [siehe vorhergehende Seite; Anm. d. Autoren]. Zum Beispiel wird das eigentliche Geschoss von einer äußeren Hülle geschützt, sodass wir es sozusagen mit einem Projektil innerhalb eines Projektils zu tun haben. Dieser Aufbau ist unlogisch für eine konventionelle Waffe, weil man damit deutlich weniger Raum für die ebenfalls herkömmliche Sprengladung hat.

Die Geschosse kann man öffnen, wie Brian Ford in seinem Buch* über die deutschen Geheimwaffen berichtet. Das erscheint kurios, wenn man davon ausgeht, dass nur konventionelle Ladungen verschossen werden sollten. Wäre jedoch atomare Munition zum Einsatz gelangt, würde diese Eigenschaft

---

* Brian Ford: *Armas Secretas Alemanas* (spanische Ausgabe des englischen Originals *Germany's Secret Weapons*), San Martin Historia del Siglo de la Violencia, armas libro no. 1, o. J.

einen Sinn erhalten, da die Granate dann durch Hinzufügen gewisser Bestandteile vor ihrem Einsatz ›geschärft‹ bzw. bei Nichtbenutzung ›entschärft‹ werden konnte, was bei Atommunition eigentlich ein Muss sein sollte angesichts der mit einer solchen Granate auslösbaren Katastrophe.

Nach allem, was wir heute über dieses Waffensystem wissen, kann davon ausgegangen werden, dass es als solches *komplett* fertig war und die Amerikaner später kaum mehr Entwick-

Probeschuss der US-Atomkanone

lungsarbeit in das Projekt investieren mussten. Dass sie es letztlich als eine Glanzleistung ihrer Waffenkunst ausgaben, war eine weitere ›kleine‹ Lüge, die im Gesamtsystem der Unwahrheiten unterging.«

So weit unsere damaligen Feststellungen, die sich nunmehr auf wundersame Weise bestätigten. Das 28-cm-Düsenrohr wurde von einem Partner der Firma Skoda hergestellt: von den Brünner Waffenwerken! Wenn aber bereits die Serienfertigung des Düsenrohrs angelaufen war, sollte auch die von Friedrich Georg postulierte Atomgranate bereits fertig bzw. erprobt worden sein. Schließlich musste bei einem Waffensystem dieser Art und dieser Bedeutung zuerst sichergestellt werden können, dass das, was verschossen werden sollte, auch in den Lauf passte und dabei seine volle Funktionalität behielt. Wo also, bitteschön, wurde die deutsche Atomgranate produziert, und wie viel Kernsprengstoff enthielt sie?

Wenn man den vorhergehenden Absatz richtig gelesen hat, wird natürlich sofort die Frage auftauchen, ob sich beweisen lässt, dass die Brünner Waffenwerke und die Firma Skoda

224

zusammenarbeiteten. Die Antwort lautet: Es lässt sich beweisen. Das Dokument, das den Firmenkontakt aufzeigt, liegt uns vor. Darüber hinaus kümmerte sich der Verbindungsstab zur Waffen-SS um die Koordination:

»Verbindungsstab zur Waffen-SS   Prag II, den 11. Mai 1942
bei den Skodawerken u. Waffenwerken Brünn   ...
Generaldirektion Prag.   ...

Tgb Nr. D. St. SS 58g/42/Dr. V./H.   G e h e i m !
...

Dort. Tag.Nr. 1202/42 geh.

                    An

                              den Reichsführer-SS

                                        Führer-Hauptquartier

Reichsführer!

Ich danke ergebenst für das dortige Schreiben vom
8.d.Mts. Die Zusammenarbeit hat sich sehr gut ein-
gespielt. Wie Ihnen wohl berichtet sein wird, habe
ich inzwischen grundlegende Aussprachen mit
SS-Gruppenführer J ü t t n e r und Staatsrat
S c h i e b e r (Sprengstoffe, Raketen) gehabt.

Dadurch, dass wir die Gesamtentwicklung für die
Waffen-SS bei Skoda und Brünner Waffen im Verbindungsstab konzentriert haben, und dadurch, dass eine
systematische, intensive Zusammenarbeit mit dem
SS-Waffenamt sichergestellt ist, ist es erreicht
worden, dass wir in der Entwicklung der neuen Dinge
schneller vorangekommen sind.

Wenn Sie in einiger Frist einmal Zeit haben für
mich, wäre ich Ihnen dankbar, wenn Sie mich zu einer
Besprechung gelegentlich bestellten würden.

Heil Hitler!

Ihr gehorsamst ergebener

gez. Voss

SS-Standartenführer«

Hier muss nicht erläutert werden, was dieses Konglomerat aus den Firmen Skoda und Brünner Waffenwerke sowie der Waffen-SS bedeutete. Es steht zu vermuten, dass die SS im Reichsprotektorat Böhmen/Mähren diejenigen Waffenentwicklungen voranzubringen gedachte, von denen Reichsführer-SS Heinrich Himmler immer träumte, war er doch ein Wunderwaffen-Fetischist (was allerdings kaum bekannt ist). Die Firma Skoda und die Brünner Waffenwerke galten als leistungsfähige Rüstungsunternehmen und waren damit in der Lage, die Wünsche der SS umzusetzen. Sieht man auf das Datum des eben zitierten Dokuments, dann wird deutlich, dass die Aktivitäten im Protektorat schon zu einer Zeit begannen, als vom Niedergang des Dritten Reiches noch keine Rede sein konnte. In dieser Zusammenarbeit liegt wohl auch der Schlüssel für das Verständnis dessen, was an Geheimwaffenprojekten der zweiten Generation entwickelt und erprobt wurde. Nur sehr wenig ist bis heute davon bekannt geworden. Und das muss, so glauben wir, seine Gründe haben.

Wir wollen an dieser Stelle nur kurz darauf hinweisen, dass bei Skoda Forschungen liefen, die die Grundlagen für viele zukunftsweisende Entwicklungen der Nachkriegszeit bildeten – und die bei Kriegsende von Russen und Amerikaner erbeutet wurden, die bis heute ein großes Geheimnis um das Vorgefun-

---

* Vgl. dazu: Bundesarchiv, Berlin-Lichterfelde, NS 19/1935.

dene machen. Der britische Autor Tom Agoston, der Jahre nach dem Kriegsende den ehemaligen Skoda-Generaldirektor Dr. Voss interviewen konnte, wusste davon ein Lied zu singen. Agoston hatte im Laufe der Jahre eine umfangreiche Sammlung von Dokumenten und Zeitzeugenaussagen zusammengetragen, die allesamt hochbrisant waren. Kurz nachdem Agoston gestorben war, wurde seine Wohnung durch Personen geräumt, die weder zum Familien- noch zum Bekanntenkreis des Briten gehörten. Bei dieser Aktion verschwanden die knapp 100 Aktenordner. Wer da wohl zugeschlagen hatte?

Dass es in Bezug auf die (Geheim-)Waffenprojektaktiviäten der SS noch viel zu recherchieren gibt, soll ein Dokument zeigen, das wir vor einigen Jahren von einem amerikanischen Historiker erhielten, der uns leider die US-Archiv-Signatur vorenthielt. Wir wollen dieses Papier deshalb nicht überbewerten, dennoch aber vorstellen, da es in den Gesamtzusammenhang passt. Das Papier befasst sich mit der deutschen Forschung an Geheimwaffen und geht dabei besonders auf Atomexperimente der SS ein. In diesem Zusammenhang wird u. a. auch Brno (Brünn) als Standort solcher Versuche genannt. Betrachtet man das Dokument als Ganzes, so scheinen auch noch andere Unternehmen in die Experimente involviert gewesen zu sein, was das Thema noch komplizierter in der Recherche und Bewertung werden lässt, als es das ohnehin schon ist.

Damit zurück zu Lt. Rychlys Reisebericht. Im weiteren Verlauf seiner Aufzeichnungen erwähnt er die Firma BATA in Zlin. Der Ort wurde von 1949 bis 1990 Gottwaldo genannt (nach Präsident Klement Gottwald) und liegt etwa 75 Kilometer östlich von Brno (Brünn). BATA produzierte verschiedene Teile, inklusive der Brücke für die U-Boote vom Typ XXWV-W (W für Walther)! Das ist insofern bemerkenswert, als nach offizieller Darstellung die XXWV-W-Boote nie gebaut wurden. Ein Auftrag für nur vier Einheiten (U-4501 bis U-4504) wurde

SECRET
FF4936

Date: January 1945

Evaluation: C-3 (?)

Very urgent   INTELLIGENCE

Germany

Research on Secret Weapons

A center of research has been set up at KAPPEL, 37 km.
north of Berlin, in a disguised woods. Near this center,
and camouflaged by the same woods, there is the whole of the
E. M. de DOENITZ.

Researches are carried on vigorously upon the "atomic
explosion", at the SS Technical Academy at ZELLENDORF (700 m.
south of the(RR) station) and especially at BRNO in Bohemia.
These experiments are pursued intensively by the old establishments
of BAYER (the special section of the I. G. Farben near Berlin and
in the vicinity of Regensburg).

**see paragraphs 3 and 4 of cable 2877 December 21, 1944,
from Bern - IN 29784**

SECRET

MAR 20 1945

*Ein »sehr dringender« US-Geheimdienstbericht vom Januar
1945 zu deutschen Atomexperimenten und damit verbundenen Standorten.*

zwar an die Firma Blohm & Voss in Hamburg gegeben, diese
wurden aber nie fertiggestellt.

Die Firma BATA, so Rychly weiter, stellte außerdem Gummi für die experimentelle Abdeckung von U-Booten bzw. deren Außenhaut vor, also eine Art Anti-Radar- bzw. Anti-Sonar-Technik. Die Russen hätten nach Übernahme der Fabrik die Experimente mit dem Spezialgummi fortgesetzt, wie sie auch andere Produkte bis zum Dezember 1945 herstellen ließen. Interessantes Detail am Rande: In der Fabrik arbeiteten auch 15 Techniker der Firma Rheinmetall-Borsig, die – als die Russen kamen – unter deren Kontrolle blieben.*

Unter Punkt 7 berichtet Lt. Rychly über ein Unternehmen, das uns schon seit langem interessierte: die Weserwerke bei Decin (Tetschen) in Böhmen. Decin liegt ca. 40 bis 45 Kilometer südöstlich von Dresden, sozusagen unmittelbar hinter der deutsch-tschechischen Grenze. Über die Weserwerke berichtete erstmals der israelische ehemalige Geheimagent Michael Bar-Zohar in seinem Buch *Die Jagd auf die deutschen Wissenschaftler.* Dort hätte man, so Bar-Zohar, deutscherseits bis zum Kriegsende große Zyklotrone und V-2-Rümpfe hergestellt. Nach dem Ende des Zweiten Weltkrieges wurden die Weserwerke von den Russen übernommen, die die Produktion der Zyklotrone ab August 1945 fortsetzten.

Logischerweise haben sich viele, die Bar-Zohas Buch und auch unsere diesbezüglichen Darstellungen gelesen haben, gefragt, ob das Ganze eine Erfindung des Israelis war oder ob es einen Bezug zur Wirklichkeit gab. Beide Fragen können jetzt beantwortet werden: Bar-Zohar hat mit höchster Wahrscheinlichkeit nichts erfunden und die Fabrik lag (und liegt) bei

---

* *National Archives and Record Administration* (NARA), College Park, Maryland. Record Group (RG) 38 (Chief of Naval Operations, CNO). Intelligence Division. Top Secret Reports of Naval Attaches 1944–1947. (Formerly Entry 98C), Box 9, »Report on Visit to Czechoslovakia« vom 11. Februar 1946, S. 1/2.

Decin. Die Geschichte wird von Rychly im Großen und Ganzen bestätigt. Er informiert darüber, dass es zahlreiche ungenaue Berichte gab, die über die in den Untergrundanlage laufenden Arbeiten berichteten und behaupteten, dass hier Zyklotrone hergestellt würden und Versuche in Verbindung mit dem Uranisotop 235 liefen. Er schweigt sich aber dazu aus, ob diese ernst zu nehmen seien oder nicht. Er stellt stattdessen fest, dass die Anlage bis zum 1. Dezember 1945 strengstens bewacht wurde und es eine Tatsache sei, dass deutsche Techniker bis zur Demontage der Anlageneinrichtungen vor Ort gewesen seien und in der Untergrundinstallationen arbeiteten. Genau genommen kann er auch nichts anderes berichten, waren doch die Geheimnisse zum Zeitpunkt seiner Reise schon längst in die Sowjetunion abtransportiert worden – und nicht nur hier, wie sich noch zeigen sollte.

Rychly kann aus *seiner momentanen Sicht* folgende Arbeiten in den Weserwerken bestätigen: Produktion von V-1 und V-2, Herstellung der 55-mm-Raketen »Schlange« und »Wespe«, einer pneumatischen 30-mm-Kanone und von ferngesteuerten Raketen.*

Dass da aber noch mehr und vor allem Wichtigeres hergestellt wurde, steht außer Frage, denn warum sonst wurde die »Evakuierung« von den Russen so schnell durchgeführt? Da musste es mehr gegeben haben als ein paar V-1 und V-2, die von sowjetischen Einheiten in anderen Fällen nicht mit solcher Eile abtransportiert wurden. Lt. Rychly besuchte die Anlage, die er als gigantisch beschrieb, im Januar 1946 persönlich – doch da war alles längst Geschichte. Dass die von ihm befragten Tschechen wahrscheinlich die »Gerüchte« um die

---

* *National Archives and Record Administration* (NARA), College Park, Maryland. Record Group (RG) 38 (Chief of Naval Operations, CNO). Intelligence Division. Top Secret Reports of Naval Attaches 1944–1947. (Formerly Entry 98C), Box 9, »Report on Visit to Czechoslovakia« vom 11. Februar 1946, S. 2.

Zyklotrone und die Uran-235-Experimente abstritten, darf nicht verwundern, machten diese doch zu dieser Zeit bereits gemeinsame Sache mit den Russen. Abgesehen davon ist auch die Nennung der V-1- und V-2-Produktion verwunderlich. In keinem uns bekannten Werk zur Geschichte der deutschen Raketenentwicklung ist je davon berichtet worden, dass dort beispielsweise an der V-2-Vergeltungswaffe gearbeitet wurde. Freilich: Man will dort entsprechende Rümpfe oder Teile gefunden haben. Doch gehörten diese wirklich zu einer V-2?

Dass sie das möglicherweise nicht taten, kann man einem Bericht entnehmen, der in der amerikanischen Zeitschrift *Time* am 12. Dezember 1945 erschien. Sein Titel: »The Puzzle of Podmokly«. Heute wäre die Veröffentlichung eines solchen Artikels angesichts der darin enthaltenen Informationen nahezu unmöglich, doch in der damaligen Phase – die USA hatten den Zweiten Weltkrieg gewonnen – entsprach er der allgemeinen Siegeseuphorie. Man hatte keine Hemmungen, auch Dinge, die bald aufgrund des heraufziehenden Kalten Krieges nicht mehr publiziert wurden oder publiziert werden durften, zu veröffentlichen. Im *Time*-Artikel wird berichtet, dass das Rätsel von Podmokly (Bodenbach) darin bestand, dass hier in einer sechs Meilen von der Ortschaft entfernt in den Bergen liegenden unterirdischen großen Anlage durch die Deutschen in größter Geheimhaltung V-Waffen hergestellt, aber auch Zyklotrone gebaut und Versuche mit dem Uranisotop 235 durchgeführt wurden. Man habe, so die *Time*, im letzten Kriegsjahr sogar mindestens drei große Zyklotrone ausgeliefert und diese an geheime Standorte im Deutschen Reich gebracht. Doch das sei nicht alles gewesen. Nach dem Ende des Krieges wurden in der unterirdischen Anlage »Weser«, die einige Wochen frei zugänglich war, jede Menge herumliegende Teile von V-Waffen entdeckt, auch Teile von Zyklotronen und anderen Ausrüstungen der Kernphysik habe man identifiziert. In Stahltresoren befanden sich sogar Pläne für die Vergeltungswaffe 4, die, so *Time*, von Prag nach Amerika fliegen konnte!

Ist man bereit, den Artikel sachlich zu analysieren, so versteht man sehr wohl, warum die Russen kurze Zeit nach dem Krieg plötzlich ein großes Interesse daran hatten, die Weserwerke zu sichern. Im August 1945 waren die Atombomben auf Hiroshima und Nagasaki abgeworfen worden, die Weserwerke befanden sich im russischen Einflussbereich. Was also lag näher, als das, was für die weitere Existenz der damaligen Sowjetunion nun plötzlich extrem wichtig erschien, unter eigene Kontrolle zu bringen und abzutransportieren?

Wie noch zu zeigen sein wird, sind der *Time*-Hinweis auf die Produktion von Zyklotronen wie auch die Anmerkung zu den Möglichkeiten der V-4 sehr ernst zu nehmen. Im Übrigen stellt sich die Frage, ob die in der Anlage »Weser« gefundenen Ausrüstungsteile nicht auch zu dieser V-4 genannten Waffe gehörten. Lassen Sie uns erklären, wie wir auf diesen Gedanken kommen: Weiter vorn in diesem Buch hatten wir schon festgestellt, dass bis heute nicht klar ist, welche Entwicklungen sich hinter den Begriffen V-3 und V-4 verstecken. Die genauen Projektbezeichnungen für neue, weit reichende Raketen und Marschflugkörper kannten nur wenige, direkt beteiligte Techniker, Ingenieure und Wissenschaftler. Wir gehen davon aus, dass unter den Bezeichnungen V-3 und V-4 jeweils verschiedenartige Systeme rangierten.

Soweit die grundsätzlichen Bemerkungen. Kommen wir nun zum Speziellen unserer Ausführungen: Ein Zeitzeuge berichtete uns vor Jahren, dass *eine* unter der Bezeichnung V-3 laufende Mehrstufenrakete nicht sofort den Eindruck erweckte, als würde sich etwas prinzipiell Neues hinter ihr verbergen. Er meinte, würde man in eine große Halle eintreten, in der diese V-3 in aufgerichteter Position stehe, und würde man diese zunächst aus größerer Entfernung betrachten, so könne man glauben, eine gewöhnliche V-2 vor sich zu haben. Erst beim

Näherkommen könne man feststellen, dass es sich wohl doch um etwas anderes handeln müsse: Das Gerät habe einen größeren Durchmesser (genannt wurden drei Meter) und Auffälligkeiten an der Außenhaut. Als wir diese Erzählung hörten, konnten wir sie nicht glauben. Später jedoch sollte sich auf geradezu unheimliche Weise das, was der Zeuge berichtete, bestätigen (wir werden im weiteren Verlauf der Diskussion des Rychly-Reiseberichts darauf zurückkommen). Auch wenn wir hier bestimmte Dinge als gegeben voraussetzen, die erst noch zu erläutern sein werden, halten wir es also durchaus für möglich, dass das, was von den Russen zunächst als V-2-Teile interpretiert wurde, tatsächlich Segmente der V-4 waren.

Ein weiteres Unternehmen, das Lt. Richly aufsuchte, war die Firma AEG in Bedrichow. Während des Krieges hieß der Ort Friedrichswald. Die kleine Stadt liegt etwa zehn Kilometer nordöstlich von Liberec (früher Reichenberg) im Isergebirge oder – wenn man sich anhand einer deutschen Stadt zu orientieren versucht – rund 40 Kilometer südlich von Görlitz.

```
A. Between 3 January and 22 January, arrangements were made with
the Czech'k General Staff to visit a number of plants that had
been working for the German Navy during the war. Contact was
made with this Staff through the British and U.S. Military
Attaches who introduced me to Gen. BOCEK. The Czech authorities
granted the permission but informed me that I would have to be
escorted throughout by the Czech Secret Police (O.B.Z.). The
plants visited were the following:

    C.S.R. ZBROJOVKA at BRNO (Moravia). This firm has in all
    some eight plants in a radius of 70 Klms. of BRNO. During
    the war they produced for the German Navy-:
        Tail portions for torpedos T1 - T4.
        The gun mounting L.C. 30.
        M.K. 303 (a 30mm gun, muzzle velocity 1050, firing
        450 rds per minute. To be produced at a rate of
        255 per month by December 1944).
        28cm Dusenrohr.
        Rocket launcher for 38cm diving rocket.
        Z.W.1 mine and depth charge ejectors.
        Visierträger L.44.
```

Auszug aus dem Rychly-Dokument »Report on Visit to Czechoslovakia«.

Besonders interessant ist, dass hier viele verschiedene Waffen und Waffenteile sowie Ausrüstungsgegenstände hergestellt wurden. Genannt werden Zielsuchgeräte, Minen, Zubehörteile für die Kriegsmarine und V-1- bzw. V-2-Zünder. Völlig aus dem Rahmen fallen zwei Produkte: 1) die komplette V-4 (!) und 2) eine sogenannte Lichtspiegelanlage, mit der es eine besondere Bewandtnis hat, auf die wir aber erst in einer für später geplanten Publikation einzugehen gedenken.

Lt. Rychly berichtet zu seinem Besuch bei der AEG-Niederlassung Folgendes: »The German Scientists Pfister and Bakes, with whom I had the opportunity to speak, and some 22 other German Scientists are still working on the development of the above under Czech supervision for the Russians. The program on which this firm is still engaged is much more extensive than that listed above. Pfister tried to pass me a copy of the complete programm of work, but this was seized from my hand by one of the O.B.Z. officials present.

The O.B.Z. official promised that I should obtain a copy of this program in Prague. On arrival there General Bocek gave orders for it to be surrendered to me, but this got to the ears of Colonel Reicin, the right hand man of General Svoboda, who forbade the authorities to let me have a copy.«*

In sinngemäßer Übersetzung heißt das: Die deutschen Wissenschaftler Pfister und Bakes, mit denen Rychly die Gelegenheit hatte zu sprechen, und etwa 22 andere deutsche Wissenschaftler arbeiteten noch immer an der Entwicklung der genannten Waffen und Produkte – nun natürlich für die Russen, wobei sie von Tschechen überwacht wurden. Das Programm, so der US-Marinegeheimdienstoffizier weiter, mit dem sich

---

* *National Archives and Record Administration* (NARA), College Park, Maryland. Record Group (RG) 38 (Chief of Naval Operations, CNO). Intelligence Division. Top Secret Reports of Naval Attaches 1944–1947. (Formerly Entry 98C), Box 9, »Report on Visit to Czechoslovakia« vom 11. Februar 1946, S. 3.

diese Firma immer noch beschäftige, sei jedoch viel umfangreicher als das, was bereits an Entwicklungen genannt wurde. Der Deutsche Pfister versuchte, Lt. Rychly eine Kopie des vollständigen Programms der bei der AEG betriebenen Projekte zu überreichen, was aber von einem OBZ-Beamten verhindert wurde. Der OBZ- Mann versprach, dass Rychly eine Kopie des Programms in Prag erhalten werde. Nach Ankunft des Generals Bocek in der Firma befahl dieser, Rychly eine Kopie des Dokuments zu übergeben; dies kam allerdings Oberst Reicin – der rechten Hand des Generals Svoboda (Chef des OBZ) zu Ohren –, der daraufhin verbot, die Programmkopie an den Amerikaner zu überreichen. Rychly ging also leer aus. Bemerkenswert sind mehrere Dinge: a) Die Firma AEG in Bedrichow arbeitete an einer kompletten V-4. Warum sind bis heute keine Reißbrettzeichnungen, Blaupausen oder Fotos dieses Waffensystems aufgetaucht?; b) noch im Januar 1946 waren deutsche Fachleute vor Ort tätig. Welches Schicksal ereilte sie? Wurden sie mit in die Sowjetunion genommen, oder gingen sie später nach Deutschland zurück? Falls sie in ihre Heimat zurückkehrten, wo kamen sie unter? Und warum haben sie über das, was sie in Bedrichow taten, geschwiegen?; c) der CNO-Geheimdienstoffizier Rychly erlitt eine Schlappe, die Kopie des Firmenproduktionsprogramms wurde ihm nicht ausgehändigt. Was war so geheim daran, dass Russen und Tschechen den Vertreter des Bündnispartners USA wie einen begossenen Pudel dastehen ließen?

Das sind nur einige der Fragen, auf die sich künftige Recherchen konzentrieren könnten. Ob nach über 60 Jahren eine Antwort auf diese gegeben werden kann, bleibt abzuwarten.

Das nächste Zielobjekt Rychlys war die Firma Vollmann in Celakovice (Celakowitz oder auch Tschelakowitz). Der Ort liegt etwa 25 Kilometer nordöstlich von Prag. Hier notierte Rychly nur den kurzen Hinweis, dass in diesem Unternehmen drei

Zyklotrone hergestellt worden seien, die unglücklicherweise von den Russen erbeutet und abtransportiert wurden. Wir wollen hier nicht alle Besuchsobjekte Rychlys vorstellen, das würde zu weit führen. Interessant sind aber noch die in seinem Reisebericht unter Punkt 12 aufgeführten Askania-Werke in Prag, die ausgebombt waren. Der Leutnant wusste, dass es noch andere Fabriken, die zur Askania-Gruppe gehörten, außerhalb der tschechischen Hauptstadt gab. Dies hatte ihm »ein freundlicher Major aus dem tschechischen Generalstab« verraten. Es war allerdings unmöglich, eine Genehmigung für den Besuch dieser Askania-Produktionsstätten zu bekommen. Selbst die Tschechen blieben außen vor, alles befand sich ausschließlich unter russischer Kontrolle. Immerhin: Wenn die Russen die ostdeutsche Besatzungszone als Sieger kontrollierten, war das verständlich. Dass aber die Tschechen, die ja gegenüber den Russen nicht als Feinde galten, nicht Herren im eigenen Haus waren, ist schon äußerst seltsam und bemerkenswert. Was hatten die Russen in den Askania-Werken gefunden, das sie diese so nach außen abschirmten?

Auch andere Werke durfte der amerikanische Geheimdienstoffizier nicht besichtigen. Darunter befand sich ein geheimes aeronautisches Labor in Turnow (Turnau). Die Russen hatten dieses im Oktober und November 1945 komplett ausgeräumt und die dort anwesenden deutschen Wissenschaftler mit in die Sowjetunion verschleppt.

Ebenso erging es Rychly in Bezug auf die Fabrikanlagen der Firma Siemens in Budweis (Ceske-Budejovice nach dem Krieg). Zwei Fabriken – von dort insgesamt 17 im Umfeld vorhandenen – durfte er nur von außen betrachten, wobei er notierte, dass sie streng abgeriegelt und bewacht würden. Selbst tschechische Sicherheitsbeamte durften die Unternehmen nur mit einer durch die Russen erstellten Sondergenehmigung betreten.

Die gesamte Geheimniskrämerei deutet darauf hin, dass im früheren Reichsprotektorat Böhmen/Mähren ganz entscheidende Dinge geschahen, die bisher von der Geschichtsschreibung ausgeblendet worden waren. Bisher glaubten wir, die Firma Skoda sei wichtig gewesen, nunmehr müssen wir aber erkennen, dass es noch Firmen gab, die viel wichtiger waren. Dass diese ganzen Informationen erst jetzt das Licht der Öffentlichkeit erblicken, liegt in erster Linie an der rigorosen Geheimhaltung der Alliierten. Es darf aber auch nicht vergessen werden, dass sich kaum jemand nach dem Krieg für das, was dort unter deutscher Besatzung geschah, interessierte – wenn man einmal von den Betrachtungen zu den menschlichen Schicksalen absieht. Offenbar waren alle Beteiligten bemüht, die unschönen Aspekte der Geschichte schnell zu bewältigen und zu vergessen. Ein typisches menschliches Verhalten.

Rychlys Reisebericht ist in vielerlei Hinsicht ein wichtiges Schlüsseldokument, beweist es doch, dass an Dingen gearbeitet wurde, die es eigentlich gar nicht gab. Sicherlich, Rychlys Informationen bezogen sich sowohl auf die Verhältnisse unter deutscher Besatzung wie auch auf die, die unmittelbar nach dem Krieg herrschten. Aber eines ist doch sonnenklar: Wenn nach dem Ende des Krieges die unter russischer Kontrolle stehenden Firmen weiterarbeiten mussten, dann hatte es hier bis Mai 1945 doch Entwicklungen gegeben, die die pragmatisch denkenden Russen als Chance verstanden und daher für eigene technologische und waffentechnische Neuerungen zu nutzen gedachten. Gewiss: Es ist anhand des Rychly-Berichts schwer zu beurteilen, wie weit die uns interessierenden Waffenentwicklungen *bei Kriegsende* wirklich gediehen waren. Fest steht nur, dass die V-4 offensichtlich eine neue Fernwaffe war, die sich während der deutschen Besatzung in Entwicklung befand und anschließend unter russischer Kontrolle perfektioniert wurde. Das ist zumindest der Stand der Dinge, der sich aus dem ausführlich zitierten Dokument ergibt.

Geht es aber vielleicht noch etwas konkreter? Natürlich. In unserem Besitz befindet sich ein weiterer »Intelligence Report«, der aus demselben Dokumentenkonvolut wie der Rychly-Bericht stammt. In ihm erfahren wir erstmals, was die V-4 und die V-3 waren. Der Report stammt vom COMNAVFORGER (Commandeur, US Naval Forces in Germany) und datiert vom 1. Mai 1946. Er trägt die Top-Secret-Control-Nummer 2825 und bezieht sich auf vom 19. Februar 1946 stammende Informationen zur Waffenforschung der Firma Kreisel-Siemens-Gema (KSG), wie sie nach dem Krieg von den Russen bezeichnet wurde. Dabei handelte es sich um die frühere Gema-Fabrik in Berlin-Köpenick.*

Bezüglich der dort laufenden Arbeiten wird berichtet, dass die Russen einige von den der deutschen Marine noch nicht getestete Apparaturen weiterentwickeln würden. Das seien beispielsweise die U-Boot-Tiefen- und -Schwebesteuerung, die automatische Geschützsteuerung und die Steuerung für die V-3- und V-4-Waffen. Die momentanen Arbeiten näherten sich dem Punkt der finalen Tests, und es sei vorgesehen, in Kürze die Massenproduktion der betreffenden Systeme in der UdSSR einzuleiten.** Es wird hinzugefügt, dass gegenwärtig etwa 400 Mitarbeiter bei der KSG beschäftigt seien.

Auf Seite 2 des Dokuments wird dann die Katze aus dem Sack gelassen. Unter Punkt 8 heißt es, dass die V-3 und die V-4 jeweils 15 Meter lang und drei Meter dick seien – also größer als die V-1 bzw. die V-2. (Man beachte: Mit diesem Vergleich wird ausdrücklich darauf hingewiesen, dass die V-3 und V-4 andere Geräte als die V-1 und V-2 sind.) Die Systeme verfügen über Antriebsstufen, und wenn die erste Stufe ausgebrannt ist, wird sie von der Rakete abgetrennt. Steuerung und Zündung der Rakete bzw. der einzelnen Stufen erfolgen durch eine

---

* *National Archives and Record Administration* (NARA), College Park, Maryland. Record Group (RG) 38 (Chief of Naval Operations, CNO). Intelligence Division. Top Secret Reports of Naval Attaches 1944–1947. (Formerly Entry 98C), Box 9, Dokument zu Subject:»Germany Weapons Research« vom 1. Mai 1946.
** Ebenda, S. 1.

238

Radiosteuerung. Die Hüllen bzw. Rümpfe dieser Waffen habe man im Harz und in einer Fabrik in der Nähe Berlins produziert; genaue Adressen seien aber nicht verfügbar.*

Punkt 8 des COMNAVFORGER-Dokuments beschreibt die V-3 und V-4 als Mehrstufenraketen (bzw. -marschflugkörper).

Die Informationen sind eindeutig: Die V-3 und V-4 waren neuartige, radiogesteuerte Mehrstufenraketen. Manche unserer Mitrechercheure halten es auch für möglich, dass es sich *auch* um Zwittersysteme gehandelt haben könnte – also eine Art Mittelding zwischen Rakete und unbemanntem Flugzeug. Oder um einen perfektionierten, mehr in Richtung einer Rakete weisenden Marschflugkörper. Diese Optionen wollen wir nicht völlig ausschließen, weil bei einem Blick in die Waffenarsenale der Sowjetunion und der Vereinigten Staaten der 1950er- und 1960er-Jahre offensichtlich wird, dass es bei diesbezüglichen Geräten durchaus auch einen Bezug zu deutschen Entwicklungen gegeben haben könnte. Darüber hinaus existieren genügend Hinweise darauf, dass sowohl die klassische

---

* *National Archives and Record Administration* (NARA), College Park, Maryland. Record Group (RG) 38 (Chief of Naval Operations, CNO). Intelligence Division. Top Secret Reports of Naval Attaches 1944–1947. (Formerly Entry 98C), Box 9, Dokument zu Subject: »Germany Weapons Research« vom 1. Mai 1946, S. 2.

V-1 (Fi-103), die ein Marschflugkörper war, als auch die V-2-Rakete Nachfolger hatten, die über eine größere Leistung und Reichweite verfügten. Wir zeigten dies bereits vor Jahren, werden es aber in diesem Buch nochmals dokumentieren.

Nehmen wir die Aussagen in dem Dokument wörtlich, dann waren die hier genannten Apparaturen und Geräte Entwicklungen der deutschen Marine. Was aber wollte die Marine mit der V-3 oder V-4? Sie von Bord eines U-Bootes aus starten? Unmöglich ist das nicht, denn entsprechende Planungen hatte es bereits in Bezug auf die V-1 (Startgestell) ebenso gegeben wie in Hinblick auf die V-2 (nachgeführter Tauchbehälter).

Zu berücksichtigen ist dabei allerdings, dass die V-3 und V-4 wahrscheinlich erst mit den neuen deutschen U-Booten zum Einsatz gelangt wären, und es gibt erste Hinweise darauf, dass sogar ein U-Boot im Bau war, das die V-2 oder Nachfolgegeräte aus an Bord befindlichen Startschächten heraus abfeuern sollte. Das heißt, dass die heute bei U-Booten verwendete Technologie bereits damals entwickelt war und bei Kriegsende schon in Anfängen umgesetzt werden sollte.

In dem COMNAVFORGER-Papier werden auch die Namen der leitenden deutschen Ingenieure aufgelistet, die nun unter russischer Kontrolle bei der Kreisel-Siemens-Gema GmbH arbeiten mussten. Genannt werden hier beispielweise Obering. Mummert (Abteilungsleiter), Ing. Gudakowski (Vertreter), Dipl.-Ing. Schydle (Kreiselgeräte), Dr. Schindler (elektrische Rechner und Steuerungen), Obering. Blasig (Hydraulik) und Obering. von Manteuffel (Kesselregler).* Letztgenannter schien eine besonders wichtige Person – auch für die Amerikaner – zu sein, wie wir noch zeigen werden.

---

* *National Archives and Record Administration* (NARA), College Park, Maryland. Record Group (RG) 38 (Chief of Naval Operations, CNO). Intelligence Division. Top Secret Reports of Naval Attaches 1944–1947. (Formerly Entry 98C), Box 9, Dokument zu Subject: »Germany Weapons Research« vom 1. Mai 1946, S. 3.

Wenn wir schon einmal bei der V-3 und V-4 sind, dann müssen wir darauf hinweisen, dass es sich hierbei um ein sehr vielschichtiges Thema handelt. Auch auf die Gefahr hin, uns zu wiederholen, wollen wir darauf aufmerksam machen, dass diese Systeme auch für eine großangelegte geheime unterirdische Produktion in Thüringen behauptet wurden. Dieser Sachverhalt wurde letztmalig in unserem Buch *Geheime Reichssache: Thüringen und die deutsche Atombombe* behandelt. Damit nun neu hinzugekommene Leser nicht automatisch gezwungen sind, sich dieses Werk zu beschaffen, wollen wir hier die entsprechenden Informationen nochmals publizieren.

Am 18. April 1945 erschien in der französischen Tageszeitung *Paris-presse* auf Seite 1 ein Bericht, in dem über ausgedehnte unterirdische Fabrikationsanlagen in Thüringen berichtet wurde, in denen französische Häftlinge an neuen V-Waffen gearbeitet hatten. Der Artikel ließ das Folgende wissen:

»Durch den alliierten Vormarsch so schnell befreit, dass die Deutschen sie nicht mehr erreichen konnten, enthüllen uns französische Häftlinge, die an den Geheimwaffen arbeiteten, die V-4, den letzten Traum Hitlers.

Diese Deportierten, die das Tageslicht viele Monate lang nicht sahen, arbeiteten geheim in einer 24 Quadratkilometer großen unterirdischen Fabrik.

Hitler hatte einen Traum: den letzten. Er träumte, den Krieg mit einer neuen Geheimwaffe zu gewinnen, der V-4. Dieser Traum hat sich nicht verwirklicht. Die Nazis konnten dieses Geheimnis nicht einmal mit ins Grab nehmen. Und das geschah, weil sie unvorsichtig waren und französische Häftlinge in den Fabriken arbeiten ließen, in denen man mit der V-4 experimentierte und sie herstellte. Diese Häftlinge machen es heute möglich, dass die Alliierten das letzte Geheimnis der Geheimwaffe knacken können, einer Waffe, die die letzte Hoffnung des Dritten Reiches war.

Die Franzosen, die viele Monate unter der Erde gearbeitet haben, ohne das Tageslicht zu sehen, konnten über die Möglichkeiten und die Anwendung der V-4 Daten liefern, welche *Paris-presse* nun zum ersten Mal veröffentlicht. Wir kannten die V-1 und die V-2. Wir kannten sogar die V-3, die eine verbesserte und größere Version der V-2 sein sollte. Wir wussten auch, dass die Deutschen einen wirklichen Regen von diesen Geschossen auf London fallen lassen wollten. Aber niemand hatte etwas von der V-4 gehört, der Waffe, die Hitler den Endsieg bringen sollte.

Diese Waffe war fast fertig. Die Fabriken, in denen sie hergestellt und getestet wurde, wurden gerade von den Truppen der Alliierten in ihrem schnellen Vormarsch befreit, und die gefundenen Geheimnisse sind noch ganz neu.

Sie (die Fabriken) liegen in der Region Erfurt und sind nicht sehr weit von dem unheimlichen Buchenwald-Lager entfernt, das auch von dem Alliierten-Vormarsch befreit wurde.

Gigantische und erstaunliche unterirdische Fabriken lagen eine neben der anderen, und auch in mehreren Stockwerken eine über der anderen; sie dehnten sich auf einer Fläche von 24 Quadratkilometern aus und waren durch ein labyrinthisches Netz von Kanälen und Tunneln verbunden. Kurz gefasst: eine gigantische Stadt unter den Felsen, in der sich unter elektrischer Beleuchtung unendlich Werkstätten, Lagerhallen, Laboratorien und Kasematten aneinanderreihten.

Zwei Schmalspurbahnen versorgten dieses unterirdische Reich, und diese waren so gut getarnt, dass sie von den Alliierten-Luftwaffen nie entdeckt wurden.

Ein riesiges Projektil mit einer absoluten Treffsicherheit

Es ist hier, in der Dunkelheit, wo die besten Techniker Deutschlands unter strenger Überwachung die V-4 vorbereiteten. Die V-4? Denken Sie an eine V-2, die aber nicht blind und ungenau ist, sondern ganz im Gegenteil, die eine Treffsicher-

et l'Oder

- « L'assaut final commencé avec mencées à l'Ouest et à anglaise, qui a ajouté: e, tout le fr nl est en

son offensive de front

- L'offensive soviétique enchée.

Libérés plus tôt que les Allemands ne pouvaient s'y attendre par l'avance américaine, des déportés français affectés à la fabrication des armes secrètes

nous font des révélations
SUR LE V-4
dernier rêve de Hitler

Ces déportés qui n'avaient pas vu le jour depuis des mois, travaillaient au secret dans une usine souterraine s'étendant sur 24 km²

HITLER avait fait un rêve : le dernier. Il rêvait de gagner la guerre, grâce à une nouvelle arme secrète, le V-4. Ce rêve ne se réalisa pas. Les nazis n'en emportèrent même pas le secret dans leur tombe. Car ils avaient eu l'imprudence d'affecter par représailles, aux usines où l'on expérimentait et fabriquait le V-4, des déportés français qui permirent aujourd'hui aux Alliés de percer le mystère de l'ultime arme secrète sur laquelle le IIIᵉ Reich fondait ses ultimes espoirs.

Ces Français, qui ont travaillé pendant plusieurs mois sous terre, sans revoir la lumière du jour, ont pu fournir sur le V-4, ses perspectives et son emploi, des précisions que « Paris-presse » est le premier à publier.

Nous connaissons les V-1 et les V-2. Nous connaissons même, par oui-dire, les V-3, qui devaient être une édition améliorée et agrandie des V-2.

Nous savions aussi que les Allemands se proposaient d'expédier une véritable pluie de ces projectiles sur Londres. Mais nul n'avait encore entendu parler des V-4, l'arme qui devait donner la victoire définitive à Hitler.

Cette arme était sur le point de sortir. Les usines où l'on procédait à la fabrication et aux essais viennent d'être conquises par les troupes alliées, au cours de leur foudroyante avance, et les secrets qu'elles ont révélés sont encore frais.

C'étaient, dans la région d'Erfurt et pas très loin de le sinistre camp de Buchenwald libéré, lui aussi, par l'offensive alliée, d'immenses, de prodigieuses usines souterraines enfouies les unes à côté des autres, étagées les unes au-dessus des autres, reliées par un labyrinthe de galeries et de tunnels, et s'étendant sur une superficie de 24 kilomètres carrés. En bref, une gigantesque cité creusée dans le roc et où se succédaient interminablement, à la lumière de puissants globes électriques, ateliers, magasins, laboratoires et casemates.

Deux chemins de fer à voie étroite approvisionnaient ce royaume souterrain, deux chemins de fer si artistement camouflés que les avions d'aviation alliée ne les avait découverts.

Un projectile géant d'une précision absolue

C'est là, dans le royaume, que les meilleurs techniciens d'Allemagne, soumis à un strict contrôle, préparaient le V-4. Le V-4 ? Imaginez un V-2, mais un V-2 qui, au lieu d'être aveugle et imprécis, aurait au contraire surpassé en précision les canons les plus perfectionnés : un projectile immense, long de 15 ou 20 mètres, propulsé par fusée, comme le V-2, mais pesant, à la différence de celui-ci, être rigé de terre par ondes hertziennes et capable, pendant tout le temps de sa course parcourue à une vitesse de 6.000 km. à l'heure, d'indiquer sa position à la centrale de terre par ondes dirigées gyroscopiques couplés sous un poste amateur de T.S.F.: un engin enfin qui n'aurait peut-être pas pu changer le sort de la guerre, mais qui aurait certainement prolongé les hostilités en causant de nouveaux et incalculables ravages, et en provoquant chez les Alliés de graves difficultés supplémentaires.

Mais le danger est conjuré. Le V-4 gît désormais, sans force ni sans vertu, dans l'ombre de ces cavernes d'où les nazis aux abois n'ont pas eu le temps de le faire surgir. Quelques jours seulement, quelques semaines peut-être, paraît-il, nous seraient encore du moment où ces monstres nouveaux se seraient abattus sur nous.

Raymond HENRY.

---

es Français aux abords de Fribourg

BALE, 17 avril. — Les troupes françaises s'approchent de Fribourg-en-Brisgau. Toute cette zone frontière de l'Allemagne a été évacuée et toutes les unités du Volkssturm ont été mobilisées.

La ville de Stuttgart, dont le violent a pris la fuite, est dilatement menacée par les patrouilles blindées.

ur le front des Alpes

Le ministère de la Guerre communique :

Sur le front des Alpes, après sa journée de combats, la résistance allemande a été brisée sur le massif de l'Authion. Les troupes avancés français du ré...

Staline songe-t-il
à reviser sa politique
vis-à-vis du Reich ?

Dans un article de la « Pravda », M. Alexandrov, chef de la propagande du parti communiste et l'un des théoriciens les plus en vue de l'U.R.S.S., expose des vues sur le Reich qui semblent indiquer un coup de barre dans la politique russe, vis-à-vis du peuple allemand.

« En remplissant sa grande mission libératrice, écrit Alexandrov, l'Armée Rouge mène la bataille pour la destruction de l'armée hitlérienne, de l'État hitlérien, mais jamais elle ne s'est posé et ne se pose comme but d'anéantir le peuple allemand. Ce serait stupide et insensé.

« Le camarade Staline a dit qu'il serait ridicule d'identifier la clique hitlérienne avec le peuple allemand. L'expérience de l'histoire montre que l'Hitler apparaissent et disparaissent et que le peuple allemand et l'État allemand restent. »

A propos de ce qui est important pour l'article, Reuter écrit : « Si la Russie ne recevait pas une réponse satisfaisante à ses plans concernant la Pologne, elle pourrait revenir à sa première intention qui était de faire un large usage en Allemagne du Comité de l'Allemagne Libre, et pourrait proposer la suspension des décisions de Yalta en faveur de celles qui avaient été précédemment pri...

Der Bericht der französischen Tageszeitung Paris-presse vom 18. April 1945 über die Untergrundanlagen »bei Erfurt« (Thüringen) und die dort von Häftlingen gebaute V-4, die Hitler den Endsieg bringen sollte.

heit hat, die besser ist als die der besten Kanonen. Ein riesiges Projektil, 15 bis 20 Meter lang, mit Raketenantrieb wie die V-2, die aber, ganz im Unterschied zu dieser Rakete, vom Boden aus mit Hilfe von Radiostrahlen geleitet werden konnte und die in jedem Moment während ihres 6000 km/h schnellen Fluges ihre Position der Leitzentrale melden konnte, weil sie über gyroskopische Geräte verfügte, die mit einem T.S.F.-Sender/Antenne verbunden waren; ein Gerät also, das den Krieg nicht hätte entscheiden können, das ihn aber ohne Zweifel verlängert und neue und nicht kalkulierbare Verwüstungen verursacht hätte. Und die Alliierten hätten weitere schlimme Schwierigkeiten überwinden müssen.

Aber die Gefahr ist nun vorbei. Die V-4 sinkt jetzt ohne Macht und ohne Glanz in die Höhlen, wo die gedrängten Nazis keine Zeit mehr hatten, um sie noch ans Tageslicht zu bringen. Nur noch einige Monate oder vielleicht Wochen, so scheint es, haben uns von dem Moment getrennt, in dem diese neuen Monster auf uns gestürzt wären.

Raymond Henry«*

Übrigens war der Bericht in der *Paris-presse* nicht der einzige Hinweis in dieser Sache. Auch in einem Artikel der britischen Zeitung *The Daily Mail*, der ebenfalls vom 18. April 1945 datierte, wurde kurz darüber berichtet. Alles Zufall? Das ist unmöglich angesichts der teilweise exakt miteinander übereinstimmenden Informationen, die die Konfiguration der V-4 betreffen. Das amerikanische Geheimdienstdokument, das wir zuvor erläutert haben, beweist eindeutig, dass es die V-4 gab. Französische Häftlinge berichteten dasselbe, nachdem sie durch den Vormarsch der US-Amerikaner freigekommen waren. Wenn solch unterschiedliche Quellen identische Angaben machen, dann muss davon ausgegangen werden, dass Tatsachen

---

* Edgar Mayer & Thomas Mehner: *Geheime Reichssache: Thüringen und die deutsche Atombombe*, Kopp Verlag, Rottenburg 2004, S. 183–186.

berichtet wurden, die später – aus welchen Gründen auch immer – ignoriert, vertuscht und unterdrückt wurden. Bemerkenswert ist bei dieser Geschichte nur, dass es bestimmten Kräften gelang, alle Beteiligten so unter Druck zu setzen, dass sie über das Erlebte bzw. Erfahrene schwiegen. Mancher mag behaupten, das sei unmöglich. Dabei darf allerdings nicht vergessen werden, dass diese Kräfte es auch schafften, die Dokumentenbeweise 60 Jahre unter dem Deckel der Geheimhaltung zu lassen. Das Wort »unmöglich« sollte in dieser Hinsicht also mit äußerster Vorsicht benutzt werden. Zudem haben wir selbst Fälle erlebt, in denen uns Zeugen berichteten, wie sie unter Druck gesetzt wurden und teilweise sogar Verpflichtungserklärungen unterschreiben mussten. Wer steckt dahinter? Wir mussten nur einmal raten.

Zurück zur V-3 und V-4. Beide wurden als Mehrstufenraketen – oder, was wir persönlich für eher unwahrscheinlich halten, als Mehrstufenmarschflugkörper – mit 15 Metern Länge und drei Metern Durchmesser beschrieben. Die V-2 war, um einen Vergleich zu bringen, 14,03 Meter hoch und hatte einen größten Durchmesser von 1,68 Meter.*

Wagt man gar einen Vergleich zur V-1, so ist festzustellen, dass die V-4 ein wesentlich höheres Volumen hatte, das etwa achtmal so groß war wie das des ersten deutschen Marschflugkörpers. Die Reichweite dürfte bei *mindestens* 2400 bis 3200 Kilometern gelegen haben, wobei es sich um eine Schätzung an der *untersten* Grenze handelt, denn wir wissen bisher nichts über eventuell vorhandene effizientere Treibstoffe, den Treibstoffverbrauch und die Flughöhe – alles wichtige Faktoren, die einen Einfluss auf die Reichweite haben. Bekannt ist nur, dass die V-4 ausgebrannte Stufen abwarf, was ihre Wirksamkeit noch deutlich erhöhte. Eine Reichweite von 5000 bis

---

* Angaben nach J. Miranda und P. Mercado: *Die geheimen Wunderwaffen des III. Reiches. Die deutschen Raketen- und Raketenflugzeugprojekte 1934–1945*, Flugzeug Publikations GmbH, o. O., 1995, S. 74.

Wie sahen die V-3- und V-4 aus? Bis heute sind keine Fotos oder Blaupausen der neu entwickelten Raketen aufgetaucht. Das COMNAVFORGER-Dokument bezeichnet sie als mehrstufige Raketen mit 15 Metern Länge und drei Metern Durchmesser. Handelte es sich also um wesentlich verbesserte und leistungsgesteigerte Nachfolger der bekannten V-2 (Bild links)? Oder um – was weniger wahrscheinlich ist – Zwittersysteme auf Basis von Raketen und unbemannten Flugzeugen, die Amerikaner und Russen in ähnlicher oder anderer Form nach dem Krieg bauten? (Bild rechts: Martin B-61 »Matador«)

6000 Kilometer erscheint deshalb durchaus realisierbar. Dahingehende, aber auch darüber liegende Werte wurden uns in der Vergangenheit des Öfteren durch Zeitzeugen genannt.* Es steht nunmehr außer Zweifel, dass die V-3 und die V-4 gebaut wurden. In dem französischen Pressebericht wurde gar behauptet, dass sich Hitler von der V-4 den Endsieg erhoffte. Logischerweise konnte so etwas nur dann möglich sein, wenn die neuen Raketen nukleare Gefechtsköpfe erhielten. Wir meinen zudem, dass der Bau neuer, weitreichenderer Raketen nur dann einen Sinn ergab, wenn etwas fertiggestellt war, das die konventionellen Gefechtsladungen ersetzen konnte und das über eine gewaltige Sprengkraft verfügte, sowie den Aufwand, der mit der Entwicklung und dem Bau von Mittelstrecken- oder Interkontinentalraketen verbunden war, rechtfertigte. Ergo: Die gesicherte Existenz des V-3- und V-4-Projektes beweist ebenso, wenn auch indirekt, das Vorhandensein der deutschen Atomwaffe. Mancher wird uns in Hinblick auf diesen Analogieschluss nicht folgen wollen; es gilt allerdings zu bedenken, dass eine interkontinentale Rakete erst dann konzipiert werden konnte, wenn klar war, wie groß und wie schwer die nukleare Gefechtsladung werden sollte. Die Rakete musste auf die zu transportierende Nutzlast abgestimmt werden – nicht umgekehrt!

Wir fragen uns im Zusammenhang mit der V-3 und der V-4 abschließend, weshalb die Historikerschaft bisher nicht auf die von uns aufgezeigten Dokumente oder andere, teilweise schon vor Jahrzehnten publizierte Zusammenhänge gestoßen ist und stattdessen all jene lächerlich zu machen versuchte, die der Geschichts»wissenschaft« widersprechende, aber wahrheitliche Informationen verbreiteten? Wollten die Vertreter der

---

* Der Augenzeuge, der uns darauf hinwies, dass eine der unter dem Begriff V-3 rangierenden Raketenneuentwicklungen eine gewisse Ähnlichkeit zur V-2 hatte, nur etwa größer dimensioniert war, nannte eine *maximale* Reichweite für eine spezielle Konfiguration von etwa 8500 Kilometern.

Zunft nicht, konnten sie nicht oder durften sie nicht? Oder sind sie bereits seit langem blind und taub für neue Informationen und Erkenntnisse? Geht es ihnen stattdessen darum, ein (politisch) gewünschtes Geschichtsbild zu zementieren, das Otto Normalverbraucher und Lieschen Müller zufriedenzustellen vermag, aber niemanden, der kritisch-freigeistig denkt? Für uns steht jedenfalls fest, dass bestimmte »Experten« ihr Handwerk ganz offensichtlich nicht verstehen – trotz gegenteiliger Behauptungen – und von der Wahrheit so weit entfernt sind wie die Erde vom Uranus!

Fakt hingegen ist, dass Personen wie der Italiener Luigi Romersa, der höchstpersönlich bei einem deutschen Atomwaffentest im Oktober 1944 auf Rügen (Bug) anwesend war, im Endeffekt recht behalten haben. Romersa hatte Jahre nach dem Krieg immer wieder in Zeitungsartikeln darauf aufmerksam gemacht, dass die etablierte Auffassung zu den deutschen Wunderwaffen unrichtig bzw. unvollständig sei. Viele verlachten ihn, obwohl er, wie wir nun belegen können, die volle Wahrheit berichtete. Romersa schrieb schon 1955: » ... Am Ende seines Monologs begann Neumann über die ›V2‹, ›V3‹ und ›V4‹ zu sprechen und fügte noch hinzu, *dass die letzten zwei Modelle* (denen noch weitere folgen würden), *durch Radiosignale gesteuert würden und sie deswegen ihr Ziel nie verfehlten.*«* (Hervorhebung durch die Autoren) Und was behaupteten die Historiker? Dass es die V-3 und die V-4, also die über der V-2 rangierenden leistungsfähigeren und mehrstufigen Systeme, niemals oder allenfalls auf dem

---

* Siehe dazu: *Civiltà delle Macchine*, Nr. 3, Ausgabe Mai/Juni 1955, Artikel von Luigi Romersa »Le armi segrete di Hitler«, S. 19–23, wie auch: *Parispresse l'intransigeant*, Ausgabe vom 19. November 1955, Artikel von Luigi Romersa: »J'ai vu exloser la bombe atomique de Hitler!«, S. 1 und 14. In dem Romersa-Zitat befindet sich ein winziger Schreibfehler: Der von ihm erwähnte Gesprächspartner heißt nicht Neumann, sondern (Staatssekretär Dr. Werner) Naumann. Es handelte sich dabei um die rechte Hand des Propagandaministers Dr. Goebbels.

Reißbrett gegeben habe. O heilige Einfalt! Glücklicherweise haben sich die Herren (und Damen?), die solches behaupteten, mit dem von ihnen verfassten Unfug selbst disqualifiziert, sodass wir uns weitere Anmerkungen zur Sache ersparen können. Unserer Leserschaft sollte allerdings klar geworden sein, dass die Verteidiger und Repräsentanten des etablierten Wissens, mögen sie sich auch Wissenschaftler, Historiker oder sonst etwas nennen, mitunter komplett versagen, sodass ihre Verlautbarungen und Elaborate nicht einmal das Papier wert sind, auf dem sie gedruckt werden.

Wir hatten weiter oben erwähnt, dass wir uns mit einem der KSG-Ingenieure noch etwas genauer befassen würden: Manfred von Manteuffel. Zu seiner Person ist anzumerken, dass er schon Ende 1946 nicht mehr für die Russen tätig war und daraufhin längere Zeit von den Amerikanern vernommen wurde. Sie bezeichneten ihn als »Eminenz« auf seinem Gebiet: der automatischen Gerätesteuerung. Daher nimmt es nicht Wunder, dass man versuchte, von Manteuffel in den Westen zu bringen. Der Verfasser des uns vorliegenden Geheimdienstberichts, USNR Lieutenant Commander S. F. Tyler, schrieb, dass es viele Techniker wie von Manteuffel in Deutschland gebe und dass man eine Lösung für diese Spezialisten finden müsse, um zu verhindern, dass sie für die Russen arbeiten.* Auch hier wird erneut erkennbar, dass die Amerikaner mit den Russen in einer Art Wettrennen um die deutsche Intelligenz standen. Das Ganze ergibt aber nur dann einen Sinn, wenn diejenigen, die man dem Gegner vorzuenthalten oder abzujagen gedachte, wirklich Könner in ihren Fachgebieten waren.

---

* *National Archives and Record Administration* (NARA), College Park, Maryland. Record Group (RG) 38 (Chief of Naval Operations, CNO). Intelligence Division. Top Secret Reports of Naval Attaches 1944–1947. (Formerly Entry 98C), Box 12, Dokument zu Subject: »Dipl.-Ing. Manfred von Manteuffel, German Expert on Automatic Regulators for Boilers«.

Da wir schon bei Personen sind, lassen sie uns auch noch
etwas zu dem USNR-Offizier Vladimir L. Rychly ausführen.
Bei ihm handelte es sich um eine sehr wichtige Figur, denn er
war uns vor Jahren schon einmal begegnet – und zwar im
Zusammenhang mit Informationen und Dokumenten, die wir
von dem mittlerweile verstorbenen Filmproduzenten und Journalisten J. H. von Miserony erhielten. Er hatte es in den 1990er-
Jahren geschafft, aus tschechischen Archiven Unterlagen über
geheime deutsche Forschungen während des Zweiten Weltkrieges im Großraum Prag bzw. im Gebiet von Pilsen zu erhalten, die für deutsche Historiker kaum zugänglich sind, und die
einer von uns in der Folge eines Treffens im Austausch gegen
andere Informationen und Unterlagen erhielt. Eines der Dokumente befasste sich mit den Aktivitäten der Amerikaner in
Hinblick auf die Firma Skoda. In ihm wird u. a. vermerkt, dass
Lt. V. L. Rychly am 29. Juli 1945 zusammen mit einem gewissen Theodor Weil in das Unternehmen kam und Unterlagen
diverser, während des Krieges erfolgter Entwicklungsarbeiten
forderte, die ihm allerdings verweigert wurden. Rychly war
jedoch hartnäckig und tauchte erneut am 1. August auf, aber
auch in diesem Fall wurde er abgewiesen.*

Wie unschwer zu erkennen ist, hinterließ Rychly Spuren
nicht nur in den amerikanischen, sondern auch in tschechischen Unterlagen, die uns vorliegen. Er tauchte überall dort
auf, wo es etwas zu holen und/oder zu sehen gab, was für seine
Qualifikation und Zuverlässigkeit spricht, vom Vertrauen, das
seine Vorgesetzten in ihn setzten, ganz zu schweigen. In manchen Fällen kam er allerdings zu spät oder wurde nicht vorge-
lassen. Offenbar hatten die Russen in Bezug auf das frühere
deutsche Reichsprotektorat Böhmen/Mähren die wichtigsten
Dinge unter ihre Kontrolle gebracht, während die Amerikaner

---

* Das Dokument trägt den (übersetzten) Titel: »Protokoll der Konferenz in
den Skoda-Werken in Pilsen« und datiert vom 2. August 1945; Archiv d.
Verfasser.

Lt. Rychlys Bericht über die Zyklotrone der Firma Vollmann

USNR-Geheimdienstoffizier Vladimir L. Rychly scheint ein wahrer »Hansdampf in allen Gasssen« gewesen zu sein, was seine Arbeit in Bezug auf hochtechnologische deutsche Entwicklungen betraf. So berichtete er beispielsweise am 2. September 1946 von Prag aus an Commodore Shelley, dass er drei Fabriken identifiziert habe, die im Zusammenhang mit der Endfertigung von Zyklotronen während des Krieges stünden. Bei der wichtigsten handle es sich um die Firma Vollmann in Celakovice, einem Ort ca. 15 Meilen östlich von Prag.

Rychly informierte, dass die Originalteile für die Zyklotrone direkt aus dem Reich kamen und bei der Firma Vollmann unter deutscher Kontrolle zusammengefügt wurden. Die Arbeiten wurden von folgenden deutschen Ingenieuren geleitet: Dr. Bajer, Dr. Salow und Dr.-Ing. Tönies. Eines der bei Vollmann komplettierten Zyklotrone sollte die deutsche Nuklearforschungseinrichtung in Miersdorf erhalten. Rychly betont, dass bei Vollmann nicht alle Segmente zusammengesetzt wurden, sondern die Endkomplettierung erfolgte. Vorarbeiten leisteten die im selben Ort ansässigen Firmen *Radioslavia* und *Krizik*. Zudem habe das Siemens-Werk in Prag mit der Ausrüstung der Teilchenbeschleuniger zu tun gehabt.*

---

* *National Archives and Record Administration* (NARA), College Park, Maryland. Record Group (RG) 38 (Chief of Naval Operations, CNO). Intelligence Division. Top Secret Reports of Naval Attaches 1944–1947. (Formerly Entry 98C), Box 11, Dokument zu Subject: »Cyclotrons Manufactured in Czechoslovakia«. Das Dokument wird, was die Zuverlässigkeit/Glaubwürdigkeit der berichtenden Quelle und der Information des Reports anbetrifft, mit A-1 ausgewiesen.

Interessant sind die von Rychly gemachten Angaben zu den Zyklotronen. Nach seinem Bericht wogen allein die Elektromagneten der Teilchenbeschleuniger jeweils mehrere hundert Tonnen. Alle drei Systeme wurden von den Russen erbeutet und inklusive sämtlicher Unterlagen in die Sowjetunion mit unbekanntem Standort abtransportiert. Rychly fügte seinem Report die (nicht ganz vollständige) Zeichnung eines Zyklotrons bei.

Der Bericht des USNR-Offiziers beweist, dass die Behauptung, die Deutschen hätten bei Kriegsende nicht über Zyklotrone (u. a. für die Grundlagenforschung) verfügt, ein absurdes Märchen ist. Schon im Zusammenhang mit den Weserwerken existierten Hinweise auf drei fertiggestellte Teilchenbeschleuniger. Wie viele Exemplare die Firma Vollmann oder andere im Raum Böhmen/Mähren befindliche Firmen vor dem Kriegsende an geheime Standorte lieferten, bleibt unklar, da bis heute keine entsprechenden Dokumente aufgefunden werden konnten. Fakt ist aber, dass das angeblich einzige 1944 von Bothe und Gentner fertiggestellte deutsche Zyklotron – ein Winzling gegen die bei Vollmann zusammengefügten –, das stets in der Literatur erwähnt wird, nichts mit den tatsächlichen Möglichkeiten deutscher oder von ihnen dominierter tschechischer Unternehmen zu tun hatte. Möglicherweise stellte das Bothe-Gentner-Zyklotron sogar nur eine Ablenkungsmaßnahme dar.

Im Zusammenhang mit Thüringen berichteten schon vor Jahren Zeitzeugen über das Vorhandensein eines großen Teilchenbeschleunigers im Untergrund des Gebietes Arnstadt – Wechmar – Ohrdruf. Angesichts der nun vorliegenden Dokumente müssen diese Berichte als glaubwürdig angesehen werden.

das Nachsehen hatten. Demzufolge ist davon auszugehen, dass Recherchen sowohl in US-amerikanischen als auch in russischen Archiven künftig nicht nur lohnenswert sind, sondern im Ergebnis auch noch manche Überraschung liefern könnten – sofern entsprechende Dokumente deklassifiziert werden. Wir sind uns sicher, dass bisher bezüglich des wahren Standes deutscher Hochtechnologie und Waffenentwicklungen nur die Spitze des Eisberges erkannt, untersucht und bewertet wurde, während die ganz großen Geheimnisse noch immer der Geheimhaltung unterliegen. Welche Dimension müssen sie aufweisen, wenn man sich seitens der Verantwortlichen in den USA, in Russland, Großbritannien und vielleicht auch Frankreich nach über 60 Jahren immer noch nicht dazu entschließen konnte, sie freizugeben? Was dürfen die mündigen Bürger in Deutschland nicht wissen?

Da wir uns in diesem Kapitel mit den neuen V-3- und V-4-Systemen befasst haben und in diesem Zusammenhang immer wieder betont wurde, dass sie über eine Radiosteuerung verfügten, die – im Gegensatz zur V-1 und V-2 – eine hohe Zielgenauigkeit ermöglichte, müssen wir zum Schluss noch erwähnen, dass in die diesbezüglichen Arbeiten nicht nur Standorte im damaligen Reichsprotektorat Böhmen/Mähren involviert waren, nein, auch das bekannte Siemens-Werk in Arnstadt spielte eine wichtige Rolle. Ohne hier allzu sehr ins Detail gehen zu wollen – wir wollen uns im Folgenden auf eine wichtige Aussage beschränken –, wurden von uns schon vor Jahren Berichte von Zeitzeugen publiziert, die allesamt behaupteten, dass am 16. März 1945 von der Polte II bei Rudisleben (nördlich von Arnstadt) eine große, neuartige Rakete abgefeuert wurde. Diese Rakete, so hieß es weiter, habe über eine neuartige Steuerungs- und Zielsucheinrichtung verfügt. Die Zeugenaussagen, die sowohl von ehemals Beteiligten stammten als auch in Protokollen aus der DDR-Zeit festgehalten worden waren, bescheinigten dem neuen Steuerungssystem eine hohe Zielgenauigkeit.

Dass der Abschuss der Rakete nördlich von Arnstadt erfolgte, war mit Sicherheit kein Zufall, sondern der Tatsache geschuldet, dass das nur wenige Kilogramm wiegende Teil, das die Rakete zu einer gefährlich-präzisen Waffe werden ließ, von der Firma Siemens in Arnstadt hergestellt worden war und von dort für den Probeschuss am 16. März 1945 geliefert wurde. In einer Zeugenaussage, die im Jahre 1962 aufgezeichnet wurde und uns im Original vorliegt, hieß es bezüglich der bei Siemens und seinen dort integrierten Sonderwerken über die dort bei Kriegsende laufenden Forschungen wie folgt:

»... 1. Am 1. Juli 1938 wurde die Produktion der Siemens & Halske AG Berlin in Arnstadt aufgenommen. Ab 1. September 1938 war hier gleichzeitig das Werner-Werk und das Siemens-Schuckert-Werk untergebracht. In diesem Zusammenhang müssen die Namen Kurt Wagner, Karl Dutschmann, Karl Knie, Fritz Kühnlenz, Artur Schambach, Alfred Sträßer, Gerha[r]t Langbein, Wilhelm Seufert, Rudi Finn und Alfred Gründler (mein Name) genannt werden. Auch die Namen von Dr. Herbert Bauer, Dr. Willi Praxmarer, Dipl.-Ing. Arno Bauer und Dipl.-Ing. Ernst Pic [Pieh; das Protokoll wurde wie andere auch ein wenig nachlässig verfasst, Anm. d. Verf.], Ing. Walter Dobring und Ing. Karl Siepmann [sind zu nennen]. Von diesen sind einige heute gute Genossen im RFT [...].

2. Pic [Pieh] und Bauer sowie Walter und Dobring hatten einen besonderen Auftrag. Sie beschäftigten sich mit der Entwicklung von Zielsuchgeräten, die in Flugzeuge und Raketen eingebaut werden konnten. Das erste Gerät war so um die 20 Kilogramm schwer, dann waren sie nur noch zwölf Kilogramm schwer. Bei den ersten Versuchen im November 1944 gab es in Luisental, Neustadt-Glewe, einige Unfälle, aber dann waren die in Ordnung. Im März 1945 (den Tag kann ich nicht mehr sagen) wurde eine A-4 und dann sogar eine A-9/A-10-

254

von der Polte in Rudisleben abgeschossen. Die große Rakete war so gut, sie ging im Norden Norwegens mit einer Abweichung von nur sechs Metern ins Ziel. [...]
Gelesen und beglaubigt: gez. Gründler, 22. Juli 1962«*
Siemens-Ingenieure entwickelten also ein zwölf Kilogramm schweres Zielsuchsystem, das u. a. in Raketen eingebaut werden konnte.

Selbst wir waren erstaunt, dass es gelang, ein diese Technologie bestätigendes Dokument** zu finden. Der entsprechende Geheimdienstreport trägt die Top-Secret-Control-Nummer 3984 und datiert vom 21. Dezember 1946. In ihm geht es hauptsächlich um die nun (1946) in der sowjetischen Besatzungszone liegenden Industrien, die während des Zweiten Weltkrieges V-Waffen produzierten, speziell aber um den Standort Bleicherode, der, wie das Dokument deutlich werden lässt, für die Amerikaner von großem Interesse war. Im Zusammenhang mit der in Bleicherode laufenden Produktion vor und nach dem Krieg wird unter Punkt 8 erwähnt, dass das bekannte Siemens-Werk in Arnstadt, Thüringen, als Unterauftragnehmer sämtliche Radio(fern)steuerungseinrichtungen hergestellt habe, während in Bleicherode alle anderen Aufgaben (in Hinblick auf Raketenmaterialien, Sprengstoffe, Treibstoffe, Aerodynamik, Erprobung, Endmontage usw. usf.) realisiert wurden. Die von Siemens produzierte Einrichtung erlaube es einer

---

* Edgar Mayer & Thomas Mehner: *Geheime Reichssache: Thüringen und die deutsche Atombombe*, Kopp Verlag, Rottenburg 2004, S. 77 f./Archiv d. Verf. Bei dem von Gründler genannten Zielabweichungswert von sechs Metern handelt es sich mit hoher Wahrscheinlichkeit um einen Zufallstreffer. Wie schon erwähnt, wurde die Zielabweichung durch Zeitzeugen mit plus/minus 150 Metern angegeben, was bei einer nuklear bestückten Rakete in Bezug auf die Zielzerstörung ohne Belang ist.
** *National Archives and Record Administration* (NARA), College Park, Maryland. Record Group (RG) 38 (Chief of Naval Operations, CNO). Intelligence Division. Top Secret Reports of Naval Attaches 1944–1947. (Formerly Entry 98C), Box 12, Dokument zu Subject: »GERMANY/RUSSIA Industry and Industrial Ressources«.

Rakete während des Fluges – so das Dokument –, »24 verschiedene Signale innerhalb von drei Sekunden auszusenden«, die über die Höhe, die Fluggeschwindigkeit, die Geschwindigkeit über Grund und die Steuerungsreaktionen informieren. Das bedeutet, dass die mit dem Siemens-Gerät ausgerüstete Rakete (oder auch ein Marschflugkörper bzw. eine Flugbombe) im Flug von einer Boden- oder sonstigen Station geleitet werden konnte und mit dieser bis zum Erreichen des Zielpunktes interagierte. Zudem verfügte diese Leiteinrichtung über eine Fernsehkamera, was nicht verwundert, hatte doch das Siemens-Werk in Arnstadt bereits vor Kriegsende einschlägige Erfahrungen auf diesem Sektor gesammelt.

Ist das Vorhandensein einer derartigen Steuerungstechnik schon erstaunlich genug, so wird unter Punkt 9 noch erwähnt, dass man (russischerseits) beabsichtige, diese Technologie weiter zu verbessern. Man plane, eine Rakete mit einem Steuerungssystem auszurüsten, die nach dem Start die Feuerleitung anderer Raketen übernehme. Das heißt, dass beim Start eines ganzen Raketenpulks die Einweisung ins Zielgebiet nicht durch eine Bodenstation (bzw. durch U-Boot-gestützte Systeme) erfolge, sondern eine sogenannte »Mutterrakete«, die keinen Gefechtskopf trägt, diese Aufgabe bezüglich der »Tochterraketen« übernehme. Wann hat man jemals zuvor von derlei Möglichkeiten und Planungen im Jahre 1946 gehört?

Mehr als 60 Jahre nach Kriegsende wird also nicht nur offenkundig, dass die Nachfolger der V-1 und V-2 in Vorbereitung und – wie wir gleich zeigen werden – in Erprobung waren, sondern dass es auch die notwendigen Leit- und Steuerungseinrichtungen gab, die eine hohe Treffergenauigkeit ermöglichten – selbst über tausende Kilometer hinweg. Amerikaner und Russen waren also keineswegs die Ersten, die diese Techniken entwickelten und einsetzten, auch wenn sie das bis zum heutigen Tag gern behaupten. Die entsprechenden Äußerungen sind Zwecklegenden – mehr nicht.

>»Wer die Wahrheit nicht kennt, ist ein Dummkopf.
Wer die Wahrheit kennt und sie eine Lüge nennt,
der ist ein Verbrecher.«*

Bertolt Brecht

Die »Geisterraketen«-Wellen –
Desinformation pur

Die Fragen, die sich aus dem vorherigen Kapitel beinahe von selbst ergeben, lauten: Wurden die neuen V-3- und V-4-Waffensysteme noch erprobt? Und wenn ja, von wem? Von den Deutschen? Oder nach dem Kriegsende von den Alliierten? Wir müssen einschätzen, dass wir diese Fragen beim gegenwärtigen Stand der Erkenntnis zwar beantworten können, allerdings nicht in ihrer gesamten Komplexität. Wie schon betont, stellt sich das Problem, dass es bis heute nicht möglich ist, die hinter den Begriffen V-3 und V-4 existierenden Entwicklungen *in ihrer Gesamtheit* aufzuzeigen bzw. zu identifizieren.

Wir geben (nochmals) ein Beispiel: Der Begriff V-3 wurde verwendet für die deutsche Hochdruckpumpe (HDP), die – fest verbunkert – von der französischen Kanalküste in schneller Folge Geschosse nach England befördern sollte. Der Begriff ist aber ebenso benutzt worden für die 15 Meter lange und drei Meter Durchmesser große radiogesteuerte Rakete, die im Protektorat Böhmen/Mähren hergestellt wurde. Und der Begriff findet gleichermaßen für beinahe alle weitreichenden Raketen, Marschflugkörper und Flugbomben Verwendung, die im Zweiten Weltkrieg deutscherseits konzipiert wurden. Ein heilloses Durcheinander sozusagen, das noch vergrößert wird durch eine Alliierten-Darstellung, wonach die V-3 (auch) eine Weiterentwicklung der V-1, also des Marschflugkörpers Fi-103, war.

Ungeachtet dieser etwas chaotischen Situation bleibt festzuhalten, dass die neuen Wunderwaffen der zweiten Generation getestet wurden: von deutscher Seite bis zum Ende des Krieges 1945 und dann noch einmal danach von russischer Seite ab dem Jahr 1946. Diese beiden Phasen schlugen sich in sogenannten »Geisterraketen«-Wellen über Skandinavien nieder, in dessen Luftraum die Tests absolviert wurden.

Bevor auf genauere Hintergründe eingegangen werden soll, möchten wir noch vorausschicken, dass sicherlich nicht alle über Skandinavien beobachteten »Geisterraketen«-Fälle mit der Geheimwaffenthese erklärt werden können, zumindest aber ein großer Teil von ihnen. (Der Rest dürfte durch natürliche Erscheinungen wie Meteoriten und dergleichen zu interpretieren sein.) Augenzeugen sahen vor allem im Luftraum Norwegens und Schwedens immer wieder seltsame Objekte, die – nach dem Ende des Zweiten Weltkrieges – an die mittlerweise bekannten V-1- und V-2-Geschosse erinnerten. 1944 und 1945 hatten die Zeugen meist keine oder nur geringe Vergleichsmöglichkeiten.

Während die »Geisterraketen«-Welle der Jahre 1946/47 ziemlich bekannt wurde, war diejenige der Jahre 1944/45 nicht so sehr Gegenstand öffentlicher Erörterungen, obwohl es sie gab. Die Welle begann Mitte Oktober 1944 und dauerte fast bis zum Kriegsende. Während dieser Zeit tauchten im Zusammenhang mit derartigen Sichtungen immer wieder Darstellungen in der Presse der Alliierten auf, die behaupteten, dass es sich bei den ungewöhnlichen Objekten am Himmel offenbar um (neue) deutsche Geheimwaffen handeln müsse – eine Vermutung, die unseres Erachtens vollkommen der Wahrheit entsprach, zumal gleichzeitig verschiedenste Aktivitäten von deutscher Seite in Norwegen zu verzeichnen waren, die den Transport von V-Waffen und die Errichtung unterirdischer Anlagen betrafen.

Schwieriger wurde es dann nach dem Krieg, als 1946/47 eine zweite, größere Welle begann, die der ersten nicht nur ähnelte, sondern ihr in weiten Teilen glich – aber massiv manipuliert wurde. Interessant ist, dass dieser Welle alle möglichen Stimuli angedichtet wurden; offiziellerseits versuchte man, die wahren Gründe für die Erscheinungen nicht durchsickern zu lassen. Dennoch gab es bereits damals viele Personen, die glaubten, eine der wahrscheinlichen Ursachen zu kennen – Geheimwaffen à la V-1 oder V-2, die nun durch eine fremde Macht über dem skandinavischen Luftraum getestet wurden. Bei der fremden Macht handelte es sich um die damalige Sowjetunion. Tatsächlich erinnerten einige der in hoher Zahl über Norwegen, Schweden und Finnland beobachteten Objekte an die deutschen V-1 und V-2 bzw. deren Weiterentwicklungen. Augenzeugen beschrieben röhrenförmige, silbrig glänzende Geräte, die teils in größerer Höhe, teils aber auch in wenigen hundert Metern über dem Boden beobachtet wurden. Leider ist hier nicht der Platz, ausführlich auf alle Geschehnisse einzugehen. Daher kann nachfolgend nur in groben Zügen das Wichtigste vermittelt werden. Wir stützen uns dabei auf den MUFON-CES-Tagungsband *Ungewöhnliche Eigenschaften nichtidentifizierbarer Lichterscheinungen* (1978, Hrsg. Illo Brand), in dessen Abschnitt 5 mit dem Titel »Die Invasion der ›Ghost Rockets‹ über Skandinavien im Jahr 1946« (Autor Dipl.-Ing. Adolf Schneider) ausführlich auf das Thema eingegangen wurde.

Adolf Schneider schrieb 1978 über diese »Geisterraketen«-Welle: »... 1946 liefen Hunderte von Pressenotizen zum Thema ›Geisterraketen‹ über die Fernschreiber der *Associated Press*, der *United Press*, der Agentur *Reuters* und der *New York Times*. Erst in den vergangenen Jahren kamen Dokumente ans Tageslicht, die früher von schwedischen und britischen Militärdienststellen geheimgehalten wurden. Gemessen an der Zahl der Beobachtungen muss die skandinavische ›UFO-Welle‹ durchaus als beachtenswert erscheinen und rangiert an zweiter Stelle hinter der großen UFO-Welle des Jahres 1952 in den Vereinigten Staaten. Im Zeitraum von Ende Mai bis Anfang Dezember 1946 sind allein der schwedischen Regierung 987 Berichte über UFOs zugeleitet worden. Die US-Luftwaffe dagegen erhielt im folgenden Jahr 1947 lediglich 122 UFO-

Meldungen. [...] Schwedische Verteidigungs-Dienststellen nahmen die Beobachtungen aus dem skandinavischen Raum durchaus ernst und hielten die allerorts gesichteten zylinderfömigen Objekte zunächst für russische Testraketen.«

Auf Betreiben der schwedischen Luftfahrtbehörde und des Verteidigungsministeriums wurde ein Forschungskomitee gebildet, das aus Fachleuten der Luftwaffe, der Zivilluftfahrt, des Marine-Forschungsamtes und der Radarabwehr gebildet wurde. Adolf Schneider weiter:»Oberst Bengt Jacobsson und sein Sekretär, Ingenieur Kalmborg, leiteten das Experten-Team, das am 1. Juli 1946 seine Arbeit aufnahm. [...] Bis zum 1. Dezember hatte das Komitee insgesamt 15 Sitzungen abgehalten. Damals wurden auch ausführliche Dokumente erstellt, so zum Beispiel über die geographische Verteilung der Beobachtungen, die Zuverlässigkeit der einzelnen Zeugen und die Radarmessungen. Anfragen des US-Journalisten Don Berliner bei der schwedischen Luftwaffe ergaben, dass diese Dokumente heute noch als ›Geheim‹ betrachtet und daher nicht freigegeben werden.«

Im Zeitraum zwischen dem 9. und dem 11. Juli 1946 waren zum Beispiel sechs»Geisterraketen«-Beobachtungen gemeldet worden. Die schwedische Presse, die sich ihrer Sache nicht ganz sicher schien, bezeichnete die gesichteten Flugobjekte teils als Raketen, teils aber auch als Meteore. Wissenschaftler, die später zu diesen und anderen Beobachtungen befragt wurden, betonten gegenüber Journalisten mehrfach und mit Nachdruck,»dass es sich aufgrund der hohen Zahl an Beobachtungen und des Flugverhaltens der Objekte eigentlich nicht um Meteore gehandelt haben könne, wie zuweilen berichtet worden war. Eine russische Herkunft der künstlichen Flugkörper wäre nicht auszuschließen, zumal die ›Raketen‹ aus südöstlicher Richtung auftauchten und dorthin wieder verschwanden.«

Viele Berichte, die seinerzeit in der Presse erschienen, kamen, wie wir bereits feststellten, der Wahrheit zweifellos sehr nahe, nämlich dass es sich bei den beobachteten Objekten um neue V-1- und V-2-ähnliche Waffensysteme handelte, die die Russen testeten. Allerdings waren die Objekte und Körper, die die Zeugen beschrieben, keine wirklichen V-1 oder V-2, sondern neue, ihnen *ähnelnde* Systeme mit höherer Leistung, die mit Sicherheit unter die (Sammel-)Begriffe V-3 und V-4 einzuordnen waren. Eine britische Tageszeitung behauptete sogar, die Russen hätten diese neuartigen Körper vom deutschen Peenemünde aus abgeschossen, das aber – nach allem, was man wusste – damals in Trümmern lag. Was auch immer da im skandinavischen Luftraum unterwegs war, Ende Juli 1946 beschloss die schwedische Generalität, keine weiteren Berichte mehr bekannt zu geben. Diesen Zensurmaßnahmen schlossen sich kurze Zeit später auch die norwegischen Verantwortlichen an.

Adolf Schneider lässt uns zur Geheimwaffenthese noch Folgendes wissen:»Genauere Überprüfungen der Flugeigenschaften der ehemaligen deutschen V-1- und V-2-Waffen zeigten im Übrigen, dass es sich bei den über Skandinavien gesichteten ›Geisterraketen‹ kaum um Weiterentwicklungen durch russische Techniker gehandelt haben dürfte. [...] Die meisten ›Geisterraketen‹ flogen völlig lautlos oder verursachten nur geringe Geräusche. Die V-1 dagegen verbreitete einen Höllenlärm [...] Die Brennkammern der V-2 arbeiteten nur eine Minute während des Steigfluges, wobei die Rakete auf der Gipfelhöhe von 80 km nicht zu sehen gewesen war. Beim Absturz zur Erde erreichte sie Überschallgeschwindigkeit, sodass nur wenige Beobachter aus großer Entfernung die ballistische Flugkurve dieser Raketenwaffe hätten verfolgen können.«

Aus der Sicht des Jahres 1978 kann man dann auch verstehen, wenn Adolf Schneider meinte:»Die historischen Quellen liefern keinerlei Hinweise, dass russische Techniker in den Jahren 1945 und 1946 nach der Einnahme des Versuchsgeländes von Peenemünde irgendwelche Probeläufe oder Testflüge mit weiterentwickelten V-Waffen durchgeführt hatten. Im Oktober 1946 wurden die gesamten Fabrikanlagen einschließlich der verbliebenen deutschen Techniker – die meisten ›Top-Experten‹ hatten sich rechtzeitig vor Kriegsschluss zu den Amerikanern abgesetzt – in russische Gebiete abtransportiert. Von dort starteten die V-2-Raketen erst wieder im Oktober 1947. Im Übrigen hätten auch die Reichweiten der V-Waffen nicht ausgereicht, um die schwedischen oder norwegischen Gebiete zu beschießen. Stockholm liegt immerhin > 600 Kilometer von Peenemünde entfernt, ganz zu schweigen von den noch viel weiter entfernten nördlicheren Gebieten. Dennoch bestand die Tatsache, dass die ›Geisterraketen‹ stets aus südlicher bis östlicher Richtung herangeflogen kamen. Sie flogen jedoch in niedriger Höhe und konnten auch Kurven einschlagen.«

Man mag es drehen und wenden, wie man will: Die »Geisterraketen« hinterließen bei Militärs, Politikern, Presseleuten und Augenzeugen den Eindruck, als würde Skandinavien von neu entwickelten Waffensystemen überflogen, die eine Ähnlichkeit mit den bekannten V-1 und V-2 hatten. Adolf Schneider informiert in seinem Artikel noch darüber, dass sowohl Amerikaner als auch Sowjets an dem Phänomen, über das offiziellerseits der Mantel der Geheimhaltung gelegt wurde, interessiert gewesen seien. Einige Objekte waren durch Radarsysteme aufgezeichnet worden, und es hatte registrierte Abstürze gegeben. Vieles wurde klassifiziert. Letztlich wurde die Sache abgewiegelt – wie so vieles, was den Mächtigen jener Zeit nicht in den Kram passte.

Aus heutiger Sicht sind viele mit den »Geisterraketen« in Zusammenhang stehende Ereignisse und Entwicklungen besser zu verstehen, weil sich mittlerweile einige der offensichtlich bestehenden Widersprüche lösen lassen. Was da im skandinavischen Luftraum getestet wurde, waren keine herkömmlichen V-1- und V-2-Geräte, sondern die bis heute weitestgehend unbekannten Nachfolgeprojekte. Unabhängig davon kann davon ausgegangen werden, dass mit an Sicherheit grenzender Wahrscheinlichkeit die Russen hinter dem Phänomen der Jahre 1946/47 steckten, hatten sie doch bei Kriegsende und danach eine Vielzahl jener deutschen Einrichtungen in Besitz genommen, in denen die neuen Wunderwaffen bereits im Prototypenstadium fertig waren – wie wir in diesem Buch anhand von Dokumenten aufzeigen konnten. Dabei lieferten sie sich einen Wettlauf mit den Amerikanern, die selbstverständlich auch den Wert deutscher technologischer Entwicklungen erkannt hatten, in vielen Fällen aber zu spät kamen, was sie aber unmöglich zugeben konnten.

Ein Dokument, das zeigt, wie weit die Deutschen bei der Wunderwaffen-Entwicklung gelangten, ist der CIOS-XXXII-125-Bericht *German Guided Missile Research.** CIOS war eine der Alliierten-Organisationen, die auf die deutsche Hochtechnologie angesetzt waren. Nach dem Krieg schrieben die Mitglieder dieser Beuteteams Berichte über das Vorgefundene. Seltsamerweise wurden einige dieser Reports bis heute übersehen, wenn es darum ging, die Geschichte der deutschen Geheimwaffen zu schreiben.

Auf das Begriffs-Wirrwarr wurde unsererseits bereits hingewiesen. Die Verfasser des oben genannten CIOS-Reports schrieben nun – und wir geben diese Interpretation hier unkommentiert wieder –, dass die im Krieg eingesetzte V-1 weiterentwickelt worden war. Es gab eine V-2 (die nicht identisch mit der V-2-Rakete ist!) und eine V-3, die über bessere Steuerungssysteme und eine erheblich größere Reichweite ver-

---

* *German Guided Missile Research.* Combined Intelligence Objectives Sub-Committee (CIOS), G-2 Division, SHAEF (Rear), APO 143. Auf diesen Bericht wird ausführlich eingegangen in: Edgar Mayer & Thomas Mehner: *Hitler und die Bombe. Welchen Stand erreichte die deutsche Atomforschung und Geheimwaffenentwicklung wirklich?*, Kopp Verlag, Rottenburg 2002, Kapitel: »Die Raketenfrage« (S. 179 ff.)

fügte. Man kann sich dieses Gerät demnach als einen unbemannten, schnellen Düsenbomber oder Marschflugkörper vorstellen, der in der Lage gewesen wäre, von Norwegen oder Deutschland aus zum Beispiel New York zu treffen. In der Militärliteratur ist bisher von diesen beiden V1-Weiterentwicklungen nichts zu lesen gewesen. Zudem fehlen bis heute Konstruktionszeichnungen oder Fotos dieser V-1-Nachfolger.

Der CIOS-Bericht zeigt aber nicht nur auf, dass verbesserte deutsche Marschflugkörper durch die Technologiejäger der Alliierten gefunden wurden, sondern dass auch das »Amerikaraketen«-Projekt (A-9/A-10) weiter fortgeschritten war, als man das bisher glaubte. Und nicht nur das, es gab weitere, auf dieser Konstruktion aufbauende Systeme, die über die A-11 und A-12 bis hin zur A-15 reichten!

Das CIOS-Dokument liefert neben der Aufzählung deutscher Fernflugkörper noch eine Vielzahl weiterer wichtiger Informationen. Der Bau dieser Geräte war das eine, die Steuerung und das Problem der Zielerfassung das andere. Auch diesbezüglich wurden erhebliche Fortschritte erzielt, und der CIOS-Report dokumentiert, dass an Lösungen per Radar, Infrarot und mithilfe von Fernsehkameras gearbeitet wurde. Man verfolgte zeitgleich mehrere technische Lösungsmöglichkeiten, denn das Problem der zielgenauen Führung eines wie auch immer gearteten unbemannten Fernflugkörpers war von größter Wichtigkeit, hatten doch die V-1- und V-2-Einsätze deutlich gezeigt, dass ohne die Lösung dieses Problems solche Waffen nicht effizient waren.

Bei unseren Betrachtungen zur »Geisterraketen«-Welle der Jahre 1946 und 1947 gehen wir davon aus, dass wohl in den meisten Fällen die im CIOS-Report genannten Nachfolger der V-1 – also die hier so bezeichneten V-2 und V-3 – durch die Russen getestet wurden. Das ist insbesondere dann wahrscheinlich, wenn Zeugen von niedrig und/oder parallel zum Boden fliegenden Körpern berichteten. Selbstverständlich dürften

auch neuartige Raketen erprobt worden sein; da deren Flug-
bahn allerdings ein anderes Profil aufwies, meinen wir sagen
zu können, dass sie weniger oft für »Geisterraketen«-Beob-
achtungen sorgten. Für das amerikanische Militär und die Geheimdienste war
der Ursprung des Phänomens keineswegs unbekannt. Sie wussten, dass die Bezeichnung »Geisterraketen« ebenso falsch war
wie der Begriff »UFO« (Unidentifiziertes Flugobjekt). Aufgrund der ihnen vorliegenden Informationen, die u. a. Mitarbeiter wie Lieutenant Rychly zusammengetragen hatten, war
des Rätsels Lösung längst bekannt. Anhand eines Dokuments*,
das mit »Report on Guided Missiles sent from Soviet Controlled
Territories over Scandinavian Territories« überschrieben ist,
wird auch für den Nichteingeweihten ersichtlich, woher die
»Geisterraketen« kamen und wer sie betrieb. Man wusste sehr
genau, dass aus sowjetisch besetzten deutschen Gebieten bzw.
aus der Sowjetunion selbst neuartige Flugkörper abgefeuert
und über dem skandinavischen Territorium erprobt wurden.
Die auf Seite 267 publizierte Karte lässt keinerlei Zweifel an
dieser Sichtweise.

Bleibt zum Schluss die Frage, was die Vertuschung der
Tatsachen bezwecken sollte. Die Antwort besteht aus drei Punk-
ten: 1) Wie nun beweisbar ist, hatten die Alliierten eine Reihe
von neuartigen deutschen Wunderwaffen gefunden, deren
Wichtigkeit von ihnen so hoch eingeschätzt wurde, dass man
sich nach außen hin dazu entschloss, einen Mantel der Geheimhaltung und des Schweigens über diese Funde zu legen
und, falls doch etwas an Informationen durchsickern sollte
(was bei Tests dieser Systeme nicht auszuschließen war), ein
Phänomen wie die »Geisterraketen« oder »UFOs« zu konstru-

** *National Archives and Record Administration* (NARA), College Park,
Maryland. Record Group (RG) 38 (Chief of Naval Operations, CNO).
Intelligence Division. Top Secret Reports of Naval Attaches 1944–1947.
(Formerly Entry 98C), Box 11.

A Weapons		V W'pns	APPENDIX I Henschel	X Weapons
A0 First Model of V-2.	**A8** A-9 Development Model.	**V1** Ground to ground Jet-propelled aerodynamic stabilized projectile.	**HS-293** Models A thru I, see Technical Analysis.	**X-1 or F-X** als ... PC 1400 - X ... Radio or Wire.
A1 V-2 Development// Failure.	**A9** V-2 or A-4 with wings for range of 600 Meters.	**V2** Ground to ground rocket propelled projectile. Length: 40 ft/m:	**HS-294** Models A & B ... Technical Analysis.	**X-2** Experimental model - high velocity A-1. Onl... or built.
A2 V-2 Development// Failure.	**A10** Development of additional take-off unit for A-9 or V-2.	**V3** Larger V-1 with incendiary warhead.	**HS-295** See Technical Analysis.	**X-3** Supersonic version of X-2 and X-7.
A3 A-9 Development// Failure.	**A11** Development model of A-9 & A-10 for long-range (9300 Mi).		**HS-296** See Technical Analysis.	**X-4** Air to air wire controlled guide-bomb.
A4 Later known as V-4. A-9 Development.	**A12** Development model of A-9 & A-10 for long-range (9300 Mi).		**HS-297** Forerunner to HS-117. See Technical Analysis.	**X-5** Large model of)-3 (25 Ton) for use ... heavy armor.
A5 Small V-2 Model// First success.	**A13** Development model of A-9 and A-10 for long-range (9500 Mi).		**HS-298** New Technical Analysis.	**X-6** ... produce blast.
A6 A-9 Development Model.	**A14** Development model of A-9 and A-10 ..range (9500 Mi).		**HS-117 Schmetterling** Models A-1, A-2 -C & H See Technical Analysis.	**X-7** "Rotkäppchen" Anti-tank weapon, 10 Kg warhead.
A7 A-9 Development Model.	**A15** 9300 Mile range V-2 with glide wings (Saver constructed).			

Auszug aus dem Anhang I des CIOS-Reports XXXII-25: deutsche Marschflugkörper-, Raketen- und Flugbomben-Entwicklungen nach dem Kenntnisstand der Alliierten. Einige der hier genannten Projekte wurden bis heute nicht veröffentlicht.

ieren. 2) Weder Russen noch Amerikanern war daran gelegen, die deutschen Entwicklungen bekannt zu geben, versprach man sich doch selbst strategische Vorteile davon. Außerdem bestand kein Interesse daran, den Deutschen, dem Feind, ein Denkmal zu setzen. 3) Dass die Russen wichtige Entwicklungs- und Produktionseinrichtungen, die einst den Deutschen gehörten oder für diese gearbeitet hatten, unter ihre Kontrolle bringen konnten, stellte für die US-Verantwortlichen eine herbe Niederlage dar. Auch diese galt es zu verleugnen, wollte man als Weltmacht respektiert werden.

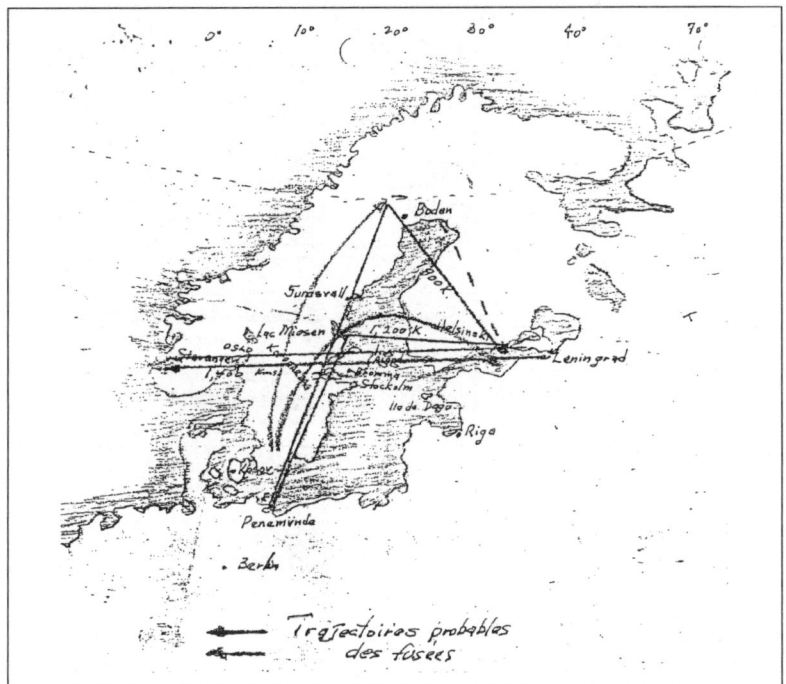

*Der US-Militärs waren bestens über die Startorte und Flug-
bahnverläufe der »Geisterraketen« informiert. Auch das sowjetisch besetzte Peenemünde spielte offenbar eine weitaus
größere Rolle nach dem Krieg, als dies bisher bekannt wurde.*

Fazit: Die deklassifizierten CNO-Dokumente zeigen, dass die
US-Dienststellen seit Anfang an über die wahren Hintergründe des »Geisterraketen«-Phänomens unterrichtet waren. Die
Öffentlichkeit wurde aus taktischen Erwägungen in die Irre
geführt. Angesichts solcher Praktiken steht zu vermuten, dass
noch viele andere Dinge, über die seit dem Ende des Zweiten
Weltkriegs gerätselt wird, einer massiven Desinformation und
Manipulation ausgesetzt waren und dass die dahinterstecken-
den Tatsachen ganz andere sind, als der interessierten Öffentlichkeit bis heute weisgemacht wird.

»Verschwiegene Wahrheit bringt Unheil!«

Friedrich Nitzsche

Warum die Wunderwaffen der zweiten Generation nicht bekannt werden durften

Geht man der Frage nach, warum die Wunderwaffen der zweiten Generation nicht öffentlich werden durften, so gibt es hierauf nicht nur eine einzige, einfache Antwort. Die höchste Geheimhaltung, die diese Systeme bis zum Kriegsende umgab, ließ sie zunächst mit dem Dritten Reich und der Niederlage Deutschlands untergehen. Die Alliierten, die die diesbezüglichen Technologien, Prototypen und die sie entwickelnden Wissenschaftler, Ingenieure und Techniker vereinnahmten, hatten kein Interesse, die Wahrheit offenkundig werden zu lassen. Unserer Meinung nach wurden Teile des Aufgefundenen für die Niederwerfung Japans im Pazifik-Krieg benutzt, sodass es offensichtlich für verantwortliche Alliierten-Kreise ein Ding der Unmöglichkeit war, mit der Wahrheit an die Öffentlichkeit zu gehen. Aus unserer Sicht hätte man aber gut daran getan, genau das zu tun, denn der Volksmund weiß schon lange, dass derjenige, der Lügen verbreitet, ein gutes Gedächtnis haben muss. Den Alliierten musste also klar sein, dass die Wahrheit irgendwann ans Licht kommen würde angesichts der bei historischen Recherchen feststellbaren unzähligen Widersprüche zur veröffentlichten Geschichtsschreibung.

Es gab aber neben politischen, militärischen, wirtschaftlichen und wissenschaftlich-technischen Erwägungen auch andere Gründe, die volle Wahrheit nicht offenbar werden zu lassen. Das Ganze war Teil der Strategie, wie man in Zukunft mit den Deutschen, die den Krieg verloren hatten, umzugehen gedachte. Wir wollen an dieser Stelle nicht selbst irgendwelche Vermutungen zu diesem komplexen Gebiet äußern, das auch von psychologischen und soziologischen Erwägungen getragen wurde. Stattdessen genügt es, US-Dokumente sprechen zu lassen, die in erstaunlicher Offenheit festhielten, dass die Deutschen künftig so *umzuerziehen* seien, dass von ihnen keinerlei Gefahr mehr ausgehe.

Logischerweise hatte das nationalsozialistische deutsche System selbst die Grundlagen für die spätere Behandlung des deutschen Volkes (neudeutsch: Bevölkerung) gelegt. Die während der NS-Zeit stattgefundenen Verbrechen waren für viele Verantwortliche in Alliierten-Kreisen groß genug, um Deutschland auf ewig zu diskreditieren. Allerdings muss in diesem Zusammenhang auch deutlich darauf verwiesen werden, dass einflussreiche Kreise in Großbritannien und den Vereinigten Staaten nun die günstige Gelegenheit gekommen sahen, das Deutsche Reich als künftigen Konkurrenten auszuschalten und auf Dauer niederzuhalten (ein Thema, das gern verschwiegen wird). Die vorliegenden Dokumente lassen in dieser Hinsicht nichts an Deutlichkeit vermissen. Es handelt sich dabei um Papiere, die in Folge eine Konferenz zur Behandlung Deutschlands nach dem Krieg verfasst wurden.* Unter dem Absatz »Short-term Plans« (kurzfristige Pläne) wurde als erster Punkt festgehalten, dass der Eindruck, Deutschlands Armeen seien total und komplett besiegt worden, so gefestigt werden müsse, dass ihr Prestige (in der Folge) völlig zerstört werde.** Wenn man diese Aussage analysiert, wird verständlich, dass es angesichts dieser Vorgehensweise und Planungen seitens der Alli-

---

* *National Archives and Record Administration* (NARA), College Park, Maryland. Record Group (RG) 169 (Records of the Foreign Economic Administration). FEA Administrator. Geographic File of the Administrator August 44/October 45. Germany through Guatemala. Entry 129, Box 20, Folder: »German-U. S. Economic Control Group – 1 of 2«.
** Ebenda, »Abstract of the Proceedings of a Conference on Germany after the War«, S. 4/5. Darin heißt es auszugsweise im Orginal: »<u>Short-term Plans:</u> The conference was generally agreed on the fundamental soundness of certain immediate plane which have been more or less taken for granted: 1. That the German armies must be totally and completely defeated, and their prestige be thereby destroyed. 2. That there be no more horse-ading on terms of an armistice, but a demand for compliance with the will of the

ierten unmöglich war, dem geschlagenen Feind zuzugestehen, dass er quasi bis zuletzt versucht hatte, das Kriegsglück durch die Schaffung neuer, zerstörerischer Waffensysteme zu wenden. Wären diese neuen Wunderwaffen bekannt geworden, hätte es erhebliche Probleme gegeben, den Deutschen die Niederlage im Krieg als etwas Zwangsläufiges, Unabwendbares zu vermitteln. Vielmehr wäre die Frage nach dem Grund des Nichteinsatzes der Waffen aufgetaucht, in deren Folge man früher oder später die Wahrheit hätte präsentieren müssen. Einige der Geheimwaffen der zweiten Generation kamen zu spät, andere waren vorhanden, wurden aber nicht eingesetzt oder verraten. Die Alliierten begriffen, dass das zu ungeahnten Problemen und zur Bildung einer neuen Dolchstoßlegende mit all ihren Folgen führen könnte. Was das bedeutete, hatte man gerade erlebt. Dieser denkbare Entwicklung galt es mit allen

conquerors. 3. The concept Unconditional Surrender should be taken to signify more than the surrender of all armed personnel, weapons, and war material. It should be understood as implying the surrender of German Sovereignty. By this expression is meant the admission that the German Government and Reich has ceased to exist, and that its future reconstitution as a sovereign independent entity or state shall be made dependent upon the emergence and integration of sufficiently powerful and responsible individuals and institutions, upon whose authority and co-operation the rest of the civilized world can depend, and whose ideals of world civilization will be such as to be universally acceptable. 4. That no engagement be made by the allied powers with respect to their future plans for maintaining their armed forces. 5. That those responsible for German outrages against humanity and international law be brought to justice. The German people expect that some such measures will be taken. If they were deceived in this expectation the stock of the Nazi party would show a spectacular rise. The question of who should be considered for trial can be approached only from the background of the entire problem of what motivates Germany. We have tried to make it clear that any dichotomy between leaders and peoples is fictitious; that one is a function of the other. Trial for war guilt cannot logically be limited to the leaders without at the same time exonerating everyone else. Trial and punishment should extend down vertically into the population for a certain distance, in order to make it perfectly clear that supporters of the old cultural traditions are not held blameless merely because they were not outstanding leaders or did not give orders. ...«

Mitteln vorzubeugen, sollte die Umerziehung erfolgreich sein. Demzufolge war es wichtig, den Deutschen den Eindruck einer totalen Niederlage zu vermitteln und ihnen aufzuzeigen, dass sie künftig vom Großmut der Alliierten abhingen. Kein Geringerer als Franklin Delano Roosevelt hatte dies schon im Jahre 1944 in einem Memorandum an den US-Kriegsminister geschrieben:

»It is of the utmost importance that every person in Germany should realize that this time Germany is a defeated nation. I do not want them to starve to death but, as an example, if they need food to keep body and soul together beyond what they have, they should be fed three times a day with soup from Army soup kitchens. That will keep them perfectly healthy and they will remember that experience all their lives. The fact that they are a defeated nation, collecitively and individually, must be so impressed upon them that they will hestitate so start any new war.«*

In sinngemäßer Übersetzung: US-Präsident Roosevelt hielt es für äußerst bedeutsam, dass nach dem Krieg jede Deutsche und jeder Deutsche begreifen müsse, dass Deutschland dieses Mal eine besiegte Nation sei. Er, Roosevelt, wollte nicht, dass die Deutschen verhungern, aber wenn sie Nahrung benötigen würden, damit Körper und Seele beisammen bleiben, sollten sie dreimal am Tag mit Suppe aus (US-)Armeesuppenküchen gespeist werden. Das hielte sie völlig gesund – und sie erinnerten sich an diese Erfahrung ein Leben lang. Die Tatsache, dass sie, die Deutschen, eine besiegte Nation seien, müsse ihnen kollektiv und individuell so eindringlich klar gemacht werden, dass sie nie wieder mit einem neuen Krieg beginnen würden.

---

* *National Archives and Record Administration* (NARA), College Park, Maryland. Record Group (RG) 169 (Records of the Foreign Economic Administration). FEA Administrator. Geographic File of the Administrator August 44/October 45. Germany through Guatemala. Entry 129, Box 20, Folder: »Germany«. »Memorandum for the Secretary of War«, 26. August 1944.

Wie man unschwer erkennen kann, war Roosevelt der zu erzielende Eindruck wichtig: Deutschland hatte als eine *total besiegte Nation* zu gelten, deren Einwohner – wie andere Dokumente zeigen – bestraft und umerzogen werden sollten. Logischerweise mussten deshalb viele Umstände, die die Ereignisse bei Kriegsende betrafen und die u. a. mit den neuen Geheimwaffen der zweiten Generation in Verbindung standen, verschwiegen und vertuscht werden.

Aus der Sicht der damaligen Sieger mochte eine solche Vorgehensweise vertretbar sein, das Problem bestand und besteht nur darin, dass verschwiegene Wahrheiten, kommen sie denn eines Tages ans Licht, neues Unheil bringen. Das wusste schon Friedrich Nitzsche. Und auch den Alliierten musste das klar sein. Deshalb versuchten sie durch Einschüchterung von Zeitzeugen und eine massive Geheimhaltung die Wahrheit über den wahren Stand der deutschen (Waffen-)Technologie vor der interessierten Öffentlichkeit zu verbergen. Gelungen ist es ihnen das allerdings nicht, wie man erkennen kann.

*»Wirklichen Fortschritt findet man meist dort,
wo Menschen in einer bestimmten Situation
beschließen, den Gehorsam zu verweigern.«*

Franz Kafka

Nachwort oder Weshalb wurden die neuen Geheimwaffen nicht eingesetzt?

Wir hatten bereits in unseren früheren Publikationen darauf hingewiesen, dass der Nichteinsatz der deutschen Atomwaffe(n), die nach unserem Dafürhalten seit Mitte 1944 eine Verwendung an der Front erlaubt hätten, auf das Wirken des deutschen Widerstandes – wenn man diesen Begriff in seiner umfassendsten Bedeutung verwenden will – zurückzuführen ist. Es gab Verantwortungsträger auf beinahe allen Ebenen, die bei Kriegsende das »System Hitler« zu beseitigen gedachten, zumindest aber versuchten, seine mögliche Stabilisierung, die beispielsweise durch den Einsatz der neuen Wunderwaffen denkbar gewesen wäre, zu verhindern. Dabei war allen Widerständlern klar, dass die Nichtanwendung dieser Waffensysteme auch den Untergang der Nation bedeuten würde, hatten die Alliierten doch unmissverständlich klargemacht, dass für sie kein Waffenstillstand, sondern nur eine bedingungslose Kapitulation Deutschlands in Frage komme.

Wir wollen in diesem letzten Kapitel nicht auf alle uns bekannten bzw. bekannt gewordenen Umstände eingehen, die mit der deutschen Atombombe und deren Zurückhaltung in Verbindung stehen. Wollte man dies erläutern, wäre ein eigenes kleines Buch fällig. Stattdessen sollen nur einige wenige Hinweise folgen.

Diejenigen, die in hohen und höchsten Positionen gegen Hitler konspirierten, wussten sehr wohl, dass sie ein Spiel mit dem Feuer wagten. Würden sie die neuen Waffen nicht zum Einsatz bringen und die Alliierten Deutschland überrennen, wäre es wahrscheinlich um sie selbst, in jedem Falle aber um das deutsche Volk und die Nation geschehen (dass diese Annahme korrekt war, zeigte sich nach dem Ende des Krieges in aller Deutlichkeit). Würde man den Einsatz der Waffen befürworten und sie gegen die Alliierten führen, so die weiteren Gedanken, würde das den Krieg nicht nur verlängern und Millionen weitere Todesopfer fordern, sondern die Perversion des bewaffneten Konflikts noch eskalieren lassen, denn – und diese Option bestand durchaus – vielleicht würden die Alliierten dann zum großflächigen Einsatz von Giftgas greifen.

SS-Obergruppenführer Dr.-Ing. Hans Kammler und einige seiner Gefolgsleute setzten angesichts der Ausweglosigkeit auf eine andere Karte: Sie wollten das Dritte Reich untergehen lassen, um nach dem zu erwartenden Abzug der alliierten Streitkräfte diesen in einem »Krieg nach dem Krieg« in den Rücken zu fallen – in einem Moment, in dem diese nicht mehr damit rechneten, und mit all dem, was man seit Mitte 1944 unter die Erde verlagert hatte und von dem vieles bis heute nicht gefunden wurde. Dass diese Planung scheiterte, wissen wir heute. Die lange Besatzungszeit wie auch der heraufziehende Kalte Krieg zwischen den Vereinigten Staaten und der Sowjetunion verhinderten die Umsetzung des Kammlerschen Vorhabens.

Das Ganze klingt für jemanden, der es zum ersten Mal liest, unglaublich. Nichtsdestotrotz kommt es nach den uns vorliegenden Rechercheergebnissen den Tatsachen sehr nahe.

Bei den Betrachtungen zum deutschen Widerstand und zu den Ereignissen bei Kriegsende wird gern auf das Stauffenberg-Attentat, das Hitler in der Wolfsschanze töten sollte, verwiesen. Das war aber nur *ein* sichtbares, heraustretendes Ereignis von vielen. Zudem wird oft vergessen, dass es bereits mit dem Machtantritt Hitlers Gruppierungen gab, die ihm alles andere als wohlgesonnen waren. Diese Hitler-Gegner waren oft selbst Teil des Systems, was erklärt, dass sie in vielen Fällen nicht entdeckt wurden. Über den deutschen Widerstand ist in den vergangenen sechs Jahrzehnten viel geschrieben worden, wir meinen jedoch, dass viele Zusammenhänge, die die Opposition gegen Hitler betreffen, bis heute nicht vollständig erkannt und bewertet worden sind.

Wir möchten zum Schluss den Nachfahren eines Widerständlers zu Wort kommen lassen, der in einem Schreiben an uns versuchte, etwas Licht ins Dunkel der Abläufe, die zum Nichteinsatz der Atomwaffe(n) von Thüringen aus führten, zu bringen. Nachdem wir in diesem Buch viele Informationen unter genauer Benennung der Quellen aufgezeigt haben, werden wir uns nachfolgend erlauben, die Ausnahme von der Regel zu statuieren, sind wir doch der Meinung, dass diejenigen, die Informationen lieferten und uns um Anonymität baten, diese auch erhalten sollen. In dem Schreiben hieß es zum Thema »Widerstand und Forschung«:

»Der Widerstand hatte eine Niederlage erhalten [wahrscheinlich mit dem gescheiterten Stauffenberg-Attentat, Anm. d. Autoren], er war aber in einer anderen Form am Leben. Der Adel hatte eingesehen, dass er nicht allein gegen Hitler kämpfen konnte. Der Adel fand neue Freunde in der Loge, die ebenso wie die Juden, jedoch mit anderen Mitteln, verfolgt wurde, weil sie gegen Hitler war. So wurde der Raum Ohrdruf – Arnstadt–Erfurt–Gotha zum Arbeitsfeld, da ja hier bereits einige Anlagen ab 1936 bzw. 1938 errichtet worden waren und es geheime Befehle ab Mitte 1944 gab. Der Adel war im Forschungsrat der Deutschen Reichspost durch [...] und andere Adlige vertreten. Die Forschung in Berlin war eng geworden, und Hitler hatte Befehle zum Ausbau eines neuen FHQu gegeben; doch wer stand als Bauchef des Reiches dahinter? Speer, und dieser hatte in Kammler einen Verbündeten gefunden. Die Informationen, die Hitler auch immer erhielt, waren mit Kammler und anderen Nazigrößen abgesprochen. Hitler konnte nie sagen, wie seine Wunderwaffen einmal aussehen würden und wer eigentlich an welchen etwas macht.

Die verschiedenen Versuche, von [...] bis zu den Skoda-Werken, kannte der Adel und die SS um Kammler; dabei kann man nicht SS zur SS sagen, Kammlers SS war eine andere, und sie war ebenfalls in der Forschung tätig. Beide waren sich einig, ab Mitte 1944 im Raum Ohrdruf–Arnstadt die dortigen Forschungsanlagen auszubauen und auch auszunutzen. Hitler hatte davon keine Ahnung und erfuhr wirklich erst am 27. März 1945 von den Ergebnissen der Forschung in Stadtilm, dem MDW [dem Mitteldeutschen Werk, Arnstadt; Anm. d. Autoren] und den SS-Versuchen und deren Erfolgen. (Im März gab es erfolgreiche Versuche mit einer Bombe, mit einer Strahlenwaffe, [...] und mit der größten Rakete, die jemals in Deutschland abgeschossen wurde, und diese fanden in obigem Gebiet statt.)

Der Adel und die Militärs, aber auch andere Nazigrößen wie ... waren nicht mehr auf Hitlers Seite, und es gab andere Absprachen, sogar schon Verhandlungen mit den Amerikanern. Ab dem 26. März 1945 stand fest, dass die erfolgreichen Versuche und Tests mit der sog. A-Waffe nicht in deren Einsatz münden, [...].

Die großen wissenschaftlichen Erfolge, welche die Forschung der Deutschen Reichspost und die SS-Forschungsgruppe erzielten, wurden natürlich den Amerikanern bekannt, vor allem durch den britischen Geheimdienst. So wurde von den Amerikanern das Hauptziel – Berlin einnehmen, bevor die Russen dort sind – fallen gelassen, und die Armee erhielt den Befehl, in Richtung Gotha und Ohrdruf vorzurücken.«

So weit dieser in Auszügen zitierte Brief, der vielleicht dazu beiträgt, einige Abläufe, die mit dem Nichteinsatz der neuen Waffensysteme zusammenhängen, verständlicher werden zu lassen. Er bezieht sich zwar im Großen und Ganzen nur auf Thüringen und die hier laufenden Forschungen, lässt aber erkennen, dass entscheidende Vorgänge abliefen, die bis heute in keinem Geschichtsbuch der Welt aufgetaucht sind. Auch in diesem Zusammenhang bleibt daher die Frage zu stellen, weshalb dieser Teil der Zweite-Weltkrieg-Geschichte nicht bekannt wurde. War diese Angelegenheit für alle Beteiligten doch kein solch großes Ruhmesblatt, wie manche Zeitgenossen im Nachhinein meinten? Oder gibt es Gründe für diese Vertuschung, die sich unseren Annahmen und Vermutungen bisher entzogen haben?

Wie immer die Antwort auf diese Fragen ausfallen mag, Fakt ist: Die Angst der amerikanischen Verantwortlichen vor der deutschen Atomwaffe war alles andere als unbegründet. Die US-Geheimdienste fanden bei Kriegsende und nach dem Krieg im früheren Reichsprotektorat Böhmen/Mähren – und nicht nur dort – viele der Dinge, die ihnen Anlass zur Sorge gegeben hatten, wie einige mittlerweile freigegebene Dokumente beweisen. Dass die deutsche Atombombe fertig war, steht für uns seit Jahren außer Frage, weil auch die Trägersysteme fertig waren bzw. sich in Fertigstellung befanden. Zwischen dem Protektorat und Thüringen gab es enge Verbindungen, gehörten sie doch beide zum Projekt S III, das in seiner Bedeutung bis heute kaum erkannt worden ist.

Dass der Einsatz der deutschen Atomwaffe(n) verhindert wurde, rettete vielen Menschen das Leben, während viele andere – auch Unschuldige – dafür büßen mussten. Wir sind der festen Überzeugung, dass die Welt im Jahre 1945 um Haaresbreite an einem nuklearen Konflikt vorbeischrammte. Ob die damit verbundenen Abläufe je genauer analysiert werden können, bleibt abzuwarten, ebenso wie die Frage, ob aus den damaligen Ereignissen Lehren für die Zukunft der Menschheit gezogen werden. Denn bisher hat das Studium der Geschichte nur gezeigt, dass der Mensch nichts aus der Geschichte gelernt hat.

*»Immer weigere ich mich, irgendetwas deswegen für wahr
zu halten, weil Sachverständige es lehren, oder auch, weil
alle es annehmen. Jede Erkenntnis muss ich mir selbst
erarbeiten. Alles muss ich neu durchdenken, von
Grund auf, ohne Vorurteile.«*

Albert Einstein

Anhang:
Das Interview

Das nachfolgende Interview erschien in der Schweizer Zeitschrift *Mysteries*, Ausgabe August 2005, deren Herausgeber, Luc Bürgin, freundlicherweise die Abdruckgenehmigung erteilte.

Vor einigen Monaten war ein großes Rauschen im deutschen Blätterwald zu vernehmen, als der Berliner Wirtschaftshistoriker Dr. Rainer Karlsch in einem Buch mit dem Titel *Hitlers Bombe* (DVA) behauptete, dass die Nationalsozialisten – im Gegensatz zu bisherigen Auffassungen – an der Entwicklung einer Atomwaffe arbeiteten und es infolge dieser Entwicklungsarbeiten im März 1945 zu kleinen Atomtests in Thüringen gekommen sei. Angesichts der daraufhin einsetzenden, in weiten Teilen auch unsachlich-aufgeregten Medien-Diskussion wurde beinahe völlig übersehen, dass wesentliche Behauptungen des Karlsch-Buches so neu nicht waren, sondern schon vor Jahren durch andere Autoren vorgetragen wurden. Einer von ihnen ist der Thüringer Thomas Mehner, den wir für ein Interview gewinnen konnten.

Luc Bürgin (LB): Herr Mehner, Sie haben bereits seit dem Jahr 2001 zusammen mit einem Co-Autor eine Reihe von Büchern zum Thema »deutsche Atombombe« veröffentlicht. Hatten Sie auch ein solch mediales Echo wie Dr. Karlsch?

Thomas Mehner (TM): Nein – und das war seinerzeit auch nicht zu erwarten, denn ich bin kein Historiker. Auch andere vor mir, die sich mit der Thematik im In- und Ausland befassten, haben den Durchbruch nicht geschafft, denn es ist alles andere als leicht, den definitiven Beweis für das Vorhandensein einer deutschen Atomwaffe zu erbringen. Unser Ziel war auch nicht, eine *wissenschaftliche* Studie zu dem Thema zu veröffentlichen, vielmehr ging es darum, Widersprüche und Merkwürdigkeiten in der etablierten Geschichtsschreibung aufzuzeigen, die von sich selbstherrlich behauptet, die Wahrheit zu verbreiten.

LB: Hat Dr. Karlsch den Durchbruch erzielt?

TM: Das ist schwer zu beurteilen. Die deutschen Medien haben Dr. Karlsch und sein Buch teilweise heftig attackiert und es in ein Licht gerückt, das nicht gerade positiv ist. Ziel war es wohl, das Thema als solches zu entschärfen. Glücklicherweise gab es auch Darstellungen, die den Umständen der Entstehung dieses Buches und den Möglichkeiten der Recherche Rechnung tragen. Eine endgültige Klärung, wie umfangreich das deutsche Kernwaffenprogramm tatsächlich gewesen ist, dürfte erst nach Offenlegung der bis heute geheim gehaltenen Aktenbestände seitens der ehemaligen Alliierten möglich sein, wenn überhaupt. Dr. Karlsch ist zweifelsohne das Verdienst anzurechnen, als *erster Historiker* das Thema aufgegriffen und öffentlich diskutiert zu haben, auch wenn er den abschließenden Beweis schuldig geblieben ist.

LB: Verfügte Deutschland Ihrer Auffassung nach während des Zweiten Weltkrieges über eine Atomwaffe? Und war es nun eine taktische Nuklearwaffe oder eine Atombombe?

TM: Die Antwort zur ersten Frage: Ja. Zu Frage zwei: Die Diskussion um Begrifflichkeiten ist Unfug. Freilich hat es diese Diskussion gegeben. Initiiert wurde sie vom US-Historiker Mark Walker, mit dem Dr. Karlsch zusammenarbeitet. Walker äußerte sich anerkennend über Karlschs Buch, meinte aber, er müsse den Begriff »Atombombe« ablehnen, da dieser »historisch definiert« sei – für die Abwürfe der US-Atombomben auf Hiroshima und Nagasaki. Ziel dieser Argumentation ist zweierlei: Erstens kann man die Legende von der US-amerikanischen Überlegenheit des Manhattan Projects weiter aufrechterhalten. Sprich, die Deutschen hatten möglicherweise eine Kernwaffe, aber eben doch keine richtige, weil nur eine kleine mit taktischer Verwendung. Und frontverwendungstauglich war sie schon gar nicht, auch wenn man einige Tests mit ihr absolviert hat. Zweitens trägt eine solche »Argumentation« dazu bei, dass sich diejenigen, die als Historiker in den sechs Jahrzehnten nach dem Krieg ganz offensichtliche schwere Fehler bei der Bewertung der deutschen Möglichkeiten gemacht haben, nicht gar zu sehr zu revidieren brauchen. Nunmehr heißt es höchstens, man habe wohl hier und da bestimmte Dinge übersehen, die aber nicht grundstürzend seien. Übrigens ist diese Tendenz auch im Buch von Dr. Karlsch zu erkennen: Es gibt keinerlei deutliche Kritik an irgendwelchen Fachkollegen. Der Ball soll flachgehalten werden. Nun muss man aber wissen, dass Historiker, die ja Wissenschaftler sind, gewissen Prinzipien verpflichtet sind. Am treffendsten hat dies der britische Historiker John Cornwell ausgedrückt: »Die Loyalitäten von Wissenschaftlern sind vielschichtig und geraten häufig miteinander in Konflikt: Sie fühlen sich ihrer Familie, ihrer Institution, ihrem Fachgebiet und ihrer Nation verpflichtet. Wissenschaftler sind – verglichen zum Beispiel mit bildenden Künstlern, Schriftstellern oder Komponisten – ungewöhnlich stark abhängig: von Vorgesetzten, Mäzenen, Stiftungen, von Geldgebern aller Art. Wissenschaftler sind darüber hinaus durch hohe Standards der intellektuellen Integrität gebunden, durch strenge Codices über die Durchführung von Experimenten, das Sammeln von Daten und die Präsentation der Ergebnisse. Sie agieren in einem sozialen Rahmen, der sie verpflichtet, die Arbeit von Kollegen zu zitieren, anzuerkennen, zu bewerten und zu schätzen.« Diese Aussage definiert, was ich meine: Wissenschaftler sind *Abhängige*. Und sie erklärt, warum ich wenig von solchen Loyalitäten halte: Sie sind der Wahrheitsfindung keineswegs immer dienlich, weil man als Abhängiger auf bestehende Weltbilder und den herrschenden Zeitgeist Rücksicht nehmen muss. So etwas ist kontraproduktiv, vor allem wenn es um Themen geht, die eine enorme Brisanz in sich bergen.

LB: Sie hatten in einem früheren Interview im Februar 2005 auf Karlschs geplante Veröffentlichung hingewiesen und die Meinung vertreten, dass dieser darauf verweisen würde, dass es in der Angelegenheit Vorreiter gab. Sehen Sie Ihre Annahme enttäuscht?

TM: Nun, Dr. Karlsch hat für die Vorreiter nur einige wenige, in Fußnoten stehende und oft disqualifizierende Bemerkungen übrig gehabt. Dies ist in meinen Augen unseriös, zumal er in seinem Buch eine Vielzahl von Quellen und Indizien nennt, die durch andere bereits Jahre vorher zusammengetragen und aufgezeigt worden sind. Er erweckt den Eindruck, die von ihm publizierten Informationen seien *allesamt* neu, was so aber nicht stimmt.

LB: Wilson Mizner hat einmal gesagt: »Wenn du bei einem Autor abschreibst, nennt man das Plagiat; schreibst du bei zweien ab, ist es Forschung.«

TM: Das kommentiere ich nicht.

LB: Dr. Karlsch hat Ihnen vorgeworfen, Sie würden nicht quellenkritisch arbeiten. Und in anderen Zusammenhängen ist gar von Nazi-Esoterik und Verschwörungstheorie die Rede.

TM: Diese von ihm in Worte gefasste Abgrenzung ist uns gegenüber notwendig, um dem wissenschaftlichen Loyalitätsprinzip, das ich eben zitierte, gerecht zu werten. Die Bemerkungen mit der Nazi-Esoterik beziehe ich nicht auf uns, dies war wohl im Zusammenhang mit den Werken von Wilhelm Landig gemeint. Die Vorwurf, wir seien Verschwörungstheoretiker, ist nicht nur einmal vorgetragen worden, scheint aber beliebt zu sein, wenn es darum geht, *unabhängige* Rechercheure zu diffamieren. Worauf sich diese »Argumentation« bezieht, ist dabei nicht klar erkennbar. Dr. Karlsch hat wohl ein Problem damit, dass es Hinweise gibt, wonach wenigstens eine der angeblichen US-Atombomben deutscher Herkunft gewesen sein könnte. Dabei gibt es Indizien in dieser Richtung, die sogar in *Hitlers Bombe* auftauchen, die aber Dr. Karlsch nicht weiter interpretieren will.

LB: Wie das?

TM: Nun, er ist der Auffassung, dass es zwischen dem US-amerikanischen Manhattan Project und dem deutschen Atomwaffenprogramm keinerlei Berührungspunkte gegeben habe, soll heißen, dass die Amerikaner ohne deutsches Zutun ihre beiden Atombomben (eine U-235- und eine Pu-239-Bombe) fertigstellten. Ziemlich zum Ende seines Buches lässt er aber wissen, dass die Technologiejäger der *Alsos*-Gruppe im April 1945 nach deutschen Zünderexperten suchten, da das eigene Projekt immer noch enorme Problem mit diesem Bombenteil hatte. Ich gehe davon aus – und nicht nur ich –, dass erst deutsche Technologie die Zündung der US-Atomwaffen ermöglichte. Ließe sich das beweisen, wären die Amerikaner selbstverständlich blamiert, weil sie ohne die Hilfe der gehassten Nazis keine einsatzfähige Bombe zuwege gebracht hätten. Die besten Anreicherungsverfahren, die teuersten Einrichtungen und selbst der massenhafte Einsatz von Wissenschaftlern, Technikern und Ingenieuren nützt nichts, wenn man eine Atomwaffe nicht *zünden* kann.

Zurück zu dem Vorwurf der mangelnden Quellenkritik: Das ist ein wissenschaftliches Scheinargument, um Nicht-Wissenschaftler auszugrenzen, etwa vergleichbar mit der Behauptung der Statistiker: »Ich vertraue keiner Statistik, die ich nicht selbst gefälscht habe.« Quellenkritik ist keineswegs immer objektiv, sondern unterliegt auch subjektiven Elementen, ja, in manchen Fällen wird sogar die Wahrheit verkürzt und verdreht. Und auch Dr. Karlschs Arbeit ist angreifbar: Er nennt mehrfach und teils ausführlich die Protokolle, die im Jahre 1962 durch Mitarbeiter des Rates der Stadt Arnstadt, Abteilung Inneres, bei Zeugenvernehmungen erstellt worden sind. Diese »Wachsenburgprotokolle«, die auch in den Medien eine sehr weite Verbreitung fanden, hat der mit Dr. Karlsch zusammenarbeitende Journalist Heiko Petermann einst von *mir* in Kopie erhalten. Dr. Karlsch gibt nun Herrn Petermann bzw. ein Arnstädter Archiv als Quelle dieser Protokolle an. So weit, so schlecht. Wo, bitteschön, ist die genaue Referenz? Es gibt nur drei Personen, die wissen, woher diese Protokolle stammen – und ich habe von Anfang an Wert darauf gelegt, dass es bei dieser Zahl blieb.

LB: Interessant! Warum haben Sie die Karten nicht komplett auf den Tisch gelegt?

TM: Weil ich bereits vor Jahren ahnte, dass es Leute geben würde, die diese Protokolle für ihre Zwecke verwerten könnten. Für diesen Fall wurden entsprechende Vorsichtsmaßnahmen ergriffen. Und ich sollte nicht enttäuscht werden.

LB: Eines Ihrer Hauptbetätigungsfelder ist das in Thüringen betriebene S-III-Projekt, zu dem auch der Truppenübungsplatz Ohrdruf gehörte, auf dem im »Dreieck« Anfang März 1945 ein Kleinstatomtest stattfand. Sie glauben, dass in diesem Areal bzw. in seinem Umfeld Hochtechnologie-Forschung in unterirdischen Anlagen realisiert wurde?

TM: Ja. Die Historiker erklären zwar, dass in dem von mir untersuchten Gebiet »nichts Interessantes« sei und dass hier schon gar keine unterirdische Atomforschung stattgefunden habe, aber ich verfüge über zahlreiche Hinweise, die gegen diese etablierte Meinung stehen. Auch ehemals Beteiligte in Schlüsselpositionen haben dies bestätigt – und diesen Aussagen billige ich einen höheren Glaubwürdigkeitswert zu als den Meinungen von Historikern.

LB: Lassen Sie uns nun noch etwas zur Technologie der Minibombe sagen. Angeblich sei eine Waffe, die nur etwa 100 Gramm »Atomexplosivstoff« – so die Berichte von Zeitzeugen – enthalte, technisch nicht machbar. Alle Welt behauptet, man benötige für eine Atombombe mehrere Kilogramm waffenfähiges Material, um die sogenannte kritische Masse zu erreichen, die Masse also, die zur Auslösung der Kettenreaktion führt.

TM: In dem Buch *Geheime Reichssache: Thüringen und die deutsche Atombombe* haben wir darauf hingewiesen, dass die deutschen Atomphysiker auch einen dritten Weg versucht haben, zur Atombombe zu gelangen. Ich kann hier nur in sehr, sehr groben Zügen darauf eingehen. Dr. Kurt Diebner und andere unternahmen Versuche, mittels sogenannter konvergenter Stoßwellen *Fusionsprozesse* auszulösen. Diebner berichtete darüber ansatzweise in der Fachzeitschrift *Kerntechnik, Isotopentechnik und -chemie* vom März 1962. Dieses Verfahren versucht, gewaltige Druck- und Hitzewellen, die durch eine Sprengstoffexplosion frei werden, aufgrund der inneren Konstruktionsform der Bombe auf ein speziell berechnetes »Zielgebiet« zu fokussieren, in dem sich angereichertes, waffenfähiges Material befindet. Druck und Hitze sollen bei diesem Material den Fusionsprozess auslösen und damit die benötigte Energiefreisetzung für die Detonation der »Bombe« bewirken. Dieses Prinzip erscheint zwar entwicklungstechnisch kompliziert, hat aber eine Reihe wichtiger Vorteile (z. B. Materialeinsparung, höherer Wirkungsgrad, eventuell Steuerung der Sprengkraft).

1981 erschien in den USA das Buch des Physikers Friedwardt Winterberg *The Physical Principles of Thermonuclear Explosive Devices (Fusion Energy Foundation*, New York). In dieser Publikation wird umfassend über die Möglichkeit berichtet, Atomwaffen *aller* Kaliber mittels des von mir hier so bezeichneten »dritten Verfahrens« zu bauen und zu zünden. Derjenige, der nach der Lösung des Problems der deutschen Atomwaffe – vor allem nach dem angewandten Verfahren – sucht, wird in Winterbergs Buch viele Hinweise und einige Antworten finden, die die Form des Bombenkörpers und die Eigenschaften des Sprengstoffes betreffen. Winterberg informiert darüber, dass das von mir angedeutete Prinzip im Deutschland des Zweiten Weltkrieges theoretisch bekannt war: Im April 1942 veröffentlichte das Wissenschaftsmagazin *Luftfahrtforschung* (Ausgabe 19/4, Seiten 137 bis 144) einen Artikel des weltbekannten Aerodynamikers Adolf Busemann mit dem Titel »Die achsensymmetrische kegelige Überschallströmung«, in dem exakt beschrieben wurde, wie eine überschallschnelle Gasströmung, die z. B. durch die Explosion eines Hochleistungssprengstoffs verursacht wird, in einem sogenannten Prandtl-Meyer-Ellipsoiden eingesetzt werden kann, um ein dort an einem speziellen Punkt installiertes Material zu einer Reaktion zu bringen. Mit diesem Prandtl-Meyer-Ellipsoiden ist ein speziell geformter Körper gemeint, der eine langgestreckte Ei-Form aufweist. (Dieser ellipsoide Körper wurde von den deutschen Spezialisten Prof. Ludwig Prandtl, der Weltruf genoss, und Meyer bereits 1908 berechnet und entwickelt.) Unsere Recherchen zeigten weiterhin, dass Deutschland im Krieg über einen entsprechend starken Sprengstoff verfügte, das Oktogen, ein »Abfallprodukt« der Hexogen-Produktion für Hohlladungen.

Ich denke, dass das ursprüngliche Ziel der deutschen Fachleute eine Wasserstoffbombe, also ein thermonukleares System, war. Für die Zündung einer solchen Bombe benötigt man eine – möglichst klein dimensionierte! – Kernwaffe, damit die H-Bombe nicht zu groß wird und transportabel bleibt.

Übrigens versuchten in den 1960er-Jahren polnische Experten, eine eigene Atombombe zu bauen. Das Prinzip dieser Waffe basierte auf dem Prandtl-Meyer-Ellipsoiden, sah 45 bis 100 Gramm Kernladung vor und sollte eine maximale Sprengstärke von fünf Kilotonnen erreichen (die Hiroshima-Bombe hatte eine Sprengstärke von 15 bis 20 Kilotonnen TNT-Äquivalent). Woher wohl die Idee für diese Waffe gekommen sein mag?

LB: Wie viele Kernwaffentests sind im März 1945 auf dem Truppenübungsplatz Ohrdruf vorgenommen worden? Dr. Karlsch informiert über zwei Versuche, ist sich bei einem aber nicht ganz sicher.

TM: Diese Einschränkung seinerseits ist auch korrekt. Nach meinen Informationen wurde eine kleine A-Waffe Anfang März 1945 gezündet, der Versuch am 12. März – auf den sich wohl auch Dr. Karlsch bezieht – war keine Nuklearwaffe, sondern etwas anderes, höherwertiges.

LB: Worum handelte es sich dabei?

TM: Etwas, was die ganze Diskussion um die Nazi-Atomwaffe nur noch konfuser machen würde. Es hat im Moment keinen Sinn, darauf einzugehen.

LB: Das bedeutet, dass vieles noch gar nicht bekannt ist?

TM: Korrekt. Angesichts der öffentlich gewordenen Informationen könnte man annehmen, dass das deutsche Atom(waffen)programm zumindest in seinen Eckdaten bekannt sei. Das ist aber unrichtig. Dr. Karlsch hat zwar aufgezeigt, dass Luftwaffe, Kriegsmarine, Wehrmacht, die Industrieunternehmen und Forschungseinrichtungen im Dritten Reich mehr oder weniger tief in die Planung und Realisierung des Nuklearwaffenprojekts verstrickt waren – dabei teilweise angeleitet von der SS. Aber das ist nur ein ungefährer Eindruck, da bisher z. B. die Rolle der Reichspost und der österreichischen Forscher nur am Rande betrachtet wurde. Ganz zu schweigen von der wirklichen Bedeutung der SS-Ambitionen auf diesem Gebiet. Diese hat mit Kriegsbeginn mindestens ein geheimes »Denkzentrum« gehabt, das nicht in Thüringen installiert war und das u. a. hypermodern erscheinende Waffenprojekte auf Machbarkeit überprüfte. Ließen sich diese realisieren, wurden Prototypen erstellt, diese wiederum verbessert und teils miniaturisiert. Nach Abschluss der Projekte gingen diese nach Thüringen oder ins Protektorat (Böhmen und Mähren), wobei weiterhin eine Verbindung zum Denkzentrum bestand. SS-Obergruppenführer Dr.-Ing. Hans Kammler war ein sichtbarer Teil dieses SS-Forschungsnetzes, aber lange Zeit keineswegs die wichtigste Person.

Freilich stellt sich die Frage nach denjenigen, die dieses Denkzentrum betrieben und unterstützt haben. Die Namen der involvierten Physiker, Chemiker, Organisatoren und sonstigen Fachleute sind mir durch die tatkräftige Unterstützung eines Mitrechercheurs bekannt. Interessant daran ist, dass einerseits sehr renommierte Persönlichkeiten darunter sind (die teilweise über Monate unter falschen Namen und in der Besoldungsgruppe eines SS-Gruppenführers bzw. Obergruppenführers arbeiteten), andererseits aber auch Personen mitwirkten, die bis heute so gut wie unbekannt geblieben sind. Die Recherche zu diesem Thema ist sehr kompliziert, da die SS aus Geheimhaltungsgründen ein Spiel mit doppeltem und dreifachem Boden spielte.

LB: Kommen wir nochmal zurück auf die US-Atombomben: waren diese deutschen Ursprungs?

TM: Einige US-Rechercheure, der österreichische Physiker Friedrich Lachner und auch ein ehemaliger Agent behaupteten dies mindestens in Bezug auf die Hiroshima-Bombe, die ja auffälligerweise niemals durch die Amerikaner vor ihrem Einsatz getestet wurde. Dr. Karlsch hält diese Behauptungen für »Verschwörungstheorie« und bezeichnet z. B. Friedrich Lachner als »Verschwörungstheoretiker«. Das ist schon ein starkes Stück »Geschichtsschreibung«: Jemand, der nicht beteiligt war, urteilt abschließend über jemanden, der dabeigewesen ist! Aber weiter im Text: Nun muss man berücksichtigen, dass ein SS-Zeitzeuge wissen ließ, dass das deutsche Atomprogramm Prototypen aus *drei* verschiedenen erfolgreichen Projekten lieferte, d. h. es besteht die Möglichkeit, dass neben der weiter oben vorgestellten Bombenkonstruktion noch andere existierten. Ich habe auch die Aussage eines hochrangigen SS-Offiziers vorliegen, der behauptet, dass die auf Japan geworfenen Bomben allesamt deutschen Ursprungs waren und dass insgesamt *drei* Bomben über Japan eingesetzt wurden. Eine davon zündete nicht, weil der US-Bombenschütze eine Sicherungseinrichtung vor dem Abwurf vergessen hatte zu entfernen. Diese Bombe wurde von den Japanern gefunden und später den Russen übergeben. Diese abenteuerlich klingende Geschichte wird von einem Russen bestätigt: Pjotr Iwanowitsch Titarenko, ehemaliger Militärdolmetscher im Stab des Sowjetmarschalls Rodion Malinowski, der an den russisch-japanischen Kapitulationsverhandlungen 1945 teilnahm. Er behauptet, dass über Japan drei Bomben abgeworfen wurden – wovon eine nicht explodierte (siehe dazu *Der Spiegel*, Ausgabe 10/1992, S. 169 bis 171).

LB: Können Sie zum Schluss noch etwas über Neuigkeiten aus Thüringen berichten?

TM: Obwohl es diese gibt, möchte ich momentan nur eine kleine Andeutung machen. Die Neuigkeiten betreffen die wahrscheinliche Lage von Untertageeinrichtungen. Es bleibt abzuwarten, ob es Privatleuten wie uns gelingen wird, den damit verbundenen Fragen auf den Grund zu gehen, denn dies ist vor allem eine Frage des Geldes. Sollte es Neuigkeiten geben, wird die Leserschaft rechtzeitig davon erfahren.

Das größte Geheimnis des Dritten Reiches: die deutsche Atombombe

geb., 288 S., zahlr. Abb.,
ISBN 3-930219-30-6,
19,90 EUR

Paperb., DIN A4, 230 S.,
zahlr. Abb. u. Dokum.,
ISBN 3-930219-43-3,
29,90 EUR

geb., 288 S., zahlr. Abb.,
ISBN 3-930219-50-6,
19,90 EUR

geb., 256 S., zahlr. Abb.
ISBN 3-930219-90-5,
19,90 EUR

Kopp Verlag
Pfeiferstraße 52, D-72108 Rottenburg,
Telefon (0 74 72) 98 06-0, Telefax (0 74 72) 98 06-11,
info@kopp-verlag.de, www.kopp-verlag.de